René Thiollier

Obra e Vida do Grão-Senhor da Villa Fortunata e da Academia Paulista de Letras

VALTER CESAR PINHEIRO

René Thiollier
Obra e Vida do Grão-Senhor da Villa Fortunata e da Academia Paulista de Letras

Ateliê Editorial

Copyright © 2017 Valter Cesar Pinheiro

Direitos reservados e protegidos pela Lei 9.610 de 19 de fevereiro de 1998.
É proibida a reprodução total ou parcial sem autorização, por escrito, da editora.

Dados Internacionais de Catalogação na Publicação (CIP)
(Câmara Brasileira do Livro, SP, Brasil)

Pinheiro, Valter Cesar.
*René Thiollier : Obra e Vida do Grão-Senhor da
Villa Fortunata e da Academia Paulista de Letras* /
Valter Cesar Pinheiro. – Cotia, SP: Ateliê Editorial,
2017.

Bibliografia
ISBN: 978-85-7480-770-6

1. Academia Paulista de Letras 2. Crítica literária
3. Modernismo 4. Relações literárias – Brasil-França
5. Thiollier, René de Castro, 1884-1968   I. Título.

17-02300   CDD-869.9109

Índices para catálogo sistemático:
1. Escritores brasileiros: Apreciação crítica   869.9109

Direitos reservados à

ATELIÊ EDITORIAL
Estrada da Aldeia de Carapicuíba, 897
06709-300 – Granja Viana – Cotia – SP
Tel.: (11) 4702-5915
www.atelie.com.br / contato@atelie.com.br

2017
Printed in Brazil
Foi feito o depósito legal

A meu filho Vítor.

Sumário

Agradecimentos... 9

Introdução... 11

René de Castro Thiollier: Um Perfil......................... 19

Bibliografia do Autor...................................... 31

Senhor Dom Torres: Um *Début* Literário Crepuscular......... 43

A Louca do Juqueri: Um (In)esperado Refluxo............... 135

Folheando a Vida: Entre a Realidade e a Ficção,
o Fazer Literário... 207

Considerações Finais...................................... 249

Referências Bibliográficas................................. 257

Agradecimentos

A Regina Maria Salgado Campos, pela direção deste trabalho – originalmente apresentado como Tese de Doutorado ao Departamento de Letras Modernas da Faculdade de Filosofia, Letras e Ciências Humanas da Universidade de São Paulo em 2014 –, minha mais profunda gratidão. Tive o privilégio de contar, na Iniciação Científica, no Aperfeiçoamento, no Mestrado e, por fim, no Doutorado, com sua orientação firme, sua confiança e sua amizade. Nossas longas e agradabilíssimas conversas (sobre literatura, política e até futebol!) marcaram significativa e indelevelmente minha formação. Em sua sala de estar (ou à mesa, com uma xícara de café à mão), tive as melhores aulas de minha vida. Obrigado, Regina.

A Gilberto Pinheiro Passos, Marisa Midori Deaecto, Maria Cláudia Rodrigues Alves e Maria Luiza Guarnieri Atik, pela pronta participação em minha banca de Doutorado. Suas ideias e indicações de leitura foram-me muito preciosas!

A Maria Luiza de Souza Lima, bibliotecária da Academia Paulista de Letras, pelo generoso e inestimável auxílio na consulta do acervo da Biblioteca Acadêmica.

A Márcia Lacombe, que, de Ji-Paraná, São Paulo, Paris ou Lisboa, me amparou, desde o início desta pesquisa, com seu incomensurável e incondicional afeto. Ele é recíproco, Má!

A meus amigos de São Paulo, cujo apoio, mesmo à distância, me foi fundamental: Camilla Liberali, Graça Pontin, Inácio Guimarães, Joana Senger, Laura Taddei Brandini, Lília Malheiros e Garcia, Losana Prado, Marcelo Lima, Maria Lucia Cabral, Neusa Meirelles Costa e Valeria Valenza. Valeu, gente!

A Célia Flores, Eugênio Pagotti, Maria Macedo, Paulo Vítor, Rômulo Viricimo, Rosa dos Santos, Vanessa Nunes e Wendel dos Santos, meus novos amigos em Aracaju (sergipanos ou forasteiros, como eu), que me encorajaram nos momentos mais difíceis desta empreitada. Espero poder retribuir, um dia, tanta consideração!

A Clô Davids, pelo carinho e pela amizade – perenes, dourados, intensos como o fluxo de turbulentas águas doces – que nos uniram e nos unem, sempre.

A meus pais, irmãos e sobrinhos, pela força, calor, cuidado e compreensão.

Àquele que me inspira noite e dia, o amor da minha vida: meu filho, Vítor.

Introdução

A historiografia do modernismo brasileiro, decorridos quase cem anos da polêmica exposição de Anita Malfatti realizada na capital paulista na virada de 1917 para 1918, tem em sua conta um número significativo de estudos que, abarcando todo o espectro estético e ideológico, analisam o movimento sob os mais diversos ângulos. A Semana de Arte Moderna de São Paulo, desenrolada nas dependências do Teatro Municipal entre os dias 13 e 17 de fevereiro de 1922, é unanimemente apontada como o evento que catalisou as ideias que, chegadas da Europa, excitavam o controverso e alegre círculo de jovens escritores e artistas plásticos regido por Mário e Oswald de Andrade. O protagonista da Semana, como evidencia a programação do festival, foi Villa-Lobos. Entretanto, o compositor carioca não era a única celebridade dentre os participantes do evento: igualmente consagrados pela crítica e pelo público eram a pianista Guiomar Novaes e o escritor Graça Aranha, e sua presença garantiria o êxito da empreitada. Menos renomados que a supracitada trinca, Victor Brecheret, Anita Malfatti, Di Cavalcanti e Vicente do Rego Monteiro, talentos que, nos anos subsequentes à mostra, se converteriam em figuras de proa das artes plásticas brasileiras, tiveram telas e esculturas expostas no saguão do teatro paulistano. Nos bastidores, brilhou o nome de Paulo Prado, que teria sido, segundo Mário de Andrade, "o fautor verdadeiro" da Semana.

Também é exaltada pelos estudiosos a "viagem de redescoberta do Brasil", excursão empreendida em solo mineiro por Blaise Cendrars e um distinto grupo – em parte oriundo da "insurreição bandeirante" de 1922 – de artistas, intelectuais e aristocratas paulistas. A bibliografia sobre a Semana e seus principais componentes é extensíssima. Vários dos partícipes da festa modernista lavraram testemunho, dentre os quais Mário de Andrade ("O Movimento Modernista", conferência realizada em abril de 1942 no Rio de Janeiro), Di Cavalcanti (*Viagem da Minha Vida: O Testamento da Alvorada*), Menotti del Picchia ("Nacionalismo e Semana de Arte Moderna", conferência proferida em Brasília em 1962) e Yan de Almeida Prado (*A Grande Semana de Arte Moderna: Depoimento e Subsídios para a Cultura Brasileira*). Das obras de fôlego que se tornaram clássicos de nossa crítica literária e historiográfica, destacam-se *História do Modernismo Brasileiro: Antecedentes da Semana de Arte Moderna*, de Mário da Silva Brito, *Artes Plásticas na Semana de 22*, de Aracy Amaral, a tese de Carlos Eduardo Ornelas Berriel dedicada a Paulo Prado, *Tietê, Tejo, Sena,* e *Orfeu Extático na Metrópole*, de Nicolau Sevcenko. Da viagem a Minas Gerais, sobressaem *A Aventura Brasileira de Blaise Cendrars*, trabalho monumental de Carlos Augusto Calil e Alexandre Eulalio, e *Blaise Cendrars no Brasil e os Modernistas*, de Aracy Amaral.

O rol dos que integraram a Semana e o giro pelas cidades históricas mineiras é seletíssimo: de ambos os eventos participaram apenas Mário de Andrade, Oswald de Andrade e René Thiollier. Mário e Oswald dispensam apresentação: sobre os autores de *Macunaíma* e *Memórias Sentimentais de João Miramar*, uma farta documentação e inumeráveis estudos biobibliográficos – que se avolumam a cada ano – encontram-se disponíveis em bibliotecas, livrarias e sítios da internet, bem como suas obras, leitura obrigatória nos currículos escolares e referência em qualquer pesquisa que tenha por objeto a história da arte e da cultura brasileiras no século xx. Sobre o terceiro elemento, no entanto, reina o mais absoluto

Introdução

silêncio... Quem era aquele rapaz de origem francesa que, durante décadas, frequentou os principais redutos de vanguarda paulistanos, os salões de Freitas Valle, Yan de Almeida Prado, Paulo Prado e Dona Olívia Penteado? Sobre o advogado, jornalista, escritor, membro da Academia Paulista de Letras e anfitrião da Villa Fortunata, não se encontrou um único artigo (excetuando-se o ensaio laudatório, de que se falará adiante, escrito pelo próprio filho, Alexandre Thiollier) no qual fosse elencada sua produção literária e relevada sua contribuição para a vida cultural da capital paulista.

Ao alugar, em seu nome, o Teatro Municipal de São Paulo, René Thiollier concorreu – modesta, porém decisivamente – para a realização da Semana de Arte Moderna. Sua discreta presença no grupo que, em 1924, percorreu cidades mineiras originou um dos mais completos relatos sobre a "viagem de redescoberta": "De São Paulo a São João del-Rei". Cronista e colunista social, Thiollier escreveu para diversos jornais e periódicos paulistanos, dentre os quais o *Diário Popular*, o *Jornal do Commercio*, o *Correio Paulistano*, *O Estado de S. Paulo* e a *Revista do Brasil*. Sua residência, a Villa Fortunata (atual Parque Mário Covas), era um importante ponto de encontro de intelectuais, empresários e políticos. Imortal paulista, René Thiollier publicou contos (*Senhor Dom Torres* e *A Louca do Juqueri*), estudos histórico-biográficos (*Um Grande Chefe Abolicionista: Antônio Bento* e *A República Rio-Grandense e A Guerra Paulista de 1932*) e crônicas e ensaios (*O Homem da Galeria, Episódios de Minha Vida* e *A Semana de Arte Moderna*), e dirigiu, por quinze anos, a *Revista da Academia Paulista de Letras*, criada por ele.

Sua atuação no circuito cultural paulistano, como revela o apanhado biográfico acima arrolado, foi significativa. Não obstante, à exceção de sucintas notas em dicionários literários ou referências pontuais em pesquisas de caráter histórico, sociológico ou estético (como as supracitadas *Artes Plásticas na Semana de 22, Tietê, Tejo, Sena* e *A Aventura Brasileira de Blaise Cendrars*, nas quais são consignados, respectivamente, *A Semana de Arte Moderna*,

Episódios de Minha Vida e *O Homem da Galeria*), pouco se alude a René Thiollier e à sua obra. A menção a seu nome, nos estudos que têm por tema a Semana de Arte Moderna ou a viagem a Minas, é secundária e acidental: uma nota em pé de página, a transcrição de um fragmento de carta ou artigo de jornal, uma fotografia. Nota-se, igualmente, que os livros de Thiollier circunstancialmente examinados são aqueles de fundo ensaístico ou jornalístico. Seus volumes de contos, *Senhor Dom Torres*, publicado em 1921, e *A Louca do Juqueri*, lançado em 1938, permanecem ignorados. Sobre eles, nenhuma referência, nenhuma citação, nenhum comentário. Sua bibliografia não foi sequer estabelecida. O que justificaria tal abandono? Desconhecimento? Descaso? Ou seria este silêncio, por si só, uma forma de ação? A reação possível perante escritos desprovidos de qualidade literária?

Conquanto tenham permeado a elaboração do projeto de pesquisa (e traspassem, em consequência, todos os capítulos do livro que ora se apresenta), estas questões não constituem, explicitemo-lo, o eixo deste estudo, ainda que se entrevejam, no exame dos *corpora* selecionados, pressuposições plausíveis que justifiquem o esquecimento ao qual foi relegado o acadêmico paulista. Tampouco se planeja, com este trabalho, proceder a uma revisão histórica da Semana de Arte Moderna ou da viagem a Minas Gerais, ou, ainda, estabelecer as bases, em tom hagiográfico, do "processo de reabilitação" do escritor paulistano. O principal propósito deste estudo – com a análise do núcleo duro da produção literária do escritor (os supramencionados livros de contos) e a apresentação do romance inacabado *Folheando a Vida*, publicado nas páginas da *Revista da Academia Paulista de Letras* – é trazer René Thiollier novamente à ribalta.

A escassez de dados relativos à figura do autor – assim como à sua produção bibliográfica – legitima a apresentação, nos capítulos que se seguem a esta introdução, de seu perfil e do inventário de suas publicações mais importantes, sem que se pretenda, ao fazê-lo,

Introdução

justificar, ainda que sub-repticiamente, a obra e a poética de René Thiollier a partir do registro de sua vida. Por outro lado, perscrutar a produção literária (fortemente impregnada, aliás, de traços autobiográficos) de um autor de cuja existência pouco se sabe se nos parece, neste contexto, igualmente despropositado. Das múltiplas dimensões de sua vida, interessam, aqui, as que se circunscrevem nos limites de sua bibliografia.

Salvo o material iconográfico e as obras impressas pertencentes a acervos de universidades públicas, em nenhum momento se teve acesso a "inéditos": originais, correspondência, fotografias, *marginalia*. O espólio de René Thiollier, segundo o herdeiro consultado, dissipou-se, e as tentativas de encontrar parte deste fundo nas livrarias especializadas em livros usados malograram. Por conseguinte, as informações de cunho biográfico assentadas neste trabalho foram, em sua maior parte, extraídas de textos da lavra do próprio literato impressos em livros e periódicos (estes últimos, fontes primárias por excelência).

Haveria, em *Senhor Dom Torres*, traços que anunciassem os experimentos literários que eclodiriam nos anos ulteriores à sua publicação? As conquistas modernistas, fruto do árduo embate travado ao longo da década de 1920, teriam lugar em *A Louca do Juqueri* e *Folheando a Vida*? Thiollier, assíduo frequentador dos meios modernistas, teria sido partidário dos preceitos estéticos pregados pelos principais próceres do movimento? O arrolamento e o exame das referências à literatura francesa presentes nas narrativas confirmariam ideias já estabelecidas ou poderiam revelar aspectos ainda não abordados em estudos que têm por lastro a vida literária na São Paulo do início do século xx e as relações culturais Brasil–França?

Vale destacar, para encerrar estas considerações iniciais, que a análise dos livros selecionados não se limita exclusivamente às narrativas: peça determinante para a reconstituição do momento histórico e das conexões intelectuais e sociais às quais se interligam René Thiollier

Valter Cesar Pinheiro

e sua obra, o *objeto* livro (capa, edições, ilustrações e peritextos), nos capítulos que se iniciam nas próximas páginas, ganha relevo, e sua apreciação faz parte do escopo deste trabalho, assim como o exame, fundamentado particularmente em estudos de Gérard Genette (*Palimpsestes: La littérature au second degré* e *Seuils*) e Antoine Compagnon (*La seconde main ou le travail de la citation*), de epígrafes, citações e dedicatórias, as quais, como um uróboro, unem o autor à narrativa, e a narrativa à história.

René Thiollier, *Revista da Academia Paulista de Letras*, nº 40, 1947.
Fotografia de Gregori Warchavchik.

René de Castro Thiollier: Um Perfil[1]

"René Thiollier nasceu em São Paulo junto ao antigo Mosteiro de Santa Teresa, naTravessa da Sé[2]. Para ele não havia do que mais orgulhar-se, nem título de nobreza mais puro: ser paulista!"[3] Alexandre Thiollier afortunadamente reúne, nas primeiras linhas de seu artigo, dois dos traços mais característicos de seu pai (os quais percorrem toda sua obra): o amor por São Paulo e o apego a valores aristocráticos.

1. Nota preambular: Salvo poucos e esparsos informes biobibliográficos, nenhum estudo sobre René Thiollier, como destacado no capítulo introdutório deste trabalho, foi feito até o presente. Excetuando-se os registros de cunho memorialístico redigidos pelo próprio autor (muitos dos quais dispersos em textos ficcionais), da lavra de outrem sobressaem tão somente três artigos: "René Thiollier, Meu Pai (Reminiscências)", de Alexandre Thiollier (*Revista da Academia Paulista de Letras*, nº 114, pp. 187-206), "Homem de Letras", de autoria desconhecida, publicado no 79º número da *Revista Feminina*, e o capítulo xiv, "René Thiollier", da "Pequena História da Academia Paulista de Letras: 1909 a 1955", escrita por Carlos Alberto Nunes (*70 anos da Academia Paulista de Letras*, pp. 204-214). O relato de Alexandre Thiollier, a despeito de seu caráter apologético (que o enfraquece, pois lança, talvez inadvertidamente, suspeição sobre sua maior qualidade: apresentar, a seus leitores, informações a que só teriam acesso os que privassem da intimidade do biografado), mantém-se como referência biográfica basilar do acadêmico paulista, e dele foram extraídos os principais dados expostos neste perfil.

2. "Nasci e cresci na Travessa da Sé, junto ao Mosteiro de Santa Teresa. O que dele, hoje, resta, – Oh! Céus?!... Bem escassa coisa" é o *incipit* de "Na Minha Travessa", narrativa que abre o primeiro livro de contos de René Thiollier, *Senhor Dom Torres*.

3. Alexandre Thiollier, *op. cit.*, p. 187.

Na sequência, Alexandre apresenta, a partir de dados coligidos por um colega com quem estudou em Harvard, de sobrenome idêntico ao seu, um estudo genealógico da família. Os primeiros Thiollier ter-se-iam originado na antiga província de Forez, próxima a Lyon (atual Chazelles-sur-Lyon), no século XIII. Haveria um registro, datado de 1290, de uma propriedade denominada "la Tyoliere", pertencente a Jean e Guillaume de Charpin Tyolier.

O ramo do qual derivariam os Thiollier paulistas instalara-se na antiga província do Dauphiné (região correspondente aos atuais departamentos de Isère, Drôme e Hautes-Alpes) no século XVI. Foi na capital da província, Grenoble, que nasceu Alexandre Honoré Marie Thiollier, pai de René. Alexandre Honoré veio para o Brasil em 1871, aos 17 anos de idade. Sua adolescência na França não teria sido desprovida de heroísmo, ressalta o neto homônimo. Em 1870, Alexandre alistou-se na Segunda Companhia dos "Francs-Tireurs Libres du Rhône", que, incorporada à "Armée des Vosges" comandada por Giuseppe Garibaldi, derrotaria os prussianos em Châtillon-sur-Seine e lhes ofereceria resistência em Dijon. Um mês e meio após ter recebido seu certificado de dispensa do exército, Alexandre Honoré embarcaria para o Brasil.

Em São Paulo, empregou-se na Casa Garraux, de Anatole Louis Garraux. De caixeiro a guarda-livros, Alexandre tornou-se sócio da principal livraria paulistana em 1888 e, em 1890, seu único proprietário. Em 1896, a livraria passaria às mãos de Charles Hildebrand & Cia[4].

Em 1878, Alexandre Honoré conheceu, em uma pista de patinação, sua futura esposa: Fortunata de Souza e Castro. A paixão, recíproca e imediata, teria sido embalada, afirma o neto, pelos acordes de *Danúbio Azul*...

A família de Fortunata[5] opôs-se ferozmente ao relacionamento da jovem com o rapaz *grenoblois*: de um lado, uma paulista de quatro

---

4. Sobre a Livraria Garraux, cf. Marisa Midori Deaecto, *O Império dos Livros*, pp. 280-302.
5. Fortunata tinha três irmãos e três irmãs: Antônio Quirino, advogado e professor em Taubaté, avô de Purezinha (esposa de Monteiro Lobato); Clementino, juiz, Ministro do Tribunal e Presidente da Intendência; Antônio Bento, o mais conhecido dos irmãos,

René de Castro Thiollier: Um Perfil

costados; de outro, um simples empregado da Casa Garraux. Resistência vencida, Alexandre Honoré e Fortunata casaram-se em 1879 e tiveram dois filhos, René e Marcello.

"Nenhum estudo sobre a personalidade de René Thiollier, nascido aos 29 de janeiro de 1884, estaria completo se não levasse em conta a influência que sobre ele exerceu o pai francês"[6]. Alexandre Thiollier acrescenta à bravura do avô e à bela linhagem familiar da avó ("verdadeira dama bandeirante") um atributo, de importância inestimável, que seu pai igualmente herdara: o amor pelo estudo e pela leitura. A Livraria Garraux, relembra o filho de René, era "uma das maiores bibliotecas de São Paulo", uma "especialíssima academia". Em suas dependências, Alexandre Honoré teria terminado os estudos e transmitido a seus filhos o interesse por cultura e trabalho.

Com o intuito de oferecer às crianças não somente um ensino de qualidade, mas também a oportunidade de frequentar os mais sofisticados ambientes da então considerada "capital do mundo", Alexandre Honoré e esposa cruzaram o Atlântico e matricularam seus filhos na École Massillon. René, filho de francês, com nome francês e falando fluentemente o idioma, pôde participar efetivamente de todas as atividades escolares e conviver com a família das crianças com as quais estudava. A França, para o futuro autor de *Senhor Dom Torres*, era sua segunda pátria.

O retorno a São Paulo teria ocorrido sem trauma. René Thiollier era brasileiro, insiste Alexandre. Era paulista! O jovem terminaria seus

---

advogado e abolicionista (a quem René Thiollier dedicaria um estudo histórico-biográfico, *Um Grande Chefe Abolicionista: Antônio Bento*, publicado em 1932); Cerina, Baronesa de Itapetininga e de Tatuí, proprietária de uma mansão na Praça do Patriarca (cortada para a construção do Viaduto do Chá); Ana, esposa de José Maria Lisboa, fundador e proprietário do *Diário Popular*; e Clementina, casada com Belizário Francisco Caldas. Clementina e Belizário são os pais de Sylvia Teixeira de Carvalho, prima e futura esposa de René Thiollier.

6. Alexandre Thiollier, *op. cit.*, p. 191.

Valter Cesar Pinheiro

estudos secundários no Colégio João de Deus e ingressaria, como boa parte dos moços de sua classe social, na Faculdade de Direito do Largo de São Francisco.

Nas Arcadas, René integrou rodas literárias e, com Júlio Prestes e Mario Polto, fundou a revista *A Musa*, cujo primeiro número foi dedicado a Álvares de Azevedo. Foi, segundo o autor anônimo de "Homem de Letras" (artigo publicado em dezembro de 1920 na *Revista Feminina*), um estudante notável: destacava-se não apenas por suas excelentes notas, mas também pelo domínio da língua francesa, pelo talento ao piano e, sobretudo, pelo inigualável "garbo e apuro da toalete"[7].

Com o término do bacharelado, em 1906, René Thiollier voltou para a Europa. Conferiu, *in loco*, todas as tendências e mudanças que se anunciavam no campo das artes e dos costumes.

Casou-se, em 1910, com Sylvia Teixeira de Carvalho, sua prima. Com a morte de Alexandre Honoré, em 1913, René Thiollier decidiu retornar a São Paulo e fixar moradia na Villa Fortunata, casa de campo que seu pai havia construído, dez anos antes, em um terreno situado na antiga Chácara da Bela Cintra, na esquina da Avenida Paulista com a rua Jundiaí (atual Ministro Rocha Azevedo)[8].

Jornalista e cronista, Thiollier colaborou com inúmeros jornais e revistas, dentre os quais se distinguem a *Gazeta*, o *Diário Popular*, o *Jornal do Commercio* (edição paulista), *O Estado de S. Paulo*, o *Correio Paulistano*, a *Revista Feminina* e a *Revista do Brasil*.

---

7. "Em meio àquele numeroso grupo de estudantes, gárrulos e álacres, que enchiam o saguão do velho convento de São Francisco à espera das aulas, ele tinha um relevo de moço fidalgo entre vilões de Beetria. As suas andainas de fato, a sua alta elegância, a sua beleza varonil, as suas unhas polidas a esmalte faziam um violento contraste com aqueles moços de tez encardida, botinas cambadas e paletós coçados nos cotovelos."

8. Após a demolição da residência e uma longa disputa judicial, a Prefeitura Municipal de São Paulo transformou a área, em 2008, em um jardim público, o Parque Mário Covas.

No teatro, envolveu-se, em 1919, em duas montagens que tiveram grande repercussão nos principais periódicos paulistanos: *O Contratador dos Diamantes*, de Afonso Arinos, e *A Ceia dos Cardeais*, de Júlio Dantas[9]. Da apresentação do *Contratador*[10] participou a fina flor da aristocracia paulista. O prefeito Washington Luís cedeu o Teatro Municipal e financiou a produção, cujo custo, aliás, foi altíssimo. O elenco musical era monumental, com duas orquestras e dois regentes, Francisco Mignone e Francisco Braga. O cenário, que reconstituía a riqueza da colônia durante o ciclo da mineração, foi inteiramente construído com mobiliário e apetrechos fornecidos pelas famílias que apoiavam a empreitada. Apadrinhado pela *jet set* paulistana, o *Contratador* se firmou, nos diz Sevcenko, como um autêntico "quem é quem" da elite local. Não por acaso, a principal personagem feminina foi outorgada a Eglantina Penteado da Silva Prado... Carlos Eduardo Berriel, que descreve o drama de Arinos como uma "visão apologética da 'civilização do café'"[11], faz menção à participação do castelão da Villa Fortunata e realça seu bom desempenho no papel do frívolo e impertinente vilão, o ouvidor Bacellar.

Em 1921, René Thiollier publicou seu primeiro livro, *Senhor Dom Torres: Páginas Agrodoces*, pela Casa Mayença. O volume contém gravuras de Wasth Rodrigues, Voltolino e Antônio Paim Vieira, sendo este último o responsável pela ilustração da capa. No ano seguinte, Paim assinaria, em coautoria com Yan de Almeida Prado, dois trabalhos expostos na Semana de Arte Moderna de São Paulo.

René Thiollier envolveu-se, igualmente, com a Semana de 1922 (e com seus integrantes), mas sua participação no evento paulistano é controversa. O autor do recém-lançado *Senhor Dom Torres*, que

---

9. Cf. "*O Contratador dos Diamantes* de Afonso Arinos" e "A Ceia dos Cardeais", *Episódios de Minha Vida*, pp. 49-74.

10. Minuciosamente descrita e analisada por Nicolau Sevcenko em *Orfeu Extático na Metrópole* (pp. 240-248).

11. Carlos Eduardo Ornelas Berriel, *Tietê, Tejo, Sena: A Obra de Paulo Prado*, pp. 69-78.

Valter Cesar Pinheiro

não declamara, nas escadarias ou no palco do Teatro Municipal, nenhum de seus textos, afirmava ter sido o principal organizador – o "empresário" – da festa modernista. A autoatribuição permaneceria despercebida se um dos capítulos do romance *Folheando a Vida*, que apareceu regularmente nos números da *Revista da Academia Paulista de Letras* ao longo da década de 1940, não tivesse saído, em agosto de 1944, na revista *Clima*. Sua atuação na Semana é contestada por Brito Broca (uma pequena altercação entre ambos[12] desenrolar-se-ia, nos meses subsequentes, nas páginas do jornal *A Gazeta* e da *Revista da Academia Paulista de Letras*), e o levaria a publicar, anos depois, *A Semana de Arte Moderna: Depoimento Inédito de 1922*.

A vinda de Blaise Cendrars ao Brasil, em 1924, motivou um pequeno círculo, capitaneado por Dona Olívia Guedes Penteado, a empreender uma viagem ao Rio de Janeiro e às cidades históricas de Minas Gerais. Juntaram-se, ao poeta franco-suíço e a Dona Olívia, René Thiollier, Mário de Andrade, Gofredo da Silva Telles, Afonso de Taunay, Tarsila do Amaral e Oswald de Andrade. É da lavra de René um dos poucos registros da excursão[13]. A imersão em nosso passado colonial, gênese do que seria posteriormente denominado de "redescoberta do Brasil", ecoaria na produção artística e intelectual dos partícipes do *tour*. O interesse pelas diversas formas de expressão cultural popular levou Mário de Andrade, novamente acompanhado de Dona Olívia, a realizar outra grande viagem, em 1927, ao Norte e ao Nordeste do país, da qual resultaria não apenas sua obra etnográfica *O Turista Aprendiz*, mas também (e principalmente) o registro de manifestações – musicais, literárias, dramáticas e folclóricas – que estariam no bojo de um projeto que visava à constituição e à formação de um conceito de brasilidade. O produto mais conhecido desta busca é *Macunaíma*, publicado em 1928. Oswald, que lançara o "Manifesto Pau-Brasil"

---

12. Tratada adiante, em "*Folheando a Vida*: Entre a Realidade e a Ficção, o Fazer Literário".
13. "De São Paulo a São João del-Rei", *O Homem da Galeria*, pp. 175-203.

havia pouco, editaria, em 1925, *Poesia Pau-Brasil*, e, dois anos depois, seu *Primeiro Caderno do Aluno de Poesia*, no qual há uma brevíssima composição, "Crônica" ("Era uma vez / O mundo")[14], dedicada a René Thiollier.

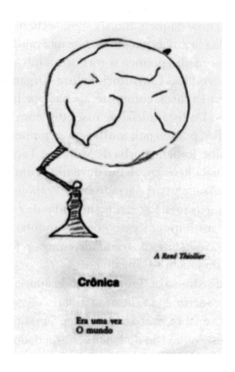

O autor de *Senhor Dom Torres* também teria, como testemunha a dedicatória no exemplar com o qual o "empresário" da Semana fora presenteado[15], revisado e supervisionado os trabalhos de tipografia de *Retrato do Brasil*, impresso em 1928. Alexandre Thiollier menciona,

---

14. Oswald de Andrade, *Primeiro Caderno do Aluno de Poesia Oswald de Andrade*, p. 46.
15. "A René Thiollier, sem as costumadas 'admirações e apreços', mas com a mais viva afeição, oferece este livro que ele 'editou', Paulo Prado".

em nota de rodapé, um magnificente jantar que seus pais ofereceram a Paulo Prado, na Villa Fortunata, por ocasião do lançamento do livro[16].

Em 1930, René Thiollier foi convidado por Júlio Prestes, o colega das Arcadas e da revista *A Musa*, que se elegera presidente do Brasil ao derrotar Getúlio Vargas em eleições diretas, a exercer, no governo que tomaria posse no final daquele ano, o cargo de chanceler. O "Homem de Letras" da Villa Fortunata encontrava-se na França. Quando retornou a São Paulo, o quadro político já era outro. Dois anos depois, René engajou-se na Revolução Constitucionalista. Organizou o Batalhão da Liga de Defesa Paulista, composto apenas por homens de trinta a cinquenta anos. Da lista inicial de inscritos, encabeçada, segundo Alexandre Thiollier, por seu pai, constavam 42 nomes, dentre os quais Alfredo Ellis Junior, Rubens Borba de Moraes e Tácito de Almeida.

Em Cunha, o batalhão venceu um duríssimo combate no dia 20 de agosto, pormenorizadamente narrado em *A República Rio-Grandense e A Guerra Paulista de 1932*. René, nos antípodas de seu pai, que, ainda menino, combatera inimigos externos nas montanhas geladas dos Vosges, lutou, aos cinquenta anos de idade, contra as forças do governo federal na Serra do Quebra-Cangalha...

Por sugestão de Afonso de Taunay, foi indicado, em agosto de 1934, para disputar a cadeira nº 12 da Academia Paulista de Letras, cujo ocupante, Alberto Seabra, acabara de falecer. Sua candidatura, afirma Thiollier[17] (que estava no Rio de Janeiro, hospedado no Copacabana Palace), foi arquitetada e fomentada pelo diretor do Museu Paulista e

16. Maria Augusta Fonseca transcreve, em *Oswald de Andrade: Biografia*, o convite para um jantar, na Villa Fortunata, também dedicado a Paulo Prado, um ano antes do supracitado evento organizado por René Thiollier quando da apresentação de *Retrato do Brasil*. No "programa", há "verbetes" sobre os cinco convidados da noite – Oswald de Andrade, Couto de Barros, Mário de Andrade, Tarsila do Amaral e Paulo Prado – e o anfitrião. O referente a René afirmava: "Le suave troubadour *Rainette Olé* chantera à la vielle la 'Chanson du Vrai Cupidon' et beaucoup d'autres lais, virelais, sirventes soulas et moralités immoralissimes et picantissimes mais de très bon trobar" (pp. 184-185).

17. Cf. "No Mundo da Imortalidade", *Episódios de Minha Vida*, pp. 149-180.

René de Castro Thiollier: Um Perfil

por Paulo Setúbal. No dia 14 de setembro do mesmo ano, por 21 votos a 2, o "homem da galeria" foi eleito para o cenáculo bandeirante. Em 1936, foi unanimemente designado secretário-geral do sodalício e, no ano seguinte, concebeu sua maior obra: lançou a *Revista da Academia Paulista de Letras*, que permaneceria, por quinze anos (57 números consecutivos), sob sua direção.

Com ilustrações de Tarsila do Amaral, Flávio de Carvalho e João Brito (além de um retrato do autor desenhado por Dimitri Ismailovitch), René Thiollier publicou, em 1938, seu segundo livro de contos, *A Louca do Juqueri*, pela Livraria Teixeira.

Após seis anos no cargo de secretário-geral, Thiollier seria aclamado, em 1941, secretário perpétuo da Academia Paulista de Letras. Em 1943, ao lado do presidente da agremiação, Altino Arantes, pediu a Fernando Costa, Interventor Federal do Estado de São Paulo, a doação de um terreno no Largo do Arouche, no qual seria inaugurada, em 1955, a atual sede da Academia.

Uma reforma estatutária, decorrente, segundo Thiollier, de uma polêmica instigada por Aristeu Seixas e José Soares de Melo[18], fez com que o castelão da Villa Fortunata perdesse, em 1952, a condição de perpetuidade. Ressentido pelo golpe – armado por seus pares! – de que fora vítima, desligou-se, no dia seguinte à reeleição de Altino Arantes à presidência (que lhe asseguraria o cargo de secretário-geral no biênio 1953-1954), da diretoria recém-empossada. Não satisfeito, o autor de *A Louca do Juqueri* foi além: o episódio o levou a afastar-se definitivamente da Academia Paulista de Letras[19] e a deixar de cola-

---

18. Para ambos os acadêmicos, Thiollier apropriara-se e usufruía de um título (secretário--perpétuo) que atentava contra o regimento do silogeu.

19. Seu papel junto à instituição será severamente avaliado por Carlos Alberto Nunes, no supracitado ensaio "Pequena História da Academia Paulista de Letras: 1909 a 1955". Sem lhe negar méritos (sobretudo em relação à *Revista*, que dirigira com rigor), o acadêmico censura a incomensurável vaidade de Thiollier, de que seriam provas a renúncia e o desligamento da Academia em 1952. "Meninão Grande" exibicionista, o autor de *Senhor Dom Torres* teria,

borar com a *Revista*. O romance *Folheando a Vida*, do qual haviam sido publicados 22 capítulos, permaneceria inacabado.

Sócio-fundador da Sociedade Brasileira de Comédia e do Instituto da Ordem dos Advogados de São Paulo, afiliado ao Instituto Histórico e Geográfico de São Paulo, à Sociedade de Geografia de Lisboa e à Associação Paulista de Imprensa, membro de honra da Academia de Letras de Grenoble, secretário-geral do Comité France-Amérique, presidente da União Internacional Protetora dos Animais, Thiollier, condecorado Cavaleiro da Ordem Militar de Cristo, Oficial da Legião de Honra e com as Medalhas da Língua Francesa (concedida pela Academia Francesa), do Centenário do Barão de Rio Branco e da Ordem Militar de D. Henrique, era, na definição do amigo João de Scantimburgo[20], um autêntico "grão-senhor".

René de Castro Thiollier faleceu em 24 de outubro de 1968, aos 84 anos de idade, em São Paulo.

---

ao insular-se em sua fortaleza na Avenida Paulista, selado o próprio ostracismo. Em 1966, por iniciativa de Gofredo da Silva Telles, a Academia conferiria a René Thiollier a distinção vitalícia de Presidente de Honra. O articulador do "processo" que levou à cassação de seu título de secretário-perpétuo, Aristeu Seixas, elegeu-se, em 1957, presidente do sodalício. O tesoureiro de sua gestão, que duraria oito anos, foi Carlos Alberto Nunes...

20. João de Scantimburgo, *Memórias da Pensão Humaitá*, p. 190.

Recibo do Teatro Municipal de São Paulo referente à "Semana de Arte Futurista".

Bibliografia do Autor

No verso das falsas folhas de rosto dos livros de René Thiollier aos quais se teve acesso, há alusão a trabalhos publicados e a obras que estariam em preparo. A relação destes títulos será pormenorizadamente arrolada nos capítulos subsequentes. Para estabelecer a bibliografia *disponível* do escritor, foi consultado o acervo das bibliotecas das universidades paulistas (USP, banco de dados bibliográficos *Dedalus*; Unicamp, base *Acervus*; Unesp, banco de dados *Athena*), das Academias Paulista e Brasileira de Letras, da Fundação Biblioteca Nacional e da Biblioteca Municipal Mário de Andrade. Foi explorado, igualmente, o sítio de venda de livros usados Estante Virtual (www.estantevirtual.com. br). Encontram-se, nas bibliotecas ou disponíveis à venda, sete títulos[1]:

Senhor Dom Torres: Páginas Agrodoces, São Paulo, Mayença, 1921.

O Homem da Galeria: Ecos de uma Época, São Paulo, Livraria Teixeira, 1927.

Um Grande Chefe Abolicionista: Antônio Bento, São Paulo, 1932 (sem indicação de editora).

A Louca do Juqueri: Contos, São Paulo, Livraria Teixeira, 1938.

A República Rio-Grandense e A Guerra Paulista de 1932, São Paulo, Edições Alarico, 1952.

---

1. Apenas as bibliotecas da Universidade de São Paulo e da Academia Paulista de Letras têm, em seus respectivos acervos, todas as obras recenseadas.

A Semana de Arte Moderna: Depoimento Inédito de 1922, São Paulo, Cupolo, s/d.
Episódios de Minha Vida, São Paulo, Editora Anhembi, 1956.

Afora os livros impressos, compõem a produção literária de René Thiollier artigos, ensaios e contos reproduzidos em revistas e jornais. Foi repertoriada sua contribuição para a *Revista da Academia Paulista de Letras*, fundada por ele, *Terra Roxa e Outras Terras*, a *Revista do Brasil*, a *Revista Feminina* e *Panóplia: Mensário de Arte, Ciência e Literatura*. Além disso, foram compulsadas edições de periódicos literários contemporâneos ao lançamento de seus livros em busca de estudos ou resenhas que lhes tenham sido dedicados. O exíguo material coletado indica, em sua modéstia, a recepção que tiveram as publicações no momento de seu aparecimento.

Na *Revista da Academia Paulista de Letras*, René Thiollier difundiu contos, cartas, conferências, estudos e notas. De sua colaboração, sobressaem os vinte e dois capítulos, publicados ao longo da década de 1940, de um folhetim que permanecerá inacabado: *Folheando a Vida*. Sua importância, dentro da bibliografia do autor, revela-se capital, e foi, por conseguinte, integrado ao conjunto de obras a serem analisadas neste trabalho. Durante os quinze anos nos quais o periódico esteve sob a direção de René Thiollier, raros foram os exemplares que não contaram com um texto de sua lavra.

Segue, em ordem cronológica de publicação, a produção do autor de *Senhor Dom Torres* para a *Revista da Academia Paulista de Letras*:

Nº 01 (12.11.1937) – "O Crime da Mulata"[2] (conto), pp. 62-68.
Nº 03 (12.08.1938) – "Carta ao Padre Castro Nery", pp. 160-161;
　　　　　　　　　– "Paulo Setúbal, Ciro Costa, Gustavo Teixeira e Martins Fontes", pp. 117-129.

2. *A Louca do Juqueri*, pp. 99-113.

Bibliografia do Autor

Nº 04 (12.12.1938) – "A Lisboa de Eça de Queirós", pp. 28-36;
 – "Notas Diversas: Julio Cesar da Silva", pp. 152-154;
 – "Homenagem ao Acadêmico Altino Arantes", pp. 157-158.

Nº 05 (12.03.1939) – "Paulo Setúbal em São José", pp. 51-55.

Nº 06 (12.06.1939) – "Discurso de Posse", pp. 78-94.

Nº 07 (12.09.1939) – "Álvares de Azevedo", pp. 163-165.

Nº 08 (12.12.1939) – "Um Bem Precioso", pp. 5-8.

Nº 09 (12.03.1940) – "Humanidades", pp. 38-42.

Nº 10 (12.06.1940) – "Paul de Saint-Victor", pp. 48-51.

Nº 11 (12.09.1940) – "Sensibilidade de Artista", p. 53-56;
 – "Visita à Academia Paulista de Letras", pp. 151-152.

Nº 12 (12.12.1940) – "Londres na 'Season'", pp. 58-70;
 – "Pedro de Toledo", *Palavras à Beira do Túmulo (Excerto)*, p. 152.

Nº 13 (12.03.1941) – "Londres na 'Season'" (conclusão), pp. 53-67.

Nº 14 (12.06.1941) – "Alcântara Machado", pp. 4-6.

Nº 15 (12.09.1941) – "Teatro de Experiência", pp. 65-67.

Nº 16 (12.12.1941) – "Folheando a Vida – Na Central do Brasil"[3], pp. 62-74.

Nº 17 (12.03.1942) – "O Homem que Torna do Além-túmulo", pp. 60-65.

Nº 18 (12.06.1942) – "Episódios Tragicômicos da Vida Amargurada do Poeta Rubén Darío"[4], pp. 56-67.

Nº 19 (12.09.1942) – "Homens e Homúnculos: Ariosto Guichardino", pp. 58-62.

Nº 20 (12.12.1942) – "Folheando a Vida: I – Eduardo Jericó", pp. 97-105.

Nº 21 (12.03.1943) – "Folheando a Vida: II – Em Caldas", pp. 89-98.

Nº 22 (12.06.1943) – "Folheando a Vida: III – Doroti Pacheco", pp. 70-78.

Nº 23 (12.09.1943) – "Folheando a Vida: IV – Josafat, o Bandeirante; V – Camilo Lojista", pp. 46-57.

Nº 24 (12.12.1943) – "Folheando a Vida: VI – O Suicida do Cassino", pp. 72-84;
 – "Paulo Prado", pp. 148-149.

Nº 25 (12.03.1944) – "Senhor Dom Torres"[5] (conto), pp. 42-52.

---

3. A despeito do título, esta narrativa não integra a série folhetinesca de idêntico nome.
4. *O Homem da Galeria*, pp. 53-82.
5. *Senhor Dom Torres*, pp. 239-266.

Valter Cesar Pinheiro

Nº 26 (12.06.1944) – "Folheando a Vida: vii – O Drama Íntimo de Indalécio", pp. 101-114.

Nº 27 (12.09.1944) – "Folheando a Vida: vii – O Drama Íntimo de Indalécio", pp. 73-80.

Nº 28 (12.12.1944) – "Folheando a Vida: viii – Sic transit gloria mundi", pp. 32--47; – "Folheando a Vida e a Semana de Arte Moderna", pp. 156-159.

Nº 29 (12.03.1945) – "Seu Quintino"[6] (conto), pp. 56-58.

Nº 30 (12.06.1945) – "Folheando a Vida: ix – 50 Anos de Hipocrisia", pp. 51-65.

Nº 31 (12.09.1945) – "Pelópidas Diplomata"[7], pp. 70-73.

Nº 32 (12.12.1945) – "Folheando a Vida: x – Caleidoscópio São Paulo", pp. 52-59.

Nº 33 (12.03.1946) – "Folheando a Vida: xi – Jean La Trompette", pp. 50-57.

Nº 34 (12.06.1946) – "Folheando a Vida: xii – Contrastes", pp. 49-55.

Nº 35 (12.09.1946) – "A Vitória de Cunha", pp. 34-39.

Nº 36 (12.12.1946) – "Coração de Boêmio"[8] (conto), pp. 94-99.

Nº 37 (12.03.1947) – "Folheando a Vida: xiii – Na Vienense", pp. 112-122.

Nº 38 (12.06.1947) – "Folheando a Vida: xiv– Na Praça da República", pp. 30-41.

Nº 39 (12.09.1947) – "Lógica de Mulher"[9] (esquete), pp. 60-62.

Nº 40 (12.12.1947) – "Folheando a Vida: xv – O Dr. x", p. 72-88.

Nº 41 (12.03.1948) – "3/4 de Hora na Vida de um Homem" (narrativa), pp. 57-63; – "Discurso", pp. 180-183.

Nº 43 (12.09.1948) – "Folheando a Vida: xvi – A Sentença do Dr. x; xvii – 50 Anos de Hipocrisia", pp. 61-77.

Nº 44 (12.12.1948) – "Folheando a Vida: xviii – Reminiscências – Os Vizinhos da Esquerda e os da Direita – Uma Noite de Amor", pp. 51-55.

Nº 45 (12.03.1949) – "Folheando a Vida: xix – Reminiscências – Os Vizinhos da Esquerda e os da Direita", pp. 88-95.

6. *Idem*, pp. 195-208.
7. *Idem*, pp. 153-165.
8. *Idem*, pp. 137-152.
9. *Idem*, pp. 209-216.

Bibliografia do Autor

Nº 46 (12.06.1949) – "Roberto Simonsen – O Melhor dos Amigos", pp. 97-98.

Nº 47 (12.09.1949) – "Folheando a Vida: xx – Reminiscências – Os Vizinhos da Esquerda e os da Direita", pp. 86-91;
– "Expressiva Homenagem a Amadeu Amaral em Capivari", p. 182.

Nº 48 (12.12.1949) – "Folheando a Vida: xxi – Reminiscências – Os Vizinhos da Esquerda e os da Direita", pp. 91-99.

Nº 49 (12.03.1950) – "Antônio Bento"[10], pp. 104-111.

Nº 50 (12.06.1950) – "A Boneca do Mendes"[11] (conto), pp. 123-126;
– Nota: "O Número 50 da Revista", p. 164.

Nº 51 (12.09.1950) – "Folheando a Vida: xxii – A Materialização de D. Maria das Dores na Casa da Esquerda", pp. 76-90.

Nº 52 (12.03.1951) – "A Bordo do Flórida"[12] (conto), pp. 90-99;
– "Discurso: Homenagem ao Acadêmico Freitas Valle", pp. 153-155.

Nº 53 (12.06.1951) – "Na Casa de Hermengarda"[13] (conto), pp. 63-96.

Nº 54 (12.09.1951) – "Hamlet na Quarta Parada"[14] (conto), pp. 94-102.

Nº 55 (12.12.1951) – "Os Três Sargentos", pp. 46-49.

Nº 56 (12.06.1952) – "Letras Paulistas – 'Casa de Pedra'", pp. 37-43.

Nº 57 (12.09.1952) – "Secretário Perpétuo Nomeado por Unanimidade e por Aclamação", pp. 85-95;
– "O Caso do Jornal 'Tablóide' da Radiodifusora Recorde", pp. 140-141.

De menor expressão é a contribuição de René Thiollier para *Terra Roxa e Outras Terras*, a *Revista do Brasil, Panóplia* e a *Revista Feminina*. Para a primeira, o autor redigiu dois artigos:

10. *Um Grande Chefe Abolicionista: Antônio Bento.*
11. *A Louca do Juqueri*, pp. 69-77.
12. *Idem*, pp. 139-157.
13. *Idem*, pp. 179-242.
14. *Idem*, pp. 79-97.

Nº 1 (20.01.1926, ano I) – "Nós, em São João del-Rei"[15], p. 2.

Nº 5 (27.04.1926, ano I) – "A Carta de Anchieta", p. 3.

Na *Revista do Brasil*, publicou:

Nº 106 (out. 1924, vol. 27) – "Anatole France"[16], pp. 97-98.

Nº 108 (dez. 1924, vol. 27) – "Domingo dos Séculos", pp. 351-353.

Nas páginas de *Panóplia*, Thiollier entrou com um único texto:

Nº 02 (1917) – "O Cobertor do Tio Nazaré"[17], pp. 129-132.

E, por último, as mais antigas publicações encontradas: para a *Revista Feminina*, René Thiollier escreveu, no final da década de 1910, reportagens e narrativas curtas. Poucos anos depois, algumas destas histórias integrariam, em sua forma original ou com leve alteração, o primeiro volume de contos do autor.

Nº 23 (abr. 1916, ano III) – "O Que as Senhoras Devem Saber", p. 19.

Nº 32 (jan. 1917, ano IV) – "A Idiota" (conto).

Nº 41 (out. 1917, ano IV) – "Pressentimento".

Nº 42 (nov. 1917, ano IV) – "A Morte (a Propósito de Finados)".

Nº 43 (dez. 1917, ano IV) – "Coração de Boêmio"[18].

Nº 44 (jan. 1918, ano V) – "Portugal".

Nº 55 (dez. 1918, ano V) – "Seu Quintino"[19] (com desenhos de Voltolino).

Nº 62 (jul. 1919, ano VI) – "Meu Amor"[20] (ilustrado por Ferrignac).

---

15. Este relato, com modificações, será incluído em *O Homem da Galeria*: "De S. Paulo a S. João del-Rei", pp. 175-203.
16. *O Homem da Galeria*, pp. 125-132 (com uma pequena mudança no parágrafo introdutório).
17. *Senhor Dom Torres*, pp. 79-96.
18. *Idem*, pp. 137-152.
19. *Idem*, pp. 195-208.
20. *Idem*, pp. 167-181.

Nº 67 (dez. 1919, ano VI) – "O Ladrão"[21] (com gravura de Ferrignac).
Nº 79 (dez. 1920, ano VII) – "Ao Luar... Os Prisioneiros da Morte"[22].

***

Foi publicado, na *Revista da Academia Paulista de Letras*, um número expressivo de artigos sobre o autor e sua obra. De autoria de acadêmicos, instados, segundo Carlos Alberto Nunes[23], a colaborar com o periódico, estes textos constituem, fundamentalmente, toda a fortuna crítica dedicada a René Thiollier.

Nº 03 (12.08.1938) – José Bueno de Castro Nery, "Da Literatura e da Felicidade", pp. 19-27.
– Roger Bastide, "A Louca do Juqueri" (carta), pp. 161-162.
Nº 04 (12.12.1938) – "Notícia da Conferência sobre Batista Cepelos", realizada no Instituto Histórico, p. 156.
Nº 06 (12.06.1939) – Valdomiro Silveira, "Discurso de Recepção", pp. 95-108.
Nº 08 (12.12.1939) – "Condecoração", Notícia sobre as Condecorações Recém-Atribuídas a René Thiollier: Comendador da Ordem de Cristo de Portugal e Cavaleiro da Ordem Nacional da Legião de Honra, p. 155.
Nº 09 (12.03.1940) – Ademar de Barros, "Carta a René Thiollier", p. 126.
Nº 11 (12.09.1940) – Hélios (Menotti del Picchia), "René Thiollier e o Rio Grande", pp. 166-167.
Nº 12 (12.12.1940) – "Dados Bibliográficos", pp. 150-152.
– Notícia: "Conferência na Sociedade Brasileira de Cultura Inglesa: 'Impressões de uma *Season* em Londres'", p. 175.
– "A Louca do Juqueri". Notícia publicada na *Revista da Academia Cearense de Letras*, p. 151.

21. *Senhor Dom Torres*, pp. 109-120.
22. *Idem*, pp. 293-316.
23. Carlos Alberto Nunes, *op. cit.*, p. 204.

Valter Cesar Pinheiro

– Prof. Percy Alvin Martin (Califórnia), "Carta a René Thiollier", A *Revista da Academia*, p. 153.

Nº 13 (12.03.1941) – Hélios, "De Vitória em Vitória", transcrito do *Diário da Noite*, pp. 139-140.

– Notícia: "Semana de Arte Moderna", p. 145.

– Menotti del Picchia, "A Famosa Semana", pp. 145-146.

Nº 14 (12.06.1941) – Notícia: "Aclamado Secretário Perpétuo da Academia, por Ocasião da Eleição da Nova Diretoria (1941)", p. 153.

Nº 15 (12.09.1941) – Notícia: "René Thiollier representa a A. P. L. no Jantar de Confraternização Intelectual Promovido no Rio de Janeiro pelo P. E. N. Brasileiro", p. 180.

Nº 16 (12.12.1941) – Notícia: "René Thiollier, Distinguido pela Biblioteca da Escola Normal de Araçatuba", p. 169.

Nº 17 (12.03.1942) – Notícia: "Nossa Revista: René Thiollier Deixa a Direção da Revista a Partir do nº 18", p. 122.

Nº 18 (12.06.1942) – Notícia: "A Academia Recusa-se a Aceitar a Renúncia de René Thiollier", p. 180.

Nº 22 (12.06.1943) – Manuel Carlos, "Recordação de Vicente de Carvalho" (carta), pp. 06-10.

Nº 25 (12.03.1944) – "René Thiollier, editor do *Who's Who in Latin America*", pp. 148-149.

Nº 27 (12.09.1944) – Castro Nery, "A Cesta e a Corda" (uma aposta com o Sr. René Thiollier), pp. 39-46.

Nº 29 (12.03.1945) – Mário de Andrade, "Carta a René Thiollier", p. 139.

Nº 30 (12.06.1945) – Mira y Lopes, "A Louca do Juqueri" (carta), p. 145.

Nº 31 (12.09.1945) – Arnold Tschudy, "Carta a René Thiollier", p. 143.

Nº 34 (12.06.1946) – Guilherme de Almeida, "Álibi" (poema dedicado a René Thiollier, meu amigo), p. 4.

– Eugênio Egas, "Carta a René Thiollier", p. 151.

– Notícia: "René Thiollier É Agraciado com a Medalha Comemorativa do Nascimento do Barão do Rio Branco", p. 156.

– Flavio Herrera, "A Louca do Juqueri Novamente em Cartaz", pp. 166-167.

Bibliografia do Autor

Nº 35 (12.09.1946) – Edel C. Gomes, "Carta", p. 160.

Nº 36 (12.12.1946) – Carlos de Morais Andrade, "Carta a René Thiollier", p. 148.

Nº 40 (12.12.1947) – Retrato: "Galeria da Academia", p. 80.

Nº 41 (12.03.1948) – Afonso Schmidt, "Pão Nosso" (dedicado a René Thiollier), pp. 142-143.

– Ulisses Paranhos, "Vida Acadêmica – Homenagem a René Thiollier" (discurso), pp. 178-180.

Nº 42 (12.06.1948) – "Última Carta de Roberto Simonsen, Dirigida a René Thiollier", p. 139.

Nº 45 (12.03.1949) – Belmiro Braga, "Senhor Dom Torres" (poema), pp. 165-166.

Nº 46 (12.06.1949) – Notícia: "René Thiollier, Eleito Membro de Honra da Academia Delphinale", p. 139.

Nº 47 (12.09.1949) – Notícia: "René Thiollier Distinguido pela Academia Francesa", p. 144.

Nº 48 (12.12.1949) – Francisco Pati, "Pondo os Pingos nos ii", pp. 147-148.

Nº 52 (12.03.1951) – Marques da Cruz, "O Poeta das Violetas" (poema dedicado a René Thiollier), p. 150.

Nº 53 (12.06.1951) – "Instituto Salesiano de Pedagogia e Filosofia" (carta), p. 146.

Nº 58 (12.10.1952) – "Non ad narrandum, sed ad probrandem" (nota), pp. 3-5.

Nº 72 (20.11.1968) – "Saudades – René Thiollier", pp. 3-5.

Nº 74 (27.11.1969) – "Discurso de Posse de Maria de Lourdes Teixeira", pp. 209-226.

A esta listagem, acrescentam-se a menção que Mário de Andrade fez, na *Revista do Brasil*, ao criador de *Senhor Dom Torres*, e o comentário, alusivo a este mesmo título, publicado na sessão "Livros Novos" da *Revista Feminina*. Na sequência, relacionam-se os três textos de caráter biográfico que foram citados no capítulo precedente. Com estas referências, encerra-se este inventário[24].

---

24. René Thiollier escreveu para vários jornais de São Paulo, mas a época em que atuou em cada um deles é incerta. Priorizou-se, portanto, para efetuar a presente compilação,

Valter Cesar Pinheiro

ANDRADE, Mário de. "Crônica de Arte: Os Jacarés Inofensivos". *Revista do Brasil*, nº 88, São Paulo, abr. 1923, pp. 324-327.
"LIVROS Novos: *Senhor Dom Torres*". *Revista Feminina*, nº 93, São Paulo, ano IX, fev. 1922.
"HOMEM de Letras". *Revista Feminina*, nº 79, ano VII, São Paulo, dez. 1920.
NUNES, Carlos Alberto. "Pequena História da Academia Paulista de Letras: 1909 a 1955". *70 Anos da Academia Paulista de Letras*. São Paulo, Academia Paulista de Letras, 1979, pp. 151-231.
THIOLLIER, Alexandre. "René Thiollier, Meu Pai (Reminiscências)". *Revista da Academia Paulista de Letras*, nº 114, ano L, São Paulo, Academia Paulista de Letras, jul. 2001, pp. 187-206.

aquilo que foi editado em livros ou revistas. Vale dizer que não há, no acervo da Academia Paulista de Letras, não obstante o notório esforço do sodalício em preservar em arquivo toda a produção de seus acadêmicos, registro dos artigos do autor que tenham sido publicados exclusivamente em jornal. O levantamento destes textos (a maior parte estampada, a julgar pelo que afirmam Carlos Alberto Nunes, Alexandre Thiollier e João de Scantimburgo, entre outros, em colunas sociais) traria, indubitavelmente, novas informações sobre o dândi da Villa Fortunata e a *high society* paulistana da primeira metade do século XX. É uma pesquisa, por conseguinte, que merece continuidade.

Joaquim Nabuco e o Diretório Acadêmico XI de agosto, da Faculdade de Direito de São Paulo, 1906. Da esquerda para a direita, sentados: Fernando Lara Palmeiro, César Lacerda Vergueiro, Joaquim Nabuco, Heitor de Moraes, João Quartim Barbosa; em pé, na primeira fila: *René Thiollier,* Epaminondas Chermont, A. Flores Júnior; Lino Moreira, Tito Lívio Brasil, Nereu O. Ramos, Adolfo Konder; e no alto: Victor Konder, Firmo L. Vergueiro e Eduardo Vergueiro de Lorena. Foto de Valério Vieira. Acervo Joaquim Nabuco.

Senhor Dom Torres:
Um *Début* Literário Crepuscular

Em 1921, René Thiollier, que então contava 37 anos, já era uma figura conhecida da sociedade paulistana: o advogado, jornalista, frequentador dos concorridíssimos salões de Paulo Prado[1] e Dona Olívia Guedes Penteado[2] e anfitrião da Villa Fortunata havia igualmente

1. "Até a realização da Semana de Arte Moderna, Paulo Prado viveu, em S. Paulo, uma vida mais ou menos retraída. Ia frequentes vezes às suas fazendas, ora a S. Martinho, ora a Santa Veridiana. Os amigos que recebia éramos invariavelmente os mesmos. Seus irmãos Antônio, Luiz, Silvio, seu filho Paulo Caio, seus primos Edgard Conceição, Martinho Prado, os Srs. Afonso de Taunay, Pedro Luiz Pereira de Souza, Leopoldo de Freitas, Félix de Otero, Felinto Lopes, Juventino Malheiros, João José Vaz de Oliveira, que foi um dedicado amigo da família Prado... Uma vez ou outra almoçávamos com ele e, em seguida ao almoço, íamos para o terraço do alpendre, onde tomávamos o café e demorávamos a palestrar" ("Paulo Prado e o *Retrato do Brasil*", *Episódios de Minha Vida*, p. 80).

2. "As suas [de Batista Cepelos] cóleras possivelmente se teriam amainado se ele houvesse alcançado as reuniões em casa da ilustre dama paulista que foi a saudosa Sra. Dona Olívia Guedes Penteado, para quem o culto da Beleza se sobrepunha a tudo – ela que, na realidade, era a mais alta expressão da Beleza!" ("Batista Cepelos", *Episódios de Minha Vida*, p. 14). "Quanto mais deploráveis se tornavam as notícias que vinham de cima, mais nitidamente se me apresentava, em espírito, a sua pessoa [Carlos de Campos, presidente do Estado de São Paulo no período em que ocorreu a Revolução de 1924]. Passáramos uma tarde juntos, não havia muito, em casa da Exma. Sra. Dona Olívia Guedes Penteado, por ocasião da discussão dos estatutos da 'Sociedade Amiga do Brasil', fundada por aquela senhora, numa Sexta-Feira Santa, no altar-mor da igreja de São José del-Rei, em Minas [Thiollier faz referência à viagem a Minas Gerais realizada em 1924]" ("À Beira-Mar", *O Homem da Galeria*, p. 22).

Valter Cesar Pinheiro

marcado presença no campo das artes: participara, como mencionado no segundo capítulo deste trabalho, das retumbantes montagens de *O Contratador dos Diamantes*, de Afonso Arinos, e de *A Ceia dos Cardeais*, de Júlio Dantas, em 1919. No teatro, não teria apenas atuado, mas também deixado uma pequena peça, *O Marajá*, cujo único registro é a citação nas listas de "obras do autor" que aparecem na frente das páginas de rosto de suas publicações.

O "verdadeiro dândi da *'Belle Époque'*"[3], "cronista da vida elegante paulista"[4], publica seu primeiro livro de contos, *Senhor Dom Torres: Páginas Agrodoces*, no ano em que falecem João do Rio[5], o dândi cronista da sociedade carioca, e Alphonsus de Guimaraens, que frequentou o salão de Freitas Valle, a Villa Kyrial[6], no período em que viveu na capital paulista. É o ano em que Menotti del Picchia, em evento concorridíssimo no Trianon[7], lança *Máscaras;* Monteiro Lobato, de quem Thiollier era bastante próximo[8], edita *Narizinho Arrebitado* (que será

---

3. Alexandre Thiollier, *op. cit.*, p. 195.
4. Carlos Eduardo Ornelas Berriel, *op. cit.*, p. 22.
5. Com quem se assemelha mais na aparência do que na essência. Fica registrada, porém, a existência de um "falso congênere", em São Paulo, do cronista mundano que angariou sucesso no meio jornalístico carioca (sobre João do Rio, cf. Antonio Arnoni Prado, "O Dândi, a Aura e o Rastro", *Itinerário de uma Falsa Vanguarda: Os Dissidentes, a Semana de 22 e o Integralismo*, pp. 68-122).
6. A quem João do Rio dedicou um crônica, "Freitas Valle, o Magnífico", publicada no jornal *O Paiz* em 07 de outubro de 1916 (cf. Marcia Camargos, *Villa Kyrial: Crônica da Belle Époque Paulistana*, pp. 45 e ss.). *Kyriale* (lançado em 1902) é o primeiro livro de Afonso Henriques da Costa Guimarães editado com o pseudônimo que o consagraria: Alphonsus de Guimaraens.
7. Cerimônia à qual René Thiollier compareceu (cf. Mário da Silva Brito, "O Manifesto do Trianon", *História do Modernismo Brasileiro: 1 – Antecedentes da Semana de Arte Moderna*, pp. 175-187). O discurso de Oswald de Andrade, transcrito por Mário da Silva Brito, teria sido o "lançamento oficial" do movimento modernista na capital paulista.
8. "Monteiro Lobato, em cuja companhia acontecia de eu me encontrar por vezes, dizia-me na sua fleuma habitual: – Isso tudo não tem importância, você verá! Daqui a alguns dias, lá estaremos, de velho, em São Paulo, e a vida terá retomado o seu curso natural... [Lobato e Thiollier encontravam-se em Santos nas semanas em que foi deflagrada a

Senhor Dom Torres: *Um Début Literário Crepuscular*

incorporado, anos depois, às *Reinações de Narizinho*, quinto volume do *Sítio do Pica-pau Amarelo*); e Graça Aranha, de retorno da Europa, publica *A Estética da Vida*. É, também, o ano em que Anatole France é laureado com o Prêmio Nobel de Literatura e no qual a capital paulista recebe a visita do "príncipe dos poetas", Paul Fort.

O livro, impresso no formato in-fólio, foi publicado às expensas[9] do autor pela Casa Mayença[10]. A capa, elaborada por Antônio Paim

'Revolução de 1924']" ("À Beira-Mar", *O Homem da Galeria*, p. 13). Em "As Irreverências de Monteiro Lobato" (*Episódios de Minha Vida*), Thiollier informa: "Era no tempo em que eu tinha meu escritório na rua 15 de Novembro e nele instaladas a secretaria da Academia Paulista de Letras e a redação de sua revista, da qual eu era o diretor. O movimento, ali, em certas épocas, era grande. [...] Quem também era assíduo nas suas visitas era Monteiro Lobato. Gostava de conversar comigo, escarranchando-se numa ampla poltrona de couro, por cima de cujo braço passava uma perna, que se punha a sacudir" (p. 191). Na *Revista do Brasil*, dirigida por Paulo Prado e Monteiro Lobato, Thiollier publicou, em 1924, dois artigos: "Anatole France" e "Domingo dos Séculos" (cf. capítulo precedente). René Thiollier era, aliás, sócio de Monteiro Lobato (tal quais Paulo Prado e José Carlos de Macedo Soares) na Companhia Gráfico-Editora, que veio à falência em 1925 (cf. Carmen Lucia de Azevedo, *Jeca Tatu, Macunaíma, a Preguiça e a Brasilidade*, p. 147). Lembre-se, por fim, que Purezinha, esposa de Lobato, era neta de Antônio Quirino, tio materno de René Thiollier.

9. Thiollier, em artigo supracitado, apresenta-se como responsável pela publicação de *Retrato do Brasil*: "[...] não exagerarei se disser que o Brasil esteve a pique de ignorar haver sido retratado, como o foi, se não fora a minha intimidade com Paulo Prado. Eu é que insisti, que o animei a publicar o seu livro" (*Episódios de Minha Vida*, p. 84). Adiante, reproduz o seguinte diálogo:
"– Pois, então, falemos do meu livro [diz Paulo Prado]. Estive pensando no que você me disse e vou fazer o que você me disse. Vou publicar o meu livro.
"– Você não pode imaginar como essa notícia me alegra [responde-lhe René Thiollier]. Há mais tempo você deveria ter pensado nisso. Você verá: qualquer casa editora estará pronta a editá-lo.
"– Não, não. Não quero saber de casas editoras, vou publicá-lo à minha custa. E quero publicar na mesma tipografia em que você publicou o *Senhor Dom Torres*.
"– Interessante! Era o que eu ia propor a você, caso você estivesse resolvido a publicá-lo por sua conta" (p. 88).

10. Editora que lançará, no ano seguinte, obras de Mário de Andrade (*Pauliceia Desvairada*), Guilherme de Almeida (*Era Uma Vez...*) e Menotti del Picchia (*Angústia de Dom João*), colaboradores de *Klaxon* e participantes da Semana de Arte Moderna.

45

Vieira, é composta de uma figura geométrica simples (similar a um retângulo, mas com a linha correspondente à base levemente ondulada), de cor verde aspargo, dentro da qual constam as indicações de autor, título, subtítulo, editora e cidade, em caracteres pretos. Sob o título, à direita, um vaso, do qual parte uma flor, de fino caule, desenhada na parte inferior da figura. Um entrelaçamento de folhas de samambaia (palavra de origem tupi: "que se torce em espiral"), preto e em fundo verde opaco, margeia a estampa central.

O título é emprestado de uma das narrativas que compõem a obra. Por metonímia, *Senhor Dom Torres* designa, consequentemente, um dos contos que formam a primeira parte do livro e o conjunto de textos

Senhor Dom Torres: *Um Début Literário Crepuscular*

reunidos. Gérard Genette, em *Seuils*, destaca a tradição oitocentista de títulos que remetem ao nome completo dos heróis[11]. Cita, entre outros, os romances *Eugénie Grandet*, de Balzac, *Thérèse Raquin*, de Zola, e *Thérèse Desqueyroux*, de Mauriac. Essa forma de denominação foi largamente adotada por nossos escritores, como revelam certos títulos de Machado de Assis (*Iaiá Garcia*, *Quincas Borba*), de Aluísio Azevedo (*Filomena Borges*) ou de Lima Barreto (Isaías Caminha e Policarpo Quaresma têm nome e sobrenome mencionados nos títulos dos romances de que são protagonistas). Mais recorrente, no entanto, é a presença de um único nome, antecedido ou não de um qualificativo (pronome de tratamento, profissão, laço de família): *Le Colonel Chabert*, *Le Père Goriot* e *Madame Firmiani*, de Balzac, *Madame Bovary*, de Flaubert, e *Son Excellence Eugène Rougon*, de Zola, estão entre os exemplos mais conhecidos. Machado nos legou *Dom Casmurro*; Alencar, *Lucíola* e *Iracema*; Aluísio Azevedo, *A Condessa Vésper*. Hilário Tácito, em 1920, lança *Madame Pommery*[12]. O mesmo procedimento é verificado na forma conto: o autor de *Esaú e Jacó* escreveu "D. Benedita", "A Senhora do Galvão", "D. Paula"; Lima Barreto, "Francisca", "Miss Dollar", "O Capitão Mendonça"; Artur de Azevedo, "A Tia Aninha", "A Viúva do Estanislau", "Dona Eulália", "O Velho Lima". Na literatura francesa sobejam exemplos, dentre os quais se destacam os títulos de Maupassant, que, frequentemente, designam também o *recueil* que os encerra. Este é o caso de *Miss Harriet*, *La Petite Roque* e *Monsieur Parent*, entre outros. Não falta, portanto, lastro literário à escolha de René Thiollier. Não obstante, falta a este título, por não abraçar o conjunto das narrativas que constituem a compilação, uma ideia que sugira, entre os textos selecionados, a existência de uma unidade temática ou estrutural.

---

11. Gérard Genette, "Les titres", *Seuils*, p. 94.
12. Pela *Revista do Brasil*. A segunda edição, em 1921, sairá pela Editora Monteiro Lobato & Cia.

Essa lacuna é parcialmente preenchida pelo subtítulo, que, na capa da publicação, tem relativo destaque: "páginas agrodoces". Se o título privilegia um dos "conteúdos" da obra – a personagem-conto Dom Torres –, o subtítulo, remático[13], revela a forma como o autor entende seus escritos (ou quer fazê-los entender). Não estabelece uma tipologia textual específica (o gênero a que pertencem as narrativas – novela, conto, memória, confissão... – não é determinado pelo autor), mas joga com a polissemia da palavra "página": um dos lados da folha de papel – suporte mais utilizado na impressão de livros – e, metonimicamente, o texto sobre ela reproduzido. À indefinição do estatuto do texto segue--se um qualificativo igualmente indeterminado, de sabor díspar, ácido e edulcorado. Se quiser identificar o gênero da obra que tem em mãos, o leitor terá de passar às páginas subsequentes à folha de rosto (ou ao índice, que, *à la française*, aparece apenas no final do volume).

Não se pode deixar de observar, ainda em relação ao título, a dupla forma de tratamento que nele consta, "senhor" e "dom", dispensada, em princípio, a detentores de títulos nobiliárquicos e a altos dignitários da igreja católica. Tal como aparece na capa, o tratamento conferido a Torres associa-se também, por contiguidade, ao nome do autor, René Thiollier (que se destacava, como sublinhado no capítulo introdutório deste trabalho, pela fidalguia e pelos modos aristocráticos).

A falsa folha de rosto apresenta apenas o nome do livro[14]. No verso, o autor apresenta seu "catálogo", no qual constam as obras já publi-

---

13. Cf. Gérard Genette, *op. cit.*, pp. 85-106. São "temáticos", para Genette, os títulos adotados com base no "conteúdo" do texto: um lugar (*La Chartreuse de Parme*, por exemplo), um objeto (*Le Soulier de satin*), um *leitmotiv* (*La Marche de Radetzky*) ou uma personagem (*Madame Bovary*). "Remáticos" seriam os títulos genéricos: Odes, Epigramas, Máximas, Confissões. Sua presença remontaria à época clássica francesa, e, no século XIX, teria sido escamoteada por meio de títulos paragenéricos (como atestam os subtítulos de *Le Rouge et le Noir* e *Madame Bovary: Chronique du XIX siècle* e *Moeurs de province*).

14. Essa informação é impressa duas vezes: no centro da página, em posição de destaque, e no canto inferior esquerdo, antecedida do algarismo "1", indicador da numeração da página.

Senhor Dom Torres: *Um Début Literário Crepuscular*

cadas ou em preparo. Thiollier não se expõe ao público leitor como um escritor neófito: teria publicado *A História de um Sonho*, que, segundo a nota, estaria esgotada[15]. Anuncia quatro títulos, seguidos de sua "indicação genérica": *Zaías, o Barrabás* ("Novela Socialista"), *As Crianças* ("Páginas Suaves"), *Ecos de uma Época* ("Impressões Literárias") e *Batista Cepelos* ("A Sua Vida e a Sua Obra – Conferência Literária"). *Ecos de uma Época* tornar-se-á o subtítulo de *O Homem da Galeria*, publicado em 1927. "Batista Cepelos" será lançado bem mais tarde (é o primeiro ensaio de *Episódios de Minha Vida*, de 1956). Os dois primeiros títulos não foram encontrados.

O nome do autor, o título da obra e o subtítulo, informações em destaque na capa do volume, encabeçam a página de rosto. A editora e a cidade de publicação cedem lugar a outras informações: o *ex-libris* do autor, a indicação de tiragem, o nome dos responsáveis pela concepção da capa e pelos desenhos que ilustram alguns dos contos e o ano de publicação.

O *ex-libris*, de forma retangular, encerra a divisa, a estampa e o nome do autor. A divisa, "*recede in te ipse quantum potes*", é extraída de Sêneca, da *Sétima Carta* escrita a Lucílio.

Sêneca, em resposta a Lucílio – "O que é preciso, mais do que tudo, evitar?" –, afirma: "a multidão". O convívio com muitos homens é prejudicial, assegura o filósofo romano, pois sempre haverá alguém que nos incitará ao vício. Vê com reserva os espetáculos de gladiadores, pois crê que o mal que se oferece nas arenas reverberará naqueles que assistirem às lutas. Ávidos por combates, os espectadores são tão responsáveis pela carnificina quanto os lutadores. É para a assistência, insiste Sêneca, que tais espetáculos são organizados. Os costumes da turba não devem ser imitados nem odiados, mas mantidos à distância.

---

15. Este livro não foi encontrado. A nota faz menção a uma tradução espanhola, igualmente esgotada.

Refugia-te em ti próprio quanto puderes; dá-te com aqueles que te possam tornar melhor, convive com aqueles que tu possas tornar melhores. Há que usar de reciprocidade: enquanto se ensina aprende-se também. Por vão desejo de tornares conhecido o teu talento não deve misturar-te com o público a ponto de desejares fazer leituras ou participar de debates. Aconselhar-te-ia a fazê-lo se tivesses mercadoria adequada a esta gente; mas entre ela não há quem pudesse entender-te. É possível que casualmente apareça um ou outro de cuja formação e educação te devas encarregar até o elevares ao teu nível: *"Mas então, em proveito de quem estudei eu?"* Não tenhas receio: se tiveres estudado em teu preito não terás perdido o tempo[16].

16. Sêneca, *Cartas a Lucílio*, pp. 14-15. No original: *"Recede in te ipse, quantum potes; cum his versare qui te meliorem facturi sunt, illos admitte quos tu potes facere meliores: mutuo ista fiunt, et homines, dum docent, discunt. Non est quod te gloria pu-*

Senhor Dom Torres: *Um Début Literário Crepuscular*

A divisa escolhida por Thiollier – "Refugia-te em ti próprio quanto puderes" – é acompanhada da ilustração de uma torre, que não é outra senão a que se elevava na residência do autor, a Villa Fortunata, local onde, segundo nota constante na última página da edição, teriam sido compostas as narrativas deste livro[17]. Sob o *ex-libris*, em harmonia com a sentença latina, o ano de publicação, 1921, em algarismos romanos.

Residência do autor, a Villa Fortunata.

blicandi ingenii producat in medium, ut recitare istis velis aut disputare; quod facere te vellem, si haberes isti populo idoneam mercem: nemo est, qui intellegere possit. Aliquis fortasse unus au alter incidet, et hic ipse formandus tibi erit instituendusque ad intellectum tui. 'Cui ergo ista didici?' Non est quod timeas, ne operam perdideris, si tibi didicisti".

17. "Este livro, com exceção do conto intitulado 'De Cartola e Sobrecasaca', foi escrito na torre da Villa Fortunata, e acabou de se imprimir aos vinte e seis de novembro – era de Nosso Senhor Jesus Cristo – de mil novecentos e vinte e um, nas oficinas da Casa Mayença, na capital do Estado de São Paulo, Brasil".

No final da carta a Lucílio, Sêneca cita Epicuro, que, ao ser indagado da razão de tanto empenho em um tratado que seria lido por tão poucos, teria dito: "para mim, basta-me que sejam poucos, basta-me que haja um só leitor, basta-me que não haja nenhum".

À imagem de um animado grã-fino, que relata, em coluna de jornal, a *dolce vita* da *jet set* paulistana, sobrepõe-se a de um estoico polígrafo, que, de sua torre, rememorando acontecimentos (alguns amargos) ou dando curso à imaginação, oferece aos possíveis leitores as narrativas que guarda o volume publicado. Em *O Homem da Galeria: Ecos de uma Época*, lançado seis anos depois de *Senhor Dom Torres*, René Thiollier, "a modo de prefácio", afirma:

A vida é espetáculo barato. Como tal, gosto de apreciá-la da galeria, ou melhor, das torrinhas. A sós e muito à vontade, no meu paletó-saco, de colarinho mole, o queixo fincado nos braços cruzados sobre o parapeito da grade (pp. 5-6).

Ao lado do *ex-libris*, no canto inferior esquerdo, o nome dos responsáveis pela capa, Paim, e pelas ilustrações, Wasth Rodrigues e Voltolino. Paim ilustrou a belíssima edição de *Máscaras*, de Menotti del Picchia. No ano seguinte, participou da Semana de Arte Moderna na condição de coautor dos desenhos assinados por Yan de Almeida Prado[18]. Wasth Rodrigues, integrante do seleto grupo de artistas beneficiados por uma bolsa do Pensionato Artístico do Estado de São Paulo (conduzido com mãos de ferro pelo Senhor da Villa Kyrial, o senador Freitas Valle), criou, com Guilherme de Almeida, o brasão da capital paulista[19]. A capa da primeira edição de *Urupês*, de Monteiro Lobato, publicada em 1918, é de sua lavra. Em 1919, concebeu os cenários da peça *O Contratador dos Diamantes*, de Afonso Arinos, de cuja montagem, como afirmado, René Thiollier participou ativamente. Voltolino (Lemmo Lemmi), caricaturista, teve, no primeiro

18. Sobre Antônio Paim Vieira, cf. Aracy A. Amaral, *Artes Plásticas na Semana de 22*, pp. 259--260.
19. Vencendo um concurso instituído pelo prefeito da cidade, Washington Luís, em 1916.

Senhor Dom Torres: *Um Début Literário Crepuscular*

quartel do século passado, trabalhos publicados em diversos jornais da capital. Foi um dos principais colaboradores da revista *O Pirralho*, de Oswald de Andrade. Seu nome aparece na capa de *Narizinho Arrebitado*, editado, assim como *Máscaras* e *Senhor Dom Torres*, em 1921[20]. Em sua primeira incursão no mercado editorial, Thiollier recorre à editora e a ilustradores de que se serviram modernistas de primeira hora – como Mário de Andrade, Guilherme de Almeida, Menotti del Picchia e Oswald de Andrade – e também aqueles que, agindo de forma independente em relação ao núcleo duro modernista, desempenhariam papel de igual relevância nos anos seguintes, como Monteiro Lobato.

No final da página de rosto, consta a indicação de tiragem. Nas obras pertencentes às bibliotecas consultadas, lê-se "segundo milheiro". Nos referidos acervos, não se encontra nenhum volume correspondente ao "primeiro milheiro", mas há imagens disponíveis desta primeira impressão na internet. A página de rosto da primeira tiragem, similar à da segunda, indica que ambas as impressões foram realizadas no mesmo ano. Em *O Homem da Galeria*, publicado em 1927, o catálogo do autor, no verso da falsa folha de rosto, anuncia: "A seguir: *Senhor Dom Torres* – 3ª edição inteiramente refundida. Edição definitiva". Essa edição tampouco foi encontrada. A nota, porém, sugere que a pressuposta segunda edição seria, na realidade, a segunda impressão.

O número de livros impressos é, ressalte-se, expressivo para a época: à guisa de comparação, do *Losango Cáqui*, lançado em 1926, e de *Macunaíma*, em 1928, foram tirados apenas 800 exemplares em suas primeiras edições. Vale lembrar que, excetuando-se raríssimos casos, era o próprio autor quem arcava com os custos de impressão, o que explicaria, em boa parte, a baixíssima tiragem das obras supracitadas de Mário de Andrade e, por que não dizê-lo?, a quantidade significativa de unidades impressas do *Senhor Dom Torres*, dadas as condições financeiras privilegiadas do castelão da Villa Fortunata.

---

20. Sobre Voltolino, cf. Ana Maria de Moraes Belluzzo, *Voltolino e as Raízes do Modernismo*.

Valter Cesar Pinheiro

É à memória de seu pai, Alexandre Honoré Marie Thiollier, que falecera em Paris em 1913, que René dedica sua obra. Alexandre Honoré foi proprietário de uma das maiores livrarias de São Paulo: a Casa Garraux. Foi em suas dependências que o autor de *Senhor Dom Torres* travou seus primeiros contatos com o universo literário. *A Musa*[21], revista que criara com Júlio Prestes e Mario Polto, teria sido impressa na gráfica do estabelecimento[22]. A referência a Alexandre extrapola, por conseguinte, os limites de uma relação afetiva alicerçada em laços consanguíneos e ganha contornos literários: foi o livreiro garibaldino quem arregimentou o jovem René para as hostes letradas paulistanas. O alcance da homenagem de René a seu pai ultrapassa, igualmente, o âmbito doméstico no qual, em princípio, ela se circunscreveria, visto que o homenageado era conhecido por uma parcela significativa do público leitor paulista: ao explicitar os laços que o unem ao dedicatário (o livro poderia ter sido dedicado "à memória de Alexandre Honoré Marie Thiollier", formulação que daria relevo à personalidade pública do livreiro, ou "à memória de meu pai", tributo de apreensão imediata e de forte carga emotiva, mas que manteria em segredo a identidade do progenitor), René imprime à sua dedicatória uma dupla dimensão: materializa, sob a forma de palavras no papel, sua lembrança ("Pai, esse livro é publicado em sua homenagem!" – do autor para si mesmo, já que o pai estava morto) e informa ao leitor que a relação entre o escritor e a personalidade a quem a obra é dedicada era particular, íntima ("Saiba, leitor, que sou filho de Alexandre Thiollier, antigo proprietário da Casa Garraux!"), o que vale, *de per si*, por uma nota biográfica ou genealógica[23].

21. Nenhum exemplar deste magazine foi localizado.
22. Cf. "As Irreverências de Monteiro Lobato", *Episódios de Minha Vida*, p. 192, e Lilian de Lacerda, *Álbum de Leitura*, p. 324.
23. Sobre as dedicatórias e suas múltiplas funções, cf. Gérard Genette, "Les dédicaces", *op. cit.*, pp. 120-146.

Senhor Dom Torres: *Um Début Literário Crepuscular*

René Thiollier extrai a epígrafe da obra[24] do prefácio de *Ironia e Piedade*[25], último livro de Olavo Bilac: "O essencial é viver, pensar, trabalhar e amar, com ou sem brilho, mas sempre com resignação – *en attendant bien doulcement la mort*". No prefácio, a passagem em itálico é precedida de vírgula, está entre aspas e é seguida do nome de seu verdadeiro autor:

Eu, por mim, acho saudade e consolo em reviver os meus velhos dias. Não sei se sou hoje mais feliz ou mais infeliz do que antigamente, naquele tempo da minha adolescência, quando, com o cérebro e o coração cheio de esperanças e de versos, eu namorava a *Gazeta*. Nunca sabemos quando somos felizes ou infelizes. E a felicidade não é gênero de absoluta e imediata necessidade... O essencial é viver, pensar, trabalhar e amar, com ou sem brilho, mas sempre com resignação, "en attendant bien doulcement la mort", como dizia o velho Montaigne. Também dos dias tristes temos saudades, e a saudade é sempre um consolo (p. 11).

A atitude resignada em relação à vida, ataráxica, harmoniza-se simbioticamente com a divisa do *ex-libris*. Refugiado na torre da Villa Fortunata, o artista encontraria naquele recanto a quietude que lhe permitiria dar vazão à matéria literária subjacente em sua memória.

Em se tratando de uma epígrafe, tão importante quanto a citação é a identidade de seu autor (na maior parte das vezes – e este é o caso da epígrafe de *Senhor Dom Torres* –, menciona-se o nome do autor, não o da obra da qual a citação é proveniente)[26]. No ano em que o príncipe dos poetas franceses, Paul Fort, vem a São Paulo, é o coroado Bilac[27],

---

24. A epígrafe poderia, em tese, ter sido escolhida por outra pessoa (o editor, por exemplo). A citação de outra passagem do prefácio no final do primeiro conto torna essa hipótese pouco provável.

25. Seleta de artigos publicados na *Gazeta de Notícias* do Rio de Janeiro, *Ironia e Piedade* foi editada em 1916 pela Livraria Francisco Alves. Bilac faleceu em 1918.

26. Cf. Gérard Genette, *op. cit.*, p. 161.

27. Em 1907, o autor da letra do "Hino à Bandeira do Brasil" é eleito, pela revista *Fon-Fon*, "príncipe dos poetas brasileiros".

poeta mais lido de sua geração, que René Thiollier evoca. Citá-lo na epígrafe equivale a uma dedicatória (distinção concedida a Coelho Neto[28], ainda vivo, no penúltimo conto do livro – "A Prisão de São Lázaro"), a um aval *post mortem*, a uma benção.

A supressão do nome do autor da citação em língua francesa presente na epígrafe, Montaigne, explicitado no texto bilaquiano, obrigou Thiollier a rearranjar o fragmento, retirando-lhe as aspas e estampando-o em itálico. É difícil apontar razões que justifiquem essa omissão[29]. Anular o desequilíbrio visual causado por um "excesso de aspas"? Evitar o efeito cumulativo de "citação de citação"? Ao fim e ao cabo, Thiollier, em solução infeliz e inadequada, termina por atribuir a Bilac uma expressão que não era dele. Ao vê-la, os leitores mais ilustrados talvez se lembrassem do ensaio "Que philosopher c'est apprendre à mourir", mas creditariam ao poeta carioca o emprego de um jogo intertextual que não existe no texto de partida. Se mais não fosse, haveriam de estranhar a grafia do advérbio de modo...

A dedicatória e a epígrafe da obra estabelecem a filiação biológica, intelectual e literária de René Thiollier: consequência *a posteriori*, já que é lícito supor que estas escolhas teriam sido motivadas pelo desejo do autor de destacar, nas páginas introdutórias de seu primeiro livro, que descende de boa cepa. Ao longo do volume, as epígrafes e as dedicatórias multiplicam-se. Qual seria seu aporte? O que revelariam do chão cultural no qual, às vésperas da Semana, os contos publicados se ancoram?

Antes de adentrar nesta seara, faz-se mister observar o índice, que, como dito no início do capítulo, localiza-se no final da edição.

---

28. Em 1928, os leitores da revista humorística *O Malho* o escolhem "príncipe dos prosadores brasileiros".

29. Thiollier, quando cita os *Essais*, menciona o nome de seu autor. Cf. "Pelópidas Diplomata", *Senhor Dom Torres*, p. 157, e "A Literatura no Brasil e o Pão Nosso de Cada Dia", *O Homem da Galeria*, p. 89.

Senhor Dom Torres: *Um Début Literário Crepuscular*

Senhor Dom Torres é dividido em duas partes, "À Beira do Caminho" e "Episódios da Vida Errante". Acrescenta-se ao primeiro título um subtítulo remático, "contos", no "olho" que precede a primeira narrativa. "Episódios" é o termo com o qual o autor ata as histórias que compõem a segunda parte da publicação: seu valor polissêmico – "incidentes", "casos" ou "fatos notórios", se relacionados à ação; "cenas" ou "capítulos", se aludirem a fragmentos de um drama ou romance – dispensa o recurso do subtítulo[30]. Ambos os títulos têm em seu bojo a ideia de errância, de deslocamento (espacial, temporal, espiritual ou literário, sem destino fixo, à margem de caminhos pré-estabelecidos), de dissipação. Resta ver se a expectativa que tais denominações suscitam alcançará êxito ou malogrará. Ressalte-se, igualmente, que salta à vista, quando da leitura do índice, a desproporção entre as partes que constituem o volume: a primeira enfeixa quatorze contos, ao passo que a segunda reúne apenas duas histórias. O que justificaria bipartição tão desigual?

Essas questões serão retomadas adiante, por ocasião da análise das narrativas. Segue, por ora, o exame das dedicatórias e epígrafes com as quais boa parte dos contos e episódios principia. Não se visa verificar, ressalve-se, se é assegurada, no território fronteiriço no qual essas mensagens peritextuais[31] se situam, continuidade direta, mas descerrar, por intermédio desses elementos, o pano de fundo cultural no qual *Senhor Dom Torres* e seu autor estão inseridos.

A paginação confere posição de destaque aos títulos e às dedicatórias, em caixa-alta no centro das páginas que antecedem os contos.

---

30. O termo reaparecerá no título do último livro de René Thiollier, *Episódios de Minha Vida*, publicado em 1956.

31. "Um elemento de paratexto, se pelo menos consiste numa mensagem materializada, tem necessariamente um *lugar*, que se pode situar em relação àquele do próprio texto: em torno do texto, no espaço do mesmo volume, como o título ou o prefácio, e, às vezes, inserido nos interstícios do texto, como os títulos de capítulo ou certas notas; chamarei de *peritexto* essa primeira categoria espacial" (Gérard Genette, *Paratextos Editoriais*, p. 12; pp. 10-11 na edição francesa).

Distinguem e hierarquizam os peritextos o tamanho dos caracteres (os reservados às dedicatórias são levemente menores que os dos títulos) e sua ordem de apresentação (as dedicatórias sob os títulos, alinhadas à direita). Das dezesseis narrativas de *Senhor Dom Torres*, treze foram dedicadas a alguém. Quem são essas pessoas? A homenagem que lhes é oferecida advém de afeições pessoais? De admiração intelectual ou profissional? De afinidades eletivas? É possível, mediante o arrolamento de dados biobibliográficos dos homenageados, determinar com algum grau de precisão o elo que une dedicador e dedicatário?

Se o conjunto da obra é dedicado ao pai, Alexandre Honoré Marie Thiollier, é a Marcello Thiollier, irmão de René, que é ofertado o primeiro conto, "Na Minha Travessa", de caráter acentuadamente autobiográfico. Essa não é a única alusão a Marcello presente no volume: em "A Prisão de São Lázaro", primeira narrativa dos "Episódios da Vida Errante", o irmão é citado em outra reminiscência de infância:

Mas... – e ser-me-ia difícil explicar por que motivo, – não foi, ainda assim, esse, o Paris que mais saudosamente me acudiu à memória; foi o Paris que conheci nos meus tempos de colégio, quando, em companhia de meu mano, cursávamos na remansosa pacatez do Marais, as aulas da Escola Massillon (pp. 274-275).

Segundo o filho de René, Alexandre[32], os irmãos advogavam[33] no escritório do tio materno, Clementino de Souza e Castro[34], promotor público, Presidente do Conselho de Intendência da Cidade de São Paulo no biênio 1891-1892 (correspondente ao atual cargo de prefeito) e Ministro do Tribunal de Justiça de São Paulo. Marcello foi presidente da UIPA – União Internacional Protetora dos Animais, associação civil

32. Alexandre Thiollier, *op. cit.*, p. 204.
33. Marcello Thiollier bacharelou-se pela Faculdade de Direito de São Paulo em 1907. René formara-se no ano anterior.
34. Em sua homenagem, o bairro da Vila Mariana foi desmembrado, dando origem à Vila Clementino.

Senhor Dom Torres: *Um Début Literário Crepuscular*

mais antiga do Brasil, fundada em 1895. Com sua morte, em 1927, René Thiollier assumiu essa função. À frente da instituição, destacaram-se Ignácio Wallace da Gama Cochrane, seu primeiro presidente, o Conselheiro Antônio Prado e Alcântara Machado.

É a Ciro Costa[35] que René Thiollier oferece a segunda narrativa de *Senhor Dom Torres*: "O quanto pode uma saudade". Trinta e cinco anos depois, René conta a história desta amizade em artigo publicado nos *Episódios de Minha Vida*[36]: designado por Alcântara Machado, presidente da Academia Paulista de Letras, para receber o mais novo membro eleito para o sodalício, Thiollier antevia momentos de júbilo, de grande emoção. O evento da posse, contudo, não se realizou, pois Ciro veio a falecer. Após uma rápida referência à participação de ambos na Revolução Constitucionalista de 1932[37], René faz uma descrição minuciosa de seu amigo e põe em evidência sua elegância nos seguintes termos: "Ciro Costa lembrava um dândi balzaquiano, ou melhor, como dizia Menotti del Picchia, quando a ele se referia – um marquês da velha França realista"[38]. Não obstante, o objetivo do artigo era outro: reverenciar o legado poético de Ciro, perpetuado em *Terra prometida*, publicado postumamente. Elogios em profusão são intercalados com transcrições de sonetos parnasianos ("Últimas palavras de Sócrates", "Pai João" e "Mãe Preta"): "A sua poesia, toda

---

35. Nasceu em 1879, em Limeira, e faleceu em 1937, no Rio de Janeiro. Bacharelou-se pela Faculdade de Direito de São Paulo. Escreveu versos e crônicas para o *Diário Popular* e para as revistas *A Cigarra* e *Vida Moderna*. Foi eleito para a Academia Paulista de Letras (cadeira nº 4), mas não tomou posse. Na publicação *1909-1979: 70 anos da Academia Paulista de Letras*, diz-se, na nota biográfica que lhe é dedicada, que o poeta não editou nenhum livro em vida. Na realidade, Ciro Costa, ao lado de Eurico de Góis, lançou, em 1924, *Sob a Metralha...: Histórico da Revolta em São Paulo – 5 de Julho de 1924*, pela Editora Monteiro Lobato. Após sua morte, foi publicada a seleta *Terra Prometida*, pela José Olympio, em 1938.
36. "Ciro Costa", pp. 103-110. Há, na p. 104, um retrato do poeta.
37. Episódio narrado com todos os pormenores em *A República Rio-Grandense e A Guerra Paulista de 1932*, publicado havia quatro anos ("Batismo de Fogo", pp. 115-131).
38. *Episódios de Minha Vida*, p. 105.

feita de harmonia e beleza, me encantava"[39], "*Terra Prometida* constitui, com algumas exceções, uma pequena coleção de obras-primas de uma venustidade e graça inconfundíveis"[40]. Suas conferências – das quais se destacava "Visões da Índia" – o alçaram, segundo Thiollier, à condição de um dos maiores oradores de seu tempo.

No dia seguinte à "retumbante vitória de Cunha", Ciro Costa escreveu um soneto, "São Paulo", e o dedicou a seu amigo: "Ao René, ao meu querido e bravo companheiro das trincheiras heroicas de Cunha". No final, Ciro acrescenta à assinatura: "Soldado da 1ª Companhia, do 1º Batalhão da Liga de Defesa Paulista". Esse poema, publicado na *Revista da Academia Paulista de Letras*[41], será reproduzido no livro sobre a Revolução de 32[42].

"O Cobertor do Tio Nazaré", terceiro conto do livro, é dedicado a Veiga Miranda[43]. Ministro de Estado no ano de lançamento de *Senhor Dom Torres*, tinha sido articulista do *Jornal do Commercio* (edição de São Paulo), dirigido por René Thiollier. Os dois, com os préstimos de Correia Júnior, publicarão, em 1929, *Antologia: Arthur de Cerqueira Mendes*[44] – *in memoriam*, em tributo ao cronista e historiador paulistano, autor de *Figuras antigas: Frei Sampaio* e *Um Andrada*, falecido no ano anterior.

---

39. *Idem*, p. 106.
40. *Idem*, p. 108.
41. Nº 35, 12 de setembro de 1946, p. 101.
42. *A República Rio-Grandense e A Guerra Paulista de 1932*, p. 131.
43. Mineiro de Campanha, João Pedro da Veiga Miranda nasceu em 1881 e faleceu em 1936, na cidade de Ribeirão Preto. Engenheiro formado pela Escola Politécnica, Veiga Miranda fez carreira política: foi deputado estadual e federal por São Paulo e Ministro da Marinha no Governo de Epitácio Pessoa (1921-1922). Fundou a revista *O Comentário* e foi crítico literário do *Jornal do Commercio*. Ocupou a cadeira de nº 35 da Academia Paulista de Letras. Escreveu romances (*Redenção, Mau Olhado, Os Três Irmãos Siameses*), contos (*Pássaros que Fogem, A Eterna Canção, Maria Cecília e Outras Histórias*), crítica literária (*Os Faiscadores: Crônicas e Impressões de Leitura*). Nos anos 1920, vários de seus livros foram (re)editados por Monteiro Lobato.
44. Filho do Dr. João de Cerqueira Mendes, a quem é dedicado o conto que dá nome ao livro, "Senhor Dom Torres".

Senhor Dom Torres: *Um Début Literário Crepuscular*

Único conto, segundo nota já mencionada, a não ter sido escrito "na torre da Villa Fortunata", "De Cartola e Sobrecasaca" é oferecido a Escragnolle Dória[45], sobrinho do Visconde de Taunay. Especialista em História do Brasil, Escragnolle Dória foi, de 1917 a 1922, diretor do Arquivo Nacional e editor do periódico da instituição. Por conseguinte, era, quando da publicação de *Senhor Dom Torres*, o guardião dos documentos da República. Dória e Thiollier[46] eram membros do Instituto Histórico e Geográfico de São Paulo e da Sociedade de Geografia de Lisboa[47].

"A Fama de Baltazar", sexto conto de *Senhor Dom Torres*, é dedicado a Zeca Lisboa[48], primo de René Thiollier. Foi no *Diário Popular*, sob a

---

45. Luís Gastão d' Escragnolle Dória é natural do Rio de Janeiro. Nasceu em 1869 e faleceu em sua cidade natal em 1948. Jornalista, historiador, contista, formou-se pela Faculdade de Direito da Universidade de São Paulo. Com bolsa concedida pelo Ministério da Justiça e dos Negócios Interiores, realizou múltiplas viagens à Europa ao longo da década de 1910, consultando arquivos e recolhendo documentação histórica. Foi professor de História no Colégio Pedro II e redator-secretário da revista *A Semana* (1893-1895), cujo principal colaborador foi Araripe Júnior. Escreveu para inúmeros jornais e revistas, dentre os quais o *Jornal do Commercio*. De sua diversificada obra (estudos históricos, contos, peças de teatro, romances), destaca-se o libreto de *Jupira*, ópera de Antônio Francisco Braga baseada no conto de Bernardo Guimarães.

46. Sobressaem, na bibliografia de René Thiollier, os livros de caráter histórico: o supracitado *A República Rio-Grandense e A Guerra Paulista de 1932*, *Um Grande Chefe Abolicionista: Antônio Bento* (seu tio materno) e *A Semana de Arte Moderna*. Destacam-se, igualmente, os relatos publicados em *Episódios de Minha Vida* e *O Homem da Galeria* nos quais sobejam detalhes e circunstâncias históricas, como "À Beira-Mar, Um Ano Depois (A Revolução de Julho de 1924)" e "De São Paulo a São João del-Rei", que tem por objeto a famosa viagem a Minas Gerais em 1924.

47. Escragnolle Dória tornou-se, em 1908, correspondente do IHGSP no Rio. Thiollier foi eleito membro do Instituto em 1933, e, em 1954, ano do quarto centenário da capital, virou sócio emérito. Escragnolle Dória filiou-se à Sociedade de Geografia de Lisboa em 1909; Thiollier, em 1914.

48. Filho de José Maria Lisboa, fundador do *Diário Popular*, e Anna Joaquina, irmã de Fortunata de Souza e Castro. Formou-se em Direito pela Universidade de São Paulo. Em 1883, iniciou-se no jornalismo. No ano seguinte, seu pai fundou o *Diário Popular*, jornal abolicionista e republicano, voltado para as classes menos favorecidas. Vítima da gripe espanhola, José Maria Lisboa faleceu em 1918. Zeca assumiu a direção do jornal, função que exerceria até a morte, em 1943.

Valter Cesar Pinheiro

direção de Zeca desde 1918, que o anfitrião da Villa Fortunata começou sua carreira de cronista e jornalista. Zeca presidiu, igualmente, a API (Associação Paulista de Imprensa), à qual Thiollier era associado. Raphael Cantinho Filho[49], colega de turma de Monteiro Lobato na Faculdade de Direito do Largo de São Francisco[50], é homenageado com "Coração de Boêmio". Publicou, em 1925, *Movimento Subversivo de Julho: Relatório Geral dos Acontecimentos*, pela Casa Garraux. Delegado de polícia de São Paulo, Cantinho Filho foi, de 1925 a 1927, diretor do Gabinete de Investigações.

"Pelópidas Diplomata" é dedicado a Domingos Teixeira, advogado que se destacou à frente do Jockey Club de São Paulo, agremiação frequentada pelos paulistanos de escol.

Em *Literatura como Missão: Tensões Sociais e Criação Cultural na Primeira República*, Nicolau Sevcenko analisa o impacto e os desdobramentos das mudanças sociais, econômicas e políticas na capital brasileira durante a *Belle Époque*. A implantação de uma estrutura urbana inspirada em padrões parisienses é um dos aspectos do projeto das classes dominantes, de cunho cosmopolita e progressista, que visava a extirpar "velhos hábitos coloniais" e a fixar novos parâmetros de comportamento e vida social. Sobressai, neste "remodelamento", a perseguição a manifestações culturais de caráter popular (como as serenatas), a festas religiosas de origem africana, ao carnaval de rua, ao pequeno comércio de ambulantes, ao jogo do bicho.

---

49. Filho de juiz que chegou a Ministro do Tribunal de Justiça, Cantinho Filho, nascido em Piracicaba em 1881, "fora um daqueles jovens bacharéis recrutados por Washington Luís, em 1906, para formar a polícia de carreira". Faleceu em 1951. Sobre sua atuação na polícia de São Paulo, cf. Marcelo Thadeu Quintanilha Martins, *A Civilização do Delegado: Modernidade, Polícia e Sociedade em São Paulo nas Primeiras Décadas da República, 1889-1930* (o trecho citado encontra-se na p. 55).
50. Ambos colaram grau em 1904 (cf. Raphael Cantinho Filho, *Bacharéis de 1904: Reminiscências*). Thiollier formar-se-ia dois anos depois.

Senhor Dom Torres: *Um Début Literário Crepuscular*

O carnaval que se deseja é o da versão europeia, com arlequins, pierrôs e colombinas de emoções comedidas, daí o vitupério contra os cordões, os batuques, as pastorinhas e as fantasias populares preferidas: de índio e de cobra viva. As autoridades não demoraram a impor severas restrições às fantasias – principalmente de índio – e ao comportamento dos foliões – principalmente dos cordões. Mesmo a forma de jogo popular mais difundida, o jogo do bicho, é proibida e perseguida, muito embora a sociabilidade das elites elegantes se fizesse em torno dos cassinos e do Jockey Club (p. 47).

É sintomático (e nada paradoxal), portanto, que René Thiollier tenha dedicado uma narrativa a um delegado que construiu sua reputação quebrando bancas de jogo do bicho na capital[51] e outra a um membro destacado de uma associação voltada para apostas e jogos. Vale lembrar que parte significativa dos episódios de *Folheando a Vida* tem lugar nos cassinos do Rio de Janeiro e de Poços de Caldas...

"Uma Esmola", décimo conto de *Senhor Dom Torres*, foi oferecido a Samuel Ribeiro[52]. Expoente da sociedade paulista, colecionador de arte moderna e amante da velocidade, Samuel Ribeiro participou, como membro benemérito, da criação da Sociedade dos Pró-Arte Moderna – SPAM[53], em 1932. Forneceu recursos aos Diários Associados

---

51. Cf. "Fatos Diversos", *Correio Paulistano: Órgão do Partido Republicano*, 27.07.1910, p. 1; 28.05.1910, p. 4.

52. Engenheiro politécnico, Samuel Ribeiro foi presidente da Caixa Econômica Federal de São Paulo de 1931 a 1946. Nasceu em 1882 na cidade de Santos. Era casado com Heloísa Guinle Ribeiro, filha de Eduardo Palassim Guinle e Guilhermina Coutinho Guinle. Doou ao governo federal, em 1940, a área na qual foi construído o Aeroporto Internacional de São Paulo – Governador André Franco Montoro (Aeroporto de Cumbica). Foi presidente do Automóvel Club de São Paulo e do Touring Club do Brasil. Faleceu em São Paulo em 1952.

53. Sociedade fundada por iniciativa de Lasar Segall. De seus 39 membros fundadores, destacam-se, além do pintor lituano, os nomes de Anita Malfatti, Tarsila do Amaral, Victor Brecheret, Camargo Guarnieri, Sérgio Milliet, Guilherme de Almeida, Menotti del Picchia, Mário de Andrade e Paulo Prado. René Thiollier era membro do grupo, na categoria "artistas e amigos da arte moderna". Samuel Ribeiro, sócio benemérito,

Valter Cesar Pinheiro

e, ao lado de Chateaubriand e Pietro Maria Bardi, foi não apenas um dos idealizadores do Museu de Arte Moderna de São Paulo, mas seu primeiro presidente (1947-1952).

"Lógica de Mulher" é dedicada a José Maria Machado, um dos maiores responsáveis pelas "traduções especiais" do Clube do Livro, criado, em 1943, por Mário Graciotti[54]. Integrou, ao lado de Cândido Mota Filho, Gofredo da Silva Telles, Lauro Escorel e Carvalho Pinto, entre outros, o grupo que, sob a batuta de Plínio Salgado, fundou, em 1932, a Sociedade dos Estudos Políticos – SEP[55]. "Português de nascimento, mas brasileiro de coração"[56], Maria Machado foi funcionário do Clube Português de São Paulo.

A Félix Pacheco[57] Thiollier dedica "Uma Flor no Charco". Como muitos escritores de sua geração, Pacheco fez carreira no *Jornal do*

---

cedeu obras de sua coleção para a primeira exposição organizada pela associação (cf. Alice Bemvenuti, *Museus e Educação em Museus – História, Metodologia e Projetos, com Análises de Caso: Museus de Arte Contemporânea de São Paulo, Niterói e Rio Grande do Sul*, e Graziela Naclério Forte, *CAM e SPAM: Arte, Política e Sociabilidade na São Paulo Moderna do Início dos Anos 1930*).

54. Sobre o Clube do Livro e suas traduções, cf. John Milton, *O Clube do Livro e a Tradução*.

55. Cf. Mário Graciotti, *Os Deuses Governam o Mundo: A Magia e a Ciência de Paracelso*. Graciotti, acadêmico paulista que, de 1971 a 1974, ocupou a cadeira que um dia foi de René Thiollier – a de Primeiro Secretário –, foi um dos fundadores da Sociedade.

56. Mário Graciotti, *op. cit.*, p. 253.

57. José Félix Alves Pacheco nasceu em Teresina em 1879. Formado em Direito, começou sua carreira como repórter policial do *Jornal do Commercio*, no qual trabalhou durante 36 anos (tornando-se, no final da vida, diretor-proprietário do periódico). Trabalhou no Gabinete de Identificação e Estatística do Governo Federal, que hoje leva seu nome: "Instituto Félix Pacheco". Foi deputado federal pelo Piauí e, em 1921, foi eleito senador. Esteve, de 1922 a 1926, a convite do então presidente, Artur Bernardes, à frente da pasta das Relações Exteriores. Eleito imortal pela Academia Brasileira de Letras em 1912, ocupou a cadeira que havia pertencido a Araripe Júnior (nº 16). De sua vasta bibliografia, destacam-se as traduções e comentários de obras de Baudelaire (*Baudelaire e os Gatos, O Mar Através de Baudelaire e Valéry, Do Sentido do Azar e do Conceito da Fatalidade em Charles Baudelaire, Baudelaire e os Milagres do Poder da Imaginação*), os livros de versos *Mors amor, Lua de Amor* e *Poesias* e estudos de ciência política. Faleceu no Rio de Janeiro em 1935.

Senhor Dom Torres: *Um Début Literário Crepuscular*

Commercio, veículo que o tornou conhecido e o lançou à vida pública. Parnasiano e simbolista, não teria grande relevância literária se não tivesse sido eleito para a Academia Brasileira de Letras. Não obstante, é digna de nota sua obra sobre Baudelaire.

"Senhor Dom Torres", último conto da primeira parte do livro, "À Beira do Caminho", é dedicado ao Dr. João de Cerqueira Mendes, advogado que atuava nas mais diversas frentes – cíveis, criminais, comerciais – no interior do Estado de São Paulo (Pirassununga, São Carlos do Pinhal, São Simão, Ribeirão Preto). Participou ativamente de diversas associações de Descalvado, cidade na qual possuía fazendas: era membro diretivo do Clube da Lavoura e Comércio e da Sociedade Recreio Familiar, além de colaborar para a imprensa do município. Integrou, em 1891, a primeira diretoria da Companhia Mercante São Paulo e Norte do Brasil[58].

A Coelho Neto[59], o autor mais lido do Brasil no raiar do século xx, é dedicada "A Prisão de São Lázaro". Coelho Neto praticou, ao longo de sua extensíssima obra, todos os gêneros literários. Vista como tradicional, sua visão da literatura foi arduamente combatida por alguns de seus contemporâneos. Lima Barreto, por exemplo, não se furtou

---

58. Cf. *Correio Paulistano*, 15.01.1891, p. 4.
59. Fundador da cadeira nº 2 da Academia Brasileira de Letras, o maranhense Henrique Maximiano Coelho Neto nasceu em Caxias em 1864. Estudou Direito em São Paulo e em Recife, mas não chegou a concluir o curso. Empenhou-se na campanha abolicionista. Foi, por diversos mandatos, deputado federal pelo Maranhão. Foi secretário-geral da Liga de Defesa Nacional, criada em 1916 por um grupo capitaneado por Olavo Bilac. Entre seus fundadores, destacam-se Wenceslau Brás, Presidente da República, intelectuais do porte de Pedro Lessa, Miguel Calmon e Rui Barbosa, e diversos Ministros de Estado. Norteada por ideais nacionalistas, a Liga atuou fortemente pela implantação do serviço militar obrigatório. Da obra de Coelho Neto, sobressaem contos (*Rapsódias, Fruto Proibido, Álbum de Caliban, Vida Mundana, Banzo, Contos da Vida e da Morte*) e romances (*Miragem, Inverno em Flor, O Morto, A Conquista, Turbilhão*). Escreveu, igualmente, inúmeras peças de teatro (*O Diabo no Corpo, Fim de Raça, A Muralha*) e crônicas (*Bilhetes Postais, Lanterna Mágica, Frutos do Tempo*). Coelho Neto faleceu no Rio de Janeiro em 1934.

a criticar o escritor maranhense pela preocupação excessiva com o estilo, negligenciando questões sociais, políticas e morais: Coelho Neto não teria sabido fazer de sua escrita um instrumento de ação social[60]. É a esse escritor, "que parecia talhado a propósito para polarizar as características de gosto que soem atribuir ao leitor culto médio da Primeira República"[61], que a primeira narrativa dos "Episódios da Vida Errante" é oferecida.

René Thiollier dedica o último conto do volume, "Os Prisioneiros da Morte", a Carlos Malheiro Dias[62], que tomara parte, no ano anterior à publicação de *Senhor Dom Torres*, de um espetáculo promovido no Teatro Municipal de São Paulo em prol da Universidade Feminina Literária e Artística[63]. "Representante da *alma portuguesa* no país"[64], proferiu, em 1919, uma conferência sobre *A Ceia dos Cardeais*, de Júlio Dantas, que Thiollier, Gofredo da Silva Telles e Aguiar d'Andrada levavam ao palco[65]. Assim como René Thiollier, Malheiro Dias era sócio do Clube Português de São Paulo.

---

60. Cf. Lima Barreto, "Literatura e Política", *Impressões de Leitura*, pp. 74-77.
61. Alfredo Bosi, *História Concisa da Literatura Brasileira*, p. 223.
62. Carlos Malheiro Dias nasceu em 1875 na cidade do Porto e faleceu em 1941 em Lisboa. Após ter concluído, em 1893, a Licenciatura em Letras, mudou-se para o Brasil. Estreou na literatura com um romance que suscitaria uma grande polêmica: o naturalista *A Mulata* (1896). Retornou a Portugal em 1897. Monarquista, foi deputado federal entre 1897 e 1910. Com a Proclamação da República Portuguesa (1910), retornou ao Brasil, país no qual permaneceria até 1935. Na capital brasileira, fundou e dirigiu a revista *O Cruzeiro*. Colaborou na revista *Atlântida* (1915-1920), cuja direção, em seus dois últimos anos de circulação, estava nas mãos de Graça Aranha. Foi membro correspondente da Academia Brasileira de Letras, cadeira nº 2. Em 1919, foi nomeado Grã-Cruz da Ordem Militar de Cristo. Thiollier receberia, em 1929, o título de Cavaleiro da Ordem.
63. Cf. *Correio Paulistano*, 9.11.1919, p. 01.
64. Sobre Carlos Malheiro Dias e sua atuação como "diplomata" luso-brasileiro, cf. Fernanda Suely Müller, *(Re)vendo as Páginas, (Re)visando os Laços e (Des)atando os Nós: As Relações Literárias e Culturais Luso-brasileiras Através dos Periódicos Portugueses (1899--1922)*.
65. "A Ceia dos Cardeais", *Episódios de Minha Vida*, p. 67.

Senhor Dom Torres: *Um Début Literário Crepuscular*

Eis, em linhas gerais, o perfil dos treze homenageados por René Thiollier. Do grupo, composto exclusivamente de homens, apenas dois mantêm com o autor laços de consanguinidade: o irmão Marcello e o primo Zeca. Nove bacharelaram-se em Direito, feito René. A Faculdade de Direito do Largo de São Francisco, fundada havia quase um século, era, mais do que a recém-criada Faculdade de Filosofia, Ciências e Letras de São Bento, o centro para o qual convergiam aqueles que tinham inclinações literárias[66]. Compõem a lista dois politécnicos e um bacharel em Letras (formado em Lisboa). A ausência de médicos parece significativa, mas é preciso lembrar que a Faculdade de Medicina de São Paulo fora fundada havia menos de uma década[67]. Não tinha havido tempo, portanto, para que se formasse uma linhagem de intelectuais oriundos do estabelecimento criado pelo então Diretor Clínico da Santa Casa de Misericórdia, o Dr. Arnaldo Vieira de Carvalho.

Seis literatos integram o rol de dedicatários. Todos, sem exceção, fizeram-se jornalistas. Viver da própria pena significava, necessariamente, escrever para os principais veículos de comunicação impressa do país. Não havia, em nosso meio, quem pudesse sobreviver à custa de literatura (condição raríssima em todos os lugares e em qualquer tempo, aliás). Boa parte deles integrou a equipe do *Jornal do Commercio* (a sucursal paulista estava, ressalte-se, sob a batuta de René Thiollier). Metade era acadêmica (dois pertenciam aos quadros da Academia Brasileira de Letras, um aos da Paulista), e dois tornar-se-iam imortais no futuro. Dentre eles, não há um que tenha participado da Semana ou colaborado nas revistas literárias modernistas que seriam lançadas nos anos seguintes. O "grito de independência" proferido por Graça Aranha no Teatro Municipal de São Paulo[68] não faz parte do "horizonte

---

66. Inúmeras foram as revistas literárias que tiveram origem nas Arcadas. René Thiollier, como já destacado, foi responsável pela criação de uma delas: *A Musa*.

67. A primeira turma da Faculdade de Medicina de São Paulo, composta por 27 médicos, formou-se em 1918.

68. Episódio minuciosamente narrado por Thiollier no artigo "A Semana de Arte Moderna", dedicado a Paulo Prado (*O Homem da Galeria*, pp. 93-106): "O seu colega em imortalida-

Valter Cesar Pinheiro

auditivo" do senhor da Villa Fortunata: suas referências – simbolistas, parnasianas, acadêmicas – não se introduzem sorrateiramente nas entrelinhas do discurso; ao contrário, têm nome e sobrenome, e vêm anunciadas, como já se viu, em destaque no início de cada narrativa.

É relevante, igualmente, observar o expressivo número de políticos e ocupantes de cargos públicos nesta listagem (sobretudo entre aqueles que se dedicavam à literatura): deputados, ministros de Estado, diretores de autarquias, delegados de polícia. Alijados da vida pública na década seguinte (com exceção de Samuel Ribeiro – que não era escritor –, içado ao posto de presidente da Caixa Econômica Federal de São Paulo por Getúlio Vargas), tiveram suas carreiras eclipsadas e foram banidos do cânone literário nacional (situação da qual nem mesmo Coelho Neto escaparia).

Não se pode, por razões óbvias, tratar a afinidade que une dedicador a dedicatários de forma unívoca. Os caráteres – estéticos, políticos, ideológicos – que definem essas relações não são excludentes; eles sobrepõem-se uns aos outros. O cimento que os amalgama é o conservantismo, respirável nos sodalícios acadêmicos, nos salões do Jockey Club, do Clube Português e do Automóvel Club de São Paulo, nos arquivos do Instituto Histórico e Geográfico de São Paulo[69] e nas reuniões da Liga de Defesa Nacional. Esses espaços de sociabilidade

de, o Sr. Alfredo Pujol, que ali se encontrava numa frisa, muito anafado e solene, se foi fazendo aos poucos embaçado; descorava. Conjecturei o que se lhe não estaria passando no íntimo, naquele momento. Como não sentiria a sua alma compungida, vendo o seu confrade dar assim em doido. Que não há espetáculo mais triste, neste mundo, do que a gente assistir aos desvarios de um belo espírito que dementa" (pp. 101-102).

69. Fundado em 1894. "Do conjunto dos primeiros sócios, destaca-se um núcleo formado pelos herdeiros das riquezas resultantes da expansão capitalista de São Paulo, que ocupam os mais importantes cargos do poder político e cujo dinheiro garantiria uma situação financeira estável para a instituição. Entre eles: quase todos os prefeitos de São Paulo, representantes dos jornais mais influentes, profissionais liberais e elementos ligados à igreja. O que indica que o IHGSP, sem dúvida, está inteiramente integrado ao mundo oficial de São Paulo" (Thaís Chang Waldman, *Moderno Bandeirante: Paulo Prado entre Espaços e Tradições*, p. 102).

Senhor Dom Torres: *Um Début Literário Crepuscular*

não eram, todavia, alheios a projetos de modernização do país, ainda que alicerçados em estruturas arcaizantes. À guisa de exemplo, tome-se a figura de Ciro Costa, o "dândi balzaquiano" que funda a Sociedade Brasileira dos Homens de Letras em 1915, ao lado de Olavo Bilac, Martins Fontes e Oswald de Andrade[70]. Em defesa dos direitos autorais, posicionam-se lado a lado o "marquês da velha França realista" e o *enfant terrible* iconoclasta. Oswald, anos depois, consagrar-se-á como prócer do movimento que combaterá literatos da envergadura de Coelho Neto[71], que era amigo de Olavo Bilac e abolicionista de primeira hora, tal qual Antônio Bento de Souza e Castro, tio de René Thiollier. Essa quadrilha drummondiana, sem rima nem solução, representa, em escala reduzida, uma teia de relações estabelecidas a partir de variáveis politômicas, que não podem, no objetivo de simplificar a análise, sofrer dicotomização. Se, com o ponteiro calibrado *a posteriori*, for necessário indicar o vértice para o qual convergem dedicador e dedicatários, é para trás que volveremos o olhar. As dedicatórias de *Senhor Dom Torres* conduzem o autor a um período que se nos parece anterior ao momento histórico no qual o livro foi publicado[72].

E as citações? Elas revelam, em alguma medida, a formação literária e intelectual do autor? Seriam capazes de indicar uma filiação estética ou delinear o perfil do leitor que René Thiollier tinha em vista? Par-

---

70. Sobre a Sociedade, cujo propósito era defender os direitos autorais dos escritores, cf. Bastos Tigre, *Reminiscências*, pp. 52-56; Nicolau Sevcenko, *Literatura como Missão: Tensões Sociais e Criação Cultural na Primeira República*, p. 128, e Brito Broca, *A Vida Literária no Brasil: 1900*, pp. 50-53.

71. "O mal foi ter eu medido o meu avanço sobre o cabresto metrificado e nacionalista de duas remotas alimárias – Bilac e Coelho Neto. O erro ter corrido na mesma pista inexistente", afirmará Oswald no *incipit* de *Serafim Ponte Grande*, datado de fevereiro de 1933.

72. Das dezesseis narrativas, três não têm dedicatórias explícitas: "O Ladrão", único conto no qual não há, efetivamente, nenhum traço de dedicatória, e "Meu Amor" e "Seu Quintino", dedicadas a anônimos: "A...". Há o registro da intenção de homenagear alguém, mas, para os leitores, a identidade dos dedicatários permanecerá um mistério.

Valter Cesar Pinheiro

ticular interesse despertam as "citações colocadas em exergo"[73]: além da epígrafe da obra, de Olavo Bilac – à qual ainda voltaremos –, há as que encabeçam cinco das dezesseis narrativas do volume: as epígrafes de contos. Quem são os autores citados? Que papel representam essas epígrafes em relação aos textos a que foram atribuídas?

À frente do terceiro conto do livro, "O Cobertor do Tio Nazaré", vêm, separadas por um asterisco, duas citações:

> *Je vois de tous côtés des gens qui parlent sans cesse d'eux-mêmes: leurs conversations sont un miroir qui présente toujours leur impertinente figure.*
>
> *
>
> *Oh! que la louange est fade lorsqu'elle réfléchit vers le lieu d'où elle part!* (p. 81).

Contrariando a regra geral de apresentação de epígrafes, Thiollier nomeia não apenas o autor, Montesquieu, mas igualmente a obra da qual os segmentos escolhidos foram extraídos, *Lettres Persanes*. Os dois fragmentos encontram-se na quinquagésima carta, a poucas linhas de distância, no mesmo período[74]. Quais funções[75] desempenha a

---

73. "Definirei *grosso modo* a epígrafe como uma citação colocada em exergo, em destaque, geralmente no início de obra ou de parte de obra: 'em destaque' significa literalmente *fora* da obra, o que é uma coisa exagerada: no caso, o exergo é mais uma *borda* da obra, geralmente mais perto do texto, portanto depois da dedicatória, se houver dedicatória" (Gérard Genette, *op.cit.*, p. 131; p. 147 na edição francesa).

74. Nesta carta, Rica se queixa do egocentrismo e da falsa modéstia dos homens: "Je vois de tous côtés des gens qui parlent sans cesse d'eux-mêmes; leurs conversations sont un miroir qui présente toujours leur impertinente figure: ils vous parleront des moindres choses qui leur sont arrivées, et ils veulent que l'intérêt qu'ils y prennent les grossisse à vos yeux; ils ont tout fait, tout vu, tout dit, tout pensé; ils sont un modèle universel, un sujet de comparaison inépuisable, une source d'exemples qui ne tarit jamais. Oh! que la louange est fade lorsqu'elle réfléchit vers le lieu d'où elle part!" (Lettre L: Rica à ***, "Paris, le 20 de la lune de Rahmazan, 1713", p. 88).

75. Em "Les épigraphes", capítulo de seu livro supracitado, Genette atribui quatro funções básicas a uma epígrafe: esclarecer o título, comentar o texto (função mais recorrente), usar o nome do epigrafado como "caução", possivelmente assegurada pela presença

referência ao jurista e autor de *De l'Esprit des Lois?* A crítica proferida pela personagem de Montesquieu à vaidade e à pretensão dos homens ecoa, no conto de Thiollier, na queixa de Celina, que não se afaz aos amigos de seu marido, Jonas, personagem central da narrativa:

> – [...] E o Gervásio, então – palavra! –, não conheço sujeito mais fastidioso! Gaba-se de ter um talento incomensurável dizendo sempre com muito jeito: "– Eu não gosto de falar da minha pessoa!" – Mas, repara bem: é só no que ele fala. E as leituras que me tem impingido? É pavoroso! (pp. 83-84).

A epígrafe, portanto, fundamenta a opinião de Celina e reforça, no leitor, a crítica ao caráter personalista de Gervásio. Sua ação extrapola, aliás, o âmbito da narrativa: a citação também confere autoridade ao discurso do autor, não se restringindo, consequentemente, aos limites do conto a que serve de epígrafe. Desta forma, dilata seu raio de ação, reverbera nas demais narrativas e interage com as outras epígrafes, criando outra camada de sentido.

É dos *Caractères* de La Bruyère[76] que Thiollier seleciona a epígrafe do quarto conto, "De Cartola e Sobrecasaca":

> *C'est une grande misère que de n'avoir pas assez d'esprit pour bien parler, ni assez de jugement pour se taire. Voilà le principe de toute impertinence* (p. 99).

Thiollier designa o autor e o capítulo no qual foi colhido o fragmento – "De la Société et de la Conversation"[77] –, sem, todavia, mencionar o nome do livro (procedimento desnecessário, visto que La Bruyère escreveu uma única obra).

---

de um nome reconhecido à margem do texto, e, por último, integrar a obra em uma tradição cultural e outorgar a seu autor uma filiação de prestígio – consequência daquilo que Genette denomina "efeito epígrafe" (pp. 159-163).

76. Primeira obra, segundo Genette, a ter recebido uma epígrafe (p. 148).

77. La Bruyère, *Les Caractères*, p. 159 (18º fragmento).

71

A citação, como a precedente, refere-se às falas das personagens, elucidando-as e dando-lhes lustro. O feliz acerto na escolha da epígrafe – de compreensão inequívoca – é decorrência de sua associação a discursos diametralmente antagônicos. Um grupo de rapazes acompanha o funeral de Silvério. Gomes, "conhecido parteiro e homem de letras", segue à frente do séquito. Cumprimentado pelos demais, troca o fático "Vou bem, obrigado" por um lacônico comentário que dá relevância à sua idade e à sua percepção negativa e pessimista da juventude: "[Estou bem], como velho rijo que não troca a sua velhice pela mocidade de hoje". Pessoa diverge – "Preferi[ri]a uma bala a chegar à sua idade" – e impõe aos demais um prolixo discurso. Demétrio põe fim à dissensão felicitando-o ironicamente por sua juvenilidade (somente um jovem seria capaz de "disparatados paradoxos"). Ofendido, Pessoa retira-se. Demétrio, ciente de que "a claque dos medalhões" é um mal necessário, manifesta arrependimento pelo descontrole. A citação de La Bruyère é, portanto, a síntese de um duplo discurso: o de Pessoa, que não esconde sua perplexidade com a *impertinence* de Demétrio, e o deste último, que lamenta não ter sabido calar-se diante da verborragia despropositada do primeiro: faltou-lhe discernimento, *jugement pour se taire*. Amplificada, a epígrafe do conto ressoa nas vozes do narrador, que compartilha o ponto de vista de Demétrio, e do autor, por interligar-se às demais epígrafes.

É também de La Bruyère a epígrafe do sexto conto, "A Fama de Baltazar". Thiollier repete o procedimento anterior: não explicita o nome do livro, mas faz menção ao autor e ao capítulo no qual se encontra a citação escolhida – "Du mérite personnel"[78]:

De bien des gens il n'y a que le nom qui vale quelque chose. Quand vous les voyez de fort près, c'est moins que rien; de loin ils imposent (p. 123)

---

78. *Idem*, p. 11 (2º fragmento).

Senhor Dom Torres: *Um Début Literário Crepuscular*

A censura de La Bruyère fundamenta o título – impingindo-lhe uma conotação negativa – e serve de lastro ao juízo que fizera o jovem Alberto a respeito da injustificada notoriedade de seu tio Baltazar. Semelhantemente às outras epígrafes, escora a crítica infligida a uma personagem que tem em altíssima conta sua oratória e seu poder de persuasão. Gervásio, Pessoa e Baltazar são personagens intercambiáveis, como o são, em grande medida, as epígrafes dos contos.

A "Senhor Dom Torres", carro-chefe da coletânea, Thiollier atribui duas epígrafes: a primeira, extraída do *Livro de Eclesiastes*; a segunda, das *Cartas a Lucílio*, de Sêneca (livro do qual provém o *ex-libris* presente na página de rosto). Têm indicação de autor, obra e capítulo (ou carta), o que faculta ao leitor localizá-las com precisão. Citadas em latim[79], são seguidas de tradução em português.

Vanitas vanitatum, et omnia vanitas.
(Vaidade das vaidades, tudo é vaidade.)
Eclesiastes – (I,2)

Bona mens omnibus patet: omnes ad hoc sumus nobiles.
(A virtude é acessível a todos; por meio dela, somos todos nobres.)
Sêneca – *Cartas a Lucílio* – XLIV (p. 241)

Ambas as epígrafes sintetizam o pensamento da personagem principal, Torres, que, ressalte-se, teria feito fortuna por um meio ilícito: o jogo do bicho. Sua banca localizava-se no Brás, bairro no qual se situava a hospedaria de que fora proprietário. Desde que enriquecera, morava com a família – filho, nora e neto – em Higienópolis, região de elegantes palacetes que atraía fazendeiros, comerciantes e profissionais liberais.

---

79. No caso das *Cartas*, corresponde ao texto original. Os *Eclesiastes* foram, muito provavelmente, traduzidos do grego. A língua original do livro bíblico, aramaico ou hebraico, ainda é objeto de discussão entre especialistas.

Valter Cesar Pinheiro

De formação modestíssima[80] – evidenciada por gritantes itálicos que marcam a transcrição de suas falas –, Torres era, *ça va sans dire*, um homem de práticas sociais pouco protocolares. O filho Zeferino e a nora Elisabeth buscavam a todo custo dar verniz histórico ao patrimônio amealhado pelo bicheiro. Ardilosos, obtiveram para o resignado Torres o título de barão.

As menções a Eclesiastes e a Sêneca, que fundamentam concei-tualmente a perspectiva segundo a qual Torres via a própria vida e a de seus familiares, guardam similitude com as epígrafes precedentes. Não seria crível outorgá-las a Torres, pelo parco repertório de que dispunha o protagonista. De atributo exclusivo do narrador, con-quistam seu lugar à margem do texto, em posição de destaque. A intervenção da voz narrativa revela-se, ainda, nos gêneros textuais a que pertencem os fragmentos escolhidos – máximas e epístolas –, de que o(s) narrador(es) já havia(m) lançado mão em narrativas an-teriores (recorrendo às *Lettres persanes* e aos *Caractères*). Poderiam, consequentemente, pela temática ou tipologia, ilustrar os contos epigrafados por Montesquieu e La Bruyère.

"Os Prisioneiros da Morte" é a única narrativa de *Senhor Dom Torres* que traz epígrafe de um autor ainda vivo: Anatole France. A forma de apresentação da citação também é diferenciada: ao contrá-rio das demais, sua referência não é especificada. Guarda, portanto, o aspecto tradicional das epígrafes, em que se designa apenas o autor do trecho selecionado:

> *Tout l'art du poète n'est que d'assembler des souvenirs, et de convier des fantômes. Aussi y a-t-il une tristesse attachée à tout ce que nous écrivons. Je ne parle, bien entendu, que de ce qui est senti. Le reste n'est qu'un vain son*[81] (p. 295).

80. Mas não analfabeto: Torres era leitor do *Diário Popular* (cf. nota 48).
81. Anatole France, "Paul Arène", *La vie littéraire: troisième série*, p. 48.

74

Senhor Dom Torres: *Um Début Literário Crepuscular*

Esta epígrafe, extraída do ensaio dedicado a Paul Arène – e particularmente ao romance *La Chèvre d'or*, lançado em 1889 –, distingue-se das demais por um terceiro motivo: a ideia que encerra não está diretamente relacionada à matéria narrada, ao título ou à visão de mundo das personagens do conto. Seu objeto é o fazer literário, o que lhe confere um caráter metalinguístico. Em se tratando de uma narrativa homodiegética, paira a questão: quem é o epigrafador? Thiollier ou o narrador-personagem? Ou seriam ambos? Anatole France, na página subsequente àquela em que se encontra o fragmento escolhido, afirma: "Un des caractères singuliers de ce conteur [Paul Arène] est de s'attacher au passé et de garder aux morts une amitié douce. Il les mêle au vivants et c'est un des charmes de ses récits". "Os Prisioneiros da Morte", tal como outros contos da coletânea, não é a transfiguração, em obra literária, de fatos rememorados por um narrador cuja figura não raras vezes se confunde com o autor real?[82]

O autor da citação aparece, ainda que de forma oblíqua, na epígrafe do livro, extraída, como visto anteriormente, de *Ironia e Piedade*. Esse título faz alusão a uma passagem do *Jardin d'Epicure*, obra que trata, ao longo de 75 textos, dos mais diversos temas – literatura, pintura, religião, amor... –, e que estaria, muito verossimilmente, na base da composição do volume de Bilac.

Plus je songe à la vie humaine, plus je crois qu'il faut lui donner pour témoins et pour juges l'Ironie et la Pitié, comme les Egyptiens appelaient sur leurs morts la déesse Isis et la déesse Nephtys. L'Ironie et la Pitié sont deux bonnes conseillères; l'une, en souriant, nous rend la vie aimable; l'autre, qui pleure, nous la rend sacrée. L'Ironie que j'invoque n'est point cruelle. Elle ne raille ni l'amour, ni la beauté. Elle est douce et bienveillante. Son rire calme la colère, et c'est elle qui nous enseigne à nous moquer des méchants et des sots, que nous pouvions, sans elle, avoir la faiblesse de haïr[83].

---

82. A interseção das vozes do narrador e do autor será abordada posteriormente.

83. Anatole France, *Le Jardin d'Epicure*, pp. 121-122. Sobre a definição anatoliana de "ironia" e "piedade" e sua recepção no Brasil, cf. Milene Suzano de Almeida, "Lima Barreto lê Anatole France".

Valter Cesar Pinheiro

Sobre a citação de Bilac, um pequeno reparo: o fragmento que, ao fim e ao cabo, serviu de epígrafe geral de *Senhor Dom Torres*, não teria sido, a princípio, escolhido para ilustrar a primeira narrativa, "Na Minha Travessa"? Afinal de contas, é com uma citação do "príncipe" – "até a tristeza dos aleijados que pediam esmola era o ponto de partida de um sonho"[84], igualmente tirada do prefácio de *Ironia e Piedade* – que o narrador homodiegético finda o conto supracitado!

A lista de epigrafados – Olavo Bilac, autor da epígrafe do livro, e Montesquieu, La Bruyère, Eclesiastes, Sêneca e Anatole France, de cujas obras provêm as epígrafes das narrativas – é peça de relevância na tentativa de se reconstituir, pelo volume publicado, a formação intelectual do autor (e a do leitor por ele imaginado).

Montesquieu, teórico por excelência da separação dos poderes (*De l'Esprit des Lois*), era referência obrigatória para os estudantes de Direito. La Bruyère há muito alcançara o status de *auteur incontournable*: não havia compêndios escolares (com os quais Thiollier, matriculado na Ecole Massillon, certamente estudou) que não trouxessem fragmentos dos *Caractères*[85]. A justaposição de ambos não é acidental: *Les Caractères*, pelo forte teor analítico e por sua temática social, anuncia as *Lettres persanes*. O conservantismo de La Bruyère – que, de resto, militou pelos Antigos na *Querelle des Anciens et des Modernes* – justifica, outrossim, a referência a um autor latino e a um livro bíblico. Essas citações, aliás, são as únicas a terem merecido tradução para o português (após a transcrição da passagem em latim). As

---

84. "O sol que esplendia, a chuva que toldava o céu, o olhar de uma mulher que passava, o bater dos seus pés na calçada, uma criança que sorria, um velho que manquejava, as flores nas cestas das floristas ambulantes, as fachadas das casas, as joias que ardiam nos mostradores dos ourives, e até a tristeza dos aleijados que pediam esmola. Tudo para mim era ponto de partida de um sonho" (Olavo Bilac, *op. cit.*, p. 8).

85. La Bruyère, como se verá adiante, será fartamente citado no romance inacabado *Folheando a Vida*.

Senhor Dom Torres: *Um Début Literário Crepuscular*

menções a Montesquieu, La Bruyère (duas vezes) e Anatole France, reproduzidas exclusivamente no original, atestam o quão francês era o ambiente literário paulistano. Ao citar o autor de *Histoire contemporaine*, condecorado com o Prêmio Nobel de Literatura no ano de lançamento de *Senhor Dom Torres*, Thiollier homenageia a maior expressão literária francesa de seu tempo. Ao fazê-lo, estabelece a filiação à qual quer ser associado. Nenhum vislumbre, no horizonte, de "Un Cadavre" – incendiário panfleto surrealista que marcaria indelevelmente as exéquias de Anatole France, três anos depois. Essas epígrafes, nas quais subjaz um tema a que se revela sensível o autor – a vaidade –, formam um bloco de matiz clássico e acadêmico. Elas definem, antes mesmo que se iniciem os contos, a posição moral e estética a partir da qual falarão Thiollier e seus narradores. Passemos a eles.

Das dezesseis narrativas que compõem *Senhor Dom Torres*, seis são homodiegéticas[86], isto é, são narradas na primeira pessoa: "Na Minha Travessa", "De Cartola e Sobrecasaca", "O Ladrão", "Pelópidas Diplomata", "A Prisão de São Lázaro" e "Os Prisioneiros da Morte". Esses contos podem ser divididos em três grupos, segundo o grau de intervenção da voz do autor naquela que diz "eu":

a. a voz narrativa apresenta veementes traços de verossimilhança com a autoral: os narradores de "Na Minha Travessa" e "A Prisão de São Lázaro", conquanto não se denominem "René Thiollier", apresentam referências biográficas – nome de familiares, precisões históricas e geográficas, etc. – que os aproximam do autor do livro (aspecto reforçado pelo fato de que essa identificação é forjada no nível da enunciação)[87];

---

86. A classificação (e respectiva terminologia) aqui empregada é extraída de *Figures iii*, de Gérard Genette.

87. Sobre a definição de narrativa autobiográfica, cf. Philippe Lejeune, *Le pacte autobiographique*.

b. a voz narrativa não se iguala à voz autoral e tampouco se diferencia dela: em "De Cartola e Sobrecasaca", "Pelópidas Diplomata" e "Os Prisioneiros da Morte", a instância narrativa constitui-se a partir de referências em torno das quais igualmente gravita o autor. Essas alusões, evidentemente, não asseguram a fusão das vozes do autor e do narrador em uma só, mas estabelecem laços de contiguidade entre ambas;

c. a voz narrativa distingue-se da voz autoral: os narradores de "O Ladrão" têm nome e suas relações com as demais personagens são explicitadas: o narrador da narrativa primeira (*récit-cadre*), que serve apenas de moldura à outra narrativa, é Juvêncio, sobrinho de Afonso. O núcleo duro do conto é o discurso do tio Afonso, a despeito de sua posição dentro da estrutura textual (*récit enchâssé*).

Ressalte-se que nenhum desses narradores tem caráter autodiegético: o "eu" que narra não é, nos contos referidos, a personagem principal da história relatada.

"Na Minha Travessa", conto de abertura de *Senhor Dom Torres*, é dedicado "a meu irmão Marcello Thiollier". O adjetivo possessivo (igualmente presente no título), a indicação de parentesco e o sobrenome do dedicatário remetem, reiteradamente, à imagem do autor da narrativa que se inicia. A presença ubíqua desse autor, que não se restringe às fronteiras da página de rosto, obnubila a voz do "eu" que se anuncia no *incipit* – "Nasci e cresci na travessa da Sé, junto ao Mosteiro de Santa Teresa". Esse narrador, ao longo de extensas cinco páginas, rememora, com saudosismo, o entorno da casa na qual morara durante a infância. Essa digressão emoldura a história de Rosa, serve-lhe de introdução, sem que haja, todavia, entre as duas partes constituintes da narrativa, relação causal que justifique o encadeamento. A história de Rosa seria apenas uma dentre muitas "fugitivas reminiscências dispersas" do narrador. Esse "eu" descreve os arredores da Sé – e seu movimentado comércio –, lamenta a indiferença pela qual é vista "a

Senhor Dom Torres: *Um Début Literário Crepuscular*

encantadora simpleza dos [...] bons tempos de outrora" e recorda-se de sua avó, a quem se refere nos seguintes termos:

> [...] em casa de minha falecida avó, – a senhora dona Henriqueta de Souza e Castro[88], – que, muito de passagem, me seja lícito dizer, era uma senhora de uma penetração de espírito admirável, afervorada no amor das virtudes, sempre pressurosa em socorrer, às ocultas e às mancheias, a necessidade alheia. As minhas façanhas de menino! As minhas travessuras! Ai, quantas vezes, ao depois, em rapaz, lhe não ouvi eu contar, numa toada plangente de pavor? (pp. 12-13).

É no conforto de sua residência, "estirado para cima da [sua] *chaise--longue*, na [sua] sala de trabalho, muito propositalmente mergulhada em trevas, com as janelas abertas sobre o quintal", que esse narrador se deixa conduzir pelas lembranças do passado e decide, sem que haja propriamente solução de continuidade, relatar o infortúnio da jovem Rosa. No final, descreve a tristeza que lhe suscitou a desventura daquela que, outrora "linda, trigueira, trêfega e ondulante", sucumbiu, acometida de "uma magreza que a foi tornando cadavérica [e] ia devastando os [seus] encantos", vítima de envenenamento. Essa amargura "perversa", que continha "ressaibos de mel", manifesta-se, na ocasião em que se dá a história narrada (muito anterior ao momento da enunciação), como um fenômeno epifânico, pois desperta no narrador a "primeira doce-amarga revelação do [seu] ânimo de artista" (expressão que se reporta ao subtítulo da coletânea). E é com uma citação de Bilac, extraída do texto do qual se origina a epígrafe da obra, que o narrador, no presente enunciativo, compara a lembrança da tragédia narrada a um sonho. Esse distanciamento – físico, temporal, estético, ideológico – exprime-se de múltiplas formas (na caracterização das personagens, por exemplo) e será retomado adiante. O que se nota, sublinhe-se, na configuração da instância narrativa, é a preeminência

---

88. É curioso observar que o narrador confere à avó materna o tratamento atribuído a Torres, personagem principal da coletânea: "senhora" e "dona".

explícita da voz autoral sobre o "eu discursivo", particularizando-o, fundindo-se com ele.

A visita a um presídio feminino parisiense constitui o eixo narrativo de "A Prisão de São Lázaro", penúltimo conto do livro. A lembrança da visita é decorrência de uma sucessão de reminiscências despertadas pela passagem de companhias líricas francesas pela capital paulista: "Que saudoso o Passado, que melancolicamente me fez evocar, e, ante os meus olhos sonhantes, reviver e desfilar, a derradeira temporada francesa no Municipal!"

Rosa, cujo fim trágico causara forte impressão no narrador de "Na Minha Travessa" e fizera com que lhe despontasse a sensibilidade artística, sobrepujava-se pela graça e beleza. Torna-se, anos depois, dentre as figuras que moravam na Sé, o tema central do conto que lhes é dedicado. Como já salientado, a conexão entre as duas partes de que se compõe a narrativa – o introito e a história de Rosa – é bastante tênue. Em "A Prisão de São Lázaro", o encadeamento é diverso: o *incipit* anuncia o mote – a temporada francesa em palcos paulistanos – a partir do qual aflorarão, *en abîme*, as lembranças que vão conduzir o narrador à história da visita à prisão. O tom, saudosista, é o mesmo da narrativa precedente. O olhar, "sonhante", igualmente remete ao primeiro conto (e à citação bilaquiana no final).

O distanciamento em relação à matéria narrada, tão fortemente marcado no conto inicial – "Inebriantes momentos tenho agora logrado desfrutar, destramando, por fragmentos, fugitivas reminiscências dispersas" –, reproduz-se, sob outra roupagem, em "A Prisão de São Lázaro". Em "Na Minha Travessa", são reflexos da "simpleza dos bons tempos de outrora" a que se refere nostalgicamente o narrador não apenas o badalar do sino do Mosteiro de Santa Teresa, a velha catedral ou o piscar das estrelas, mas igualmente a sórdida movimentação nas ruas centrais da capital, repletas de "vendolas infectas", de "asquerosas alfurjas de meretrizes seresmas" e de "facinorosos vagabundos". O

Senhor Dom Torres: *Um Début Literário Crepuscular*

narrador evoca saudosamente "esse recanto de São Paulo", mas não parece fazer parte dele: não há, nas numerosas lembranças transcritas, nenhuma que aluda a *experiências vividas* (nem mesmo uma de suas "travessuras" ou "façanhas", tão frequentemente relatadas pela avó...). São lembranças que fazem parte de um passado quase imemorial, cujos únicos vestígios, aniquilados no espaço físico, só encontram abrigo em seu espírito. Já as "mutiladas reminiscências esparsas" que tomam de assalto o narrador de "A Prisão de São Lázaro" operam segundo outro princípio: ao contrário do que se poderia supor, elas não são alinhavadas desordenadamente: à mudança espacial conforma-se outra, temporal, e é no delineamento deste duplo deslocamento que consistem o suporte sobre o qual se sustenta a segunda parte da narrativa e o afastamento relativo ao objeto do discurso.

O distanciamento do momento presente é paulatino: as primeiras lembranças, que não têm interseção aparente com a visita à prisão, reportam-se a *experiências vividas* que tiveram lugar em um passado não tão longínquo, menos distante do momento da enunciação que o fato que constitui o móbil da narrativa (anunciado no título). O narrador, transportando-se à Cidade Luz, rememora *flâneries* às margens do Sena e "ceatas, copiosamente gorgolejadas de *champagne*" nas "escandalizadoras *boîtes* da *Butte*"[89], das quais saía, acompanhado de amigos, "aos trambolhões". São relatos, portanto, de experiências fruídas por um adulto, os quais registram peremptoriamente um estilo de vida marcado pelo fausto e pela ostentação. Só então ("e ser-me-ia difícil explicar por que motivo") as reminiscências recuam à infância, ao período em que, "em companhia de meu mano, cursávamos na remansosa pacatez do Marais, as aulas da Escola Massillon". Para o jovem brasileiro, a Paris de seus tempos de colégio, naquele último

---

89. Dentre as quais cita Le Ciel, L'Enfer, La Lune rousse e Les Quat'z-arts. Transcreve, além disso, versos completos de "Ah! Si vous voulez d'l'amour!", canção composta em 1907 por W. Burtey e Vicent Scotto, cantada, na Abbaye de Thélème, por uma "loira pletórica, de seios bojudos, a regambolear os quadris num regamboleio infernal".

decênio do século xix, era ainda uma cidade cheia de mistérios (que se dissipariam posteriormente, visto que, para a voz enunciadora, a capital francesa tornara-se "esse Paris tão meu conhecido, e tão meu camarada"). A avidez com a qual o estudante devorava *Notre-Dame de Paris* prolongava-se, nas ruas parisienses, com a multiplicação de Quasímodos, Gringoires e Esmeraldas, e os crimes de que se tinha notícia nos arrabaldes da cidade transfiguravam-se em literatura em sua "imaginação de artista sonhador" (que se lhe revelara no saimento fúnebre de Rosa). Paris, em suma, aparecia-lhe "pitorescamente frisado, encrespado e papelotado de páginas de romances de Eugène Sue e Xavier de Montépin...[90]" *Les Mystères de Paris* e *Les Viveurs de Paris* não apenas antecipam a vida dissoluta a que se entregaria o narrador, mas, sobretudo, têm reconhecido *droit de cité* no repertório literário ao qual fazem referência as vozes narrativas de *Senhor Dom Torres*.

O narrador percorria, no trajeto rumo à escola, o Faubourg Saint-Denis. A visão da prisão de São Lázaro o fascinava, mormente após ter escutado alguns dos "trágicos episódios da sua história cruel". Menciona presos famosos que por lá passaram – dentre os quais Chénier, de quem cita versos[91] –, mas são os delitos cometidos por mulheres aqueles que lhe despertam maior interesse. Faz referência a Manon Lescaut (sem, contudo, citar o romance de Prévost), Olda Martin, La Fenayrou e Gabrielle Bompart, cujo crime, a "Malle Sanglante de Millery", ocorrido em 1899, é descrito com todos os pormenores.

90. A cujo estilo literário se refere Dona Eudóxia, tia do protagonista de *Folheando a Vida*, Drumond Peçanha, nos seguintes termos: "Você veja que espécie de romances se escrevem e se leem atualmente no Brasil. É o que, nos meus tempos de colégio, em França, se chamavam *romans de concierge*, gênero Xavier de Montépin, sem literatura, sem gramática, sem nada; só o que se salva é o enredo. A diferença é que, em França, eram somente as *concierges* que os liam; aqui, é a nossa elite. É verdade que é a elite que bebe uísque, dança a rumba e joga pife-pafe..." (cap. ix, "50 Anos de Hipocrisia", *Revista da Academia Paulista de Letras*, nº 30, 12.6.1945).

91. O narrador transcreve uma estrofe de "La jeune captive", poema que Chénier escreveu na prisão, em 1794, pouco antes de sua execução.

Senhor Dom Torres: *Um Début Literário Crepuscular*

Em 1910, a convite do Dr. Euclides Silva[92], o narrador tem a possibilidade de conhecer as dependências da famosa prisão feminina parisiense. Com o intuito de revivificar um episódio tão significativo para sua vida, transporta para a narrativa as anotações que fizera em diário, datadas de oito de junho, dia da visita ("Lá estivemos hoje!"). A transcrição de páginas pretéritas, substituindo voláteis lembranças pelo registro efetivo da ida ao presídio, tem por finalidade aniquilar a distância entre o tempo do enunciado e o tempo da enunciação e permitir aos leitores[93] que vivenciem, quase simultaneamente, aquele que é o fato central do conto. Todavia, há no procedimento escolhido um contrassenso: ao invés de trazer o evento para o momento da enunciação, atualizando-o (poderia, dentre os múltiplos recursos disponíveis, ter recorrido a formas verbais do presente), o narrador, trazendo à tona os apontamentos que fez após a ocorrência do episódio narrado, faz o movimento oposto, levando o leitor ao passado. A estratégia teria logrado êxito se o registro, pelas características do gênero a que pertence – o diário –, efetivamente justificasse sua incorporação à narrativa.

E no meu *Year by Year*, de cujas páginas translado, para aqui, as minhas impressões, foi assim que as registrei, febril, à noite, quando, de volta, me vi, a sós, no meu apartamento do Boulevard Malesherbes (p. 282).

A indistinção entre as formas narrativas que constituem o conto (diferenciadas apenas e tão somente pela inclusão de marcadores temporais no fragmento extraído do diário) condena a ideia ao fracasso. A variação linguística que a mudança de gênero textual pressupõe não

---

92. Segundo delegado da Polícia Central de São Paulo (cf. *Correio Paulistano*, 1.2.1911, p. 1). Vale lembrar que Thiollier dedica um dos contos do livro, "Coração de Boêmio", a outro delegado paulista: Raphael Cantinho Filho.

93. Aos quais o narrador se dirigira havia pouco: "Foi ele quem me convidou para o acompanhar nessa via-sacra, e, como bem podem convir os leitores, com satisfação lhe acudi ao convite".

se faz presente na narrativa: o nível de língua, o tom, o lugar do qual fala o narrador e o grau de formalidade – o mesmo nas duas partes, a despeito da mudança de narratário (o leitor, no primeiro bloco; o próprio autor, *a priori*, no segundo) – permanecem constantes, e são igualmente inoperantes os fatores extralinguísticos (dentre os quais o estado febril de que falara o narrador, de cujos efeitos o texto não se faz sentir). O distanciamento em relação à matéria narrada – determinado pelo registro (modo), pela perspectiva (visão, ponto de vista), pelas referências literárias, pelo matiz ideológico que perpassa as descrições – permanece, não obstante os esforços do narrador (e do autor), inquebrantável.

O narrador dos contos "De Cartola e Sobrecasaca", "Pelópidas Diplomata" e "Os Prisioneiros da Morte", tal qual o das narrativas supracitadas, é homodiegético. Narrador-testemunha, relata episódios dos quais participou, sem que tenha sido, todavia, seu protagonista. O grau de complexidade dessas instâncias narrativas é diretamente proporcional à distância que aparta enunciação e enunciado: quanto mais afastado este estiver daquela, maiores serão a imbricação do narrador com a matéria contada e o nível de exposição do "eu".

"De Cartola e Sobrecasaca", cuja trama foi brevemente exposta na passagem dedicada às epígrafes, é ambientado em um cemitério (espaço recorrente nas narrativas do livro). O núcleo do conto é a discussão entre Pessoa e Demétrio, à qual acompanhamos *pari passu* com o narrador, que recorre ao discurso direto para transcrever as falas das personagens. O diálogo, porém, é intercalado por breves irrupções da voz narrativa, procedimento que permite ao narrador, pelos tempos verbais empregados, remeter o enunciado a um momento anterior à enunciação. No bojo dessas intervenções, descortina-se a perspectiva dentro da qual o discurso narrativo se estrutura. As descrições do espaço físico (que incluem referências aos meios de transporte e

Senhor Dom Torres: *Um Début Literário Crepuscular*

às indumentárias que trajavam as personagens), o emprego, ainda que pontual, de dêiticos que vinculam o enunciado à enunciação e, principalmente, o aspecto e o modo pelos quais o narrador elabora seu discurso determinam a distância – breve – entre os dois eixos temporais.

> E, apesar da sua coquetterie, não deixava ele de ter a sua razão. Que vale a mocidade de hoje? Acaso algum de nós havia de chegar à sua idade, com aquele belo porte de mosqueteiro, aquela firmeza nas pernas, e aquele olhar sempre vivo, sempre brilhante? (p. 102).

O ponto de vista do narrador, explicitado na passagem transcrita (de caráter extradiegético, pois inclui, ao dizer "nós", o narratário a quem o texto é endereçado), só é compartilhado, no âmbito da trama, com Demétrio (em nível intradiegético, portanto), no final da narrativa[94].

Mais implicado com a matéria de seu relato é o narrador de "Pelópidas Diplomata". A narrativa inicia-se com uma pequena referência ao pai, que, no intuito de evitar que o filho adquirisse hábitos socialmente censuráveis, o advertia carinhosamente ao surpreendê-lo em falta. Invariavelmente, terminava a repreenda com a máxima:

---

94. Há de se ressaltar uma variação, aparentemente injustificável, na configuração da perspectiva narrativa deste conto: o narrador, que também é personagem da história, apresenta inexplicáveis laivos de onisciência em relação a uma personagem secundária (paralepse): "O Gomes quis recalcar um sorriso e não pôde. Lérias! – pensava ainda. Se o Pessoa não sabia o que viemos fazer a este mundo, ele, ao contrário, ele o sabia. [...] E a lembrança do mal que, por vezes, acabrunhava o eloquente bacharel, pondo-o macambúzio e desfigurado, deu-lhe uma certa satisfação íntima: era como que uma vingançazinha" (cf. Gérard Genette, *Figures iii*, pp. 211-213). Mereceria reparo, igualmente, a transcrição, em momentos distintos, da mesma passagem descritiva (com alterações na pontuação, apenas): "Ao longe, pelos ares, subiam, assobiando girândolas de foguetes, que espipocavam, em seguida, deixando, aqui e acolá, nevoazinhas de fumo em suspenso" (pp. 99 e 105).

Valter Cesar Pinheiro

"Chassez le naturel, il revient au grand galop". "É um puro engano", diz o narrador, "imaginar-se que, mais tarde, a idade e a convivência num meio superior consigam corrigir o indivíduo"[95]. A afabilidade e a civilidade paternas, aliadas à educação francesa, pré-configuram o perfil do narrador.

A lembrança do pai é despertada pela leitura de um diário[96]. O narrador, então, sente-se compelido a recontar, em outro nível discursivo, o evento que trouxera à tona a imagem paterna, o que implica um rearranjo do registro original. Em procedimento divergente daquele adotado pela voz narrativa de "A Prisão de São Lázaro", não transcreve *ipsis litteris* suas confissões, mas reconstrói e atualiza, na enunciação, o "texto primeiro", reconfigurando, sob outros aspectos (mudaram o tempo, o discurso e a perspectiva narrativa), o *ethos* das personagens e seu posicionamento em relação ao objeto-tema do conto: a indelicadeza de Pelópidas.

Vieram-me ao bico da pena estas considerações, relendo, ainda há pouco, algumas páginas do meu *Year by year*, – apontamentos diários da minha vida.

Faz hoje precisamente cinco anos que jantei em casa de um amigo na Avenue Kléber, em Paris. Encontrei-me lá com o Pelópidas que, desde os meus tempos de Academia, eu não via (p. 156).

Da voz que narra à mão que escreve ("vieram-me ao bico da pena estas considerações"), é na e pela escrita que o discurso narrativo se constitui. Marcas da enunciação ("ainda há pouco", "faz hoje precisamente cinco anos"), presentes neste segundo *incipit*, reaparecem no final da narrativa: "Agora, pergunto-lhes: – que compostura mundana poderia ter, pois, o Pelópidas, assim educado?" Ao marcador temporal, acrescenta-se um dêitico catafórico cujo referente não se encontra no enunciado, mas na enunciação: "lhes" são os narratários, pressupostos leitores aos quais é destinada essa narrativa.

95. Nenhuma menção ao tão brasileiro: "É de pequenino que se torce o pepino"...
96. *Year by Year*, ao qual também fez menção o narrador de "A Prisão de São Lázaro".

Senhor Dom Torres: *Um Début Literário Crepuscular*

A Academia a que o narrador alude, no final da passagem supracitada, é a Faculdade de Direito do Largo de São Francisco, denominada Academia de Direito de São Paulo. Pelópidas e o narrador foram companheiros de estudo não apenas nas Arcadas, mas também em um "colégio onde ambos passa[ram] alguns anos [...] a estudar os preparatórios. Era uma casa de ensino, altamente reputada no Estado de São Paulo"[97]. Somente o segundo, contudo, havia enraizado os preceitos de "compostura mundana", pela educação que recebera dos pais (cuja importância é ressaltada no início do conto) e por sua passagem por escolas europeias. O narrador aprova ambos os procedimentos e o faz mediante a citação de fragmentos de obras canônicas da literatura francesa que têm por cerne a educação (em toda sua acepção), *Les Essais* e *Émile ou de l'Éducation*, sem, todavia, mencioná-las nominalmente. De Montaigne, transcreve: "Ce qu'il y a de merveilleusement propre à l'éducation, c'est la visite des pays étrangers pour frotter et limer notre cervelle contre celle d'autrui"[98], que ilustraria o valor do esforço empreendido por seus pais para que pudesse estudar em tradicionais escolas do Velho Continente – e, paralelamente, viesse a complementar essa formação com viagens aos

---

97. Formação que se assemelha à de René Thiollier e à de muitos de sua geração. "Mas, ao retornar [de Paris, onde estudava na Ecole Massillon], [Thiollier] retornou para a sua verdadeira casa. Não era mais francês, nem jamais o seria. Era brasileiro, era paulista, e sua língua, o português. Fazia contas em português, xingava em português. Aqui estavam suas verdadeiras raízes. [...] Portanto, voltar para o Brasil e completar os estudos no Colégio João de Deus não lhe causou qualquer mossa – apenas, acredito eu, ao receber uma nota mais baixa num exame de... francês. No seu Ploetz de literatura francesa, anotou: 'Fui aprovado em Francês, no dia 5 de Fevereiro de 1900. Eram examinadores: Pujol – Dr. José Cândido – Freitas Valle'. Em seguida acrescentou, em relação a um deles: 'grandiosíssima besta'...". (cf. Alexandre Thiollier, *op. cit.*, p. 193).

98. "Pour cette raison, la fréquentation des hommes est extrêmement favorable [à la formation du jugement], ainsi que la visite des pays étrangers [...] pour en rapporter les caractères et les manières de ces nations et pour frotter et limer notre cervelle contre celle d'autrui" (Montaigne, "Sur l'éducation des enfants", *Les Essais*, pp. 189-190). Lembre-se ainda que Montaigne havia sido citado, em segunda mão, na epígrafe da obra (de Bilac).

principais centros e polos culturais europeus –, e, no encerramento, cita Rousseau: "On façonne les plantes par la culture, et les hommes par l'éducation"[99] (excerto que poderia ter sido, pela temática e pela origem "clássica", a epígrafe do conto...), "chave de ouro" com a qual sintetiza a importância da educação familiar e remata, *en érudit,* a narrativa.

A estrutura narrativa de "Os Prisioneiros da Morte" é similar à do conto precedente: reminiscências que remontam à infância (lá, a criação paterna; aqui, "um inconcebível fetichismo pela lua" ilustrado por barrocas descrições do céu italiano[100]) são motivadas pela leitura de um livro: páginas revolutas do diário do narrador, em "Pelópidas Diplomata"; *À Sombra dos Ciprestes,* poemas de Alexandre De Metz--Noblat[101], em "Os Prisioneiros da Morte". Seguem-nas lembranças de

99. Rousseau, *Émile ou de l'Éducation,* p. 19.

100. "Pelos múltiplos e inspirativos aspectos da Itália, nas suas transfigurações poéticas, descuidado não posso demorar meu pensamento, que, desde logo, branca a não veja, na diáfana musseline da sua túnica de escumilha, à hora elegíaca do aveludado cair das tardes de maio, vagarosa surgindo por detrás dos montes da Gordona, de S. Martino, de S. Primo!"; "Límpido era o dossel do céu [de Veneza] que se fazia remoto, fugindo para o alto, de onde, elevada ao zênite, me sorria a lua cheia."

101. Nasceu em 1876, na cidade de Nancy. Faleceu em Davos-Dorf, Suíça, em 1908, vítima de tuberculose pulmonar. Foi membro da Société des Sciences de sua cidade natal. *À l'ombre des cyprès,* prefaciado por Maurice Barrès, foi publicado no ano de sua morte. Os arquivos departamentais de Meurthe-et-Moselle conservam novelas inéditas de Alexandre, escritas entre 1904 e 1905, dentre as quais um diário, provavelmente fictício, em que é relatada a vida no sanatório da cidade suíça (*Une cure d'altitude: esquisses de la vie de sanatorium à Davos-Dorf).* Thiollier, conforme o relato de seu filho, encontrava-se na Europa na segunda metade da década de 1900: "René forma--se na turma de 1906 e logo segue para a Europa. É o período da ampla liberdade, da liberdade amplíssima, sem responsabilidades. Volta ao convívio dos antigos colegas franceses, a maioria dos quais não pode acompanhá-lo na vida que leva como verdadeiro dândi da belle époque. Passa muito tempo na Itália, na Suíça, na Inglaterra. Mas Paris é o lugar onde seu temperamento de artista se sente recompensado. Não se trata do sangue francês ou da educação francesa dos tempos da École Massillon. Muito mais do que isso, é o acesso fácil às preciosidades que lá então existiam no

Senhor Dom Torres: *Um Début Literário Crepuscular*

episódios particulares (e, diferentemente das primeiras, irrepetíveis) cuja força evocatória incita o narrador – que o fará com o "bico da pena" – a compartilhá-las.

Em "Os Prisioneiros da Morte", a conexão entre os dois registros de memória – das selênicas noites italianas à melancólica neve de Davos –, entabulada por um narrador-memorialista, é débil, pois se constrói, no fluxo narrativo, a partir do que se distingue como esforço consciente e voluntário de lembrança:

> Aberto, aqui diante de meus olhos, se encontra um pequeno volume de versos. *À Sombra dos Ciprestes* é o seu título. Se pudésseis imaginar de que sinistro luar de Sexta-Feira Santa os vi amortalhados, uma madrugada, – esses ciprestes? Foi em Davos-Dorf, na Suíça, na terra dos tuberculosos. Num dos anos de grande desalento de minha vida. Era eu muito moço ainda. Por doces pecados cometidos, havia sido para ali desumanamente exilado (pp. 298-299).

Um sinal gráfico separa o aluado devaneio inicial[102] da narrativa propriamente dita – a temporada em um sanatório para tísicos na Suíça. No segmento citado, veem-se marcas que aludem ao momento enunciativo: nas flexões verbais e no determinante possessivo estão implícitos os pronomes pessoais – "meus" (eu: narrador-autor) e "pudésseis" (vós: leitores) – e o tempo presente ("se encontra"); e o advérbio "aqui" (cujo referente não é explicitado) marca o lugar, o espaço da enunciação.

Os versos de De Metz-Noblat (ou, mais precisamente, a visão do livro do poeta *nancéien*) instigam o narrador a escrever sobre

---

campo das artes e demais formas de expressão. Tudo está bem ali, ao seu alcance, notadamente os sinais, ainda que tênues, das novas tendências que se vão aos poucos materializando" (p. 195). Nenhuma referência a internações em hospitais ou sanatórios. Nota-se, todavia, que a Suíça esteve em seu roteiro de viagem...

102. Em que há uma pequena menção à mãe ("Em menino, era com os olhos em alvo, sonhando já, que ouvia contar, minha Mãe, que S. Jorge nela habitava"). Em "Pelópidas Diplomata", como exposto, a referência inicial é à figura paterna.

sua estada em uma clínica de Davos. À sombra da solidão, sobre a *chaise-longue* da varanda[103], o narrador, "muito moço ainda", resignadamente contemplava as alvas montanhas e planícies suíças[104]. A francesa Antoinette, vizinha de quarto, contava-lhe suas desventuras e as de outro interno, De Metz, de quem o narrador só ouvira os estertores. O trágico desfecho da personagem-poeta (ou seria poeta-personagem?), cuja relação com o narrador é marcada pelo não-encontro, constitui o epicentro para o qual converge a narrativa.

A matéria narrada não é fruto, como dito anteriormente, de uma reminiscência involuntária (fenômeno tampouco observado nas demais narrativas do livro), que, ativada por estímulos sensoriais, se apresentaria como um *continuum* de impressões dispersas ou fragmentárias. É, ao contrário, proveniente do anseio do "eu" de ficcionalizar um episódio de sua vida. É um desejo, portanto, que precede o momento da descoberta do assunto, meticulosamente buscado nas páginas dos diários ou nas lombadas dos livros que povoam o escritório. Por conseguinte, é no ambiente de trabalho do escritor-leitor que a matéria se "revela" ao narrador, que ali se encontra "no exercício de sua função". Não há, pois, sinal de epifania ou de estados oníricos latentes à descoberta, e o artificialismo de que a busca é origem redunda em uma articulação igualmente postiça e frágil. É na elaboração do discurso, na reconstrução do vivido, que o narrador se (re)constitui. Em "Os Prisioneiros da

103. Postura análoga à do narrador de "Na Minha Travessa".
104. Ao falar das montanhas, faz menção a um bilhete que recebera de Jacques Richepin (1880-1946), filho do "glorioso poeta" Jean Richepin (1849-1926): "Et ces hautes montagnes qui vous redonnent la santé doivent en même temps vous apporter au coeur la consolation de leur rêve et de leur beauté". Essas linhas e a transcrição de um quarteto de versos alexandrinos de De Metz-Noblat são as únicas passagens da narrativa escritas em francês. (Sobre Jean Richepin, cf. Jerrold Seigel, *Paris Boêmia – Cultura, Política e os Limites da Vida Burguesa: 1830-1930*, pp. 279 e ss.).

Senhor Dom Torres: *Um Début Literário Crepuscular*

Morte", a derrota é dupla: a freudiana "cura pela fala", malograda no fato enunciado[105], replica-se no momento enunciativo: a catártica "cura pela escrita", que seria, em última instância, o motor do fazer discursivo, esvanece.

Dos narradores homodiegéticos de *Senhor Dom Torres*, Juvêncio, de "O Ladrão", é o único a ser nomeado. Tal qual a voz narrativa do conto "De Cartola e Sobrecasaca", Juvêncio é um narrador "apagado", testemunha de uma conversa familiar na qual brilha a figura do tio, o Sr. Afonso. É a narrativa deste, subdividida em duas partes – o penúltimo encontro com Damião Urraca, amigo dos tempos do curso de Direito; e o último, vinte anos depois, na recente viagem de Afonso a São Paulo –, que constitui o eixo de "O Ladrão": Urraca conquistou a fortuna que cobiçara na juventude, mas o poder que a riqueza lhe trouxe não se fez acompanhar de estima e admiração (o aumento do primeiro foi proporcional ao decréscimo das últimas). Privado de afeto e de respeito, Urraca, no presente da enunciação[106], é a personificação do rico infeliz.

Na narrativa primeira (*récit-cadre*), cuja voz não se faz ouvir no momento do enunciado (Juvêncio apenas contextualiza, no *incipit*, a conversa familiar de que tomara parte), não há propriamente ação: o acontecimento, no plano discursivo de Juvêncio, é a fala de seu tio. Esse relato, como afirmado previamente, é a essência de "O Ladrão": endereçadas aos parentes presentes na sala, as palavras de Afonso são urdidas pela saudade: foi a falta da família (que lhe fez "aprender a amar a [sua] pobreza") que desencadeou a

---

105. "Nunca, porém, maldisse o meu sofrimento! Ao contrário. Era compungido que me prosternava diante do seu altar. Porque a tristeza de que me sentia possuído como que me hiperestesiava a sensibilidade...".
106. Tendo por referência a instância narrativa cuja voz é a de Afonso. No nível externo, a voz (Juvêncio), o tempo e a perspectiva são outras, e a "enunciação" do tio torna-se "enunciado".

Valter Cesar Pinheiro

lembrança – transformada em verbo – dos encontros com Urraca. Há, entre o sentimento vivido e a recordação do amigo, conexão causal e temática. O efeito precede a causa, e o encontro, na esfera narrativa, transfigura-se em discurso (intradiegético, pois é à sua família que Afonso conta o infortúnio de Damião). À relação entre o encontro na sala de jantar, apresentado por Juvêncio (diegese), e as conversas com Urraca, relatadas por Afonso (metadiegese), falta, como aos *récits enchâssés* já abordados neste trabalho, vigor, visto que a breve exposição de Juvêncio e o discurso de seu tio não se articulam organicamente. Testemunha em segundo grau, Juvêncio não opina, não interpreta, não participa. O recurso à estrutura *en abîme*, mais uma vez, foi falho.

O apelo à memória para reconstituir a história, expediente do qual se valem os narradores homodiegéticos de *Senhor Dom Torres*, é um modo eficaz de assegurar verossimilhança às narrativas. O registro de dúvidas e hesitações e a necessidade de se buscar amparo – em escritos de próprio punho ou de outrem – para reminiscências que se esvaem ao sabor do vento são poderosas estratégias às quais se recorre quando o intuito é fazer crer que a matéria narrada realmente aconteceu. Os créditos que o refúgio do passado atribui a quem a ele se dirige extinguem-se, todavia, quando os meios empregados para resgatá-los não proporcionam à lembrança despertada um arcabouço estético que lhe sirva de arrimo. Como se tentou mostrar, os dispositivos literários de que fazem uso aqueles narradores são, em muitos casos, inadequados: gêneros textuais diferentes moldados na mesma forma ("A Prisão de São Lázaro"), onisciência ilegítima ("De Cartola e Sobrecasaca"), recordação forçada ou injustificada de um evento passado ("Os Prisioneiros da Morte" e "Na Minha Travessa"), articulação interna inoperante ("O Ladrão"). Bem resolvida, ressalte-se, é a configuração da voz narrativa de "Pelópidas Diplomata", que tramita da

Senhor Dom Torres: *Um Début Literário Crepuscular*

enunciação ao enunciado sem artificialismos e, sem lançar mão de subterfúgios que camuflem sua posição moral, social e ideológica, evoca o passado sem cabotinismo.

Do ponto de vista da construção da instância narrativa, os contos heterodiegéticos são, a despeito de seu grande número[107], muito mais homogêneos. Seus narradores mantêm distância em relação à matéria narrada[108], mas, circunstancialmente, fundem suas vozes às das personagens. Sua perspectiva é interna, porém restritiva, e interventiva. Descortinemo-los.

Adelina, cantora lírica portuguesa, decide retornar a seu país, deixando Julião, com quem vive há três anos[109], inconsolável: eis, resumidamente, a trama de "O quanto pode uma saudade", narrada por uma voz onisciente que intercala, entre reflexões e observações cujo alcance não extrapola, em princípio, os limites da consciência de Julião, comentários seus:

> Três anos! Um pedaçozinho de existência mais que suficiente para que, miseravelmente, sentisse o pobre do rapaz, infusos em si, todos os gostos, todos os hábitos dela. Muito, por certo, lhe havia de pesar o tormento dessa separação, de sobra sabia-o ele. Mas, esforçava-se por se lhe mostrar indiferente, – intimamente tão ingrata a considerava (p. 31).

107. Das dezesseis narrativas que compõem o livro, dez são heterodiegéticas: "O Quanto Pode uma Saudade", "O Cobertor do Tio Nazaré", "A Fama de Baltazar", "Coração de Boêmio", "Meu Amor", "Uma Esmola", "Seu Quintino", "Lógica de Mulher", "Uma Flor no Charco" e "Senhor Dom Torres".

108. Distância, mas não neutralidade: colocam-se em um patamar distinto daquele que ocupa a maior parte das personagens, o que não os tolhe de emitir opiniões e julgamentos (às vezes de forma indireta, por meio de mecanismos denominados comumente de intrusão e modalização).

109. O narrador denomina a vida em comum não oficializada "collage". Prefere o termo francês (menos vulgar?) aos vernáculos "amigação", "amancebamento", "amasio" ou "mancebia".

Valter Cesar Pinheiro

À onisciência, limitada à ótica de Julião[110], acrescentam-se as modalizações[111], mecanismos por meio dos quais se manifesta, no nível da linguagem, a subjetividade do narrador: o infantil diminutivo de "pedaço" (forma extraída do falar pueril de Julião – materialização acústica de experiências afetivas igualmente pueris – ou construída com o intuito de obliquamente ridicularizar as emoções da personagem?) e o advérbio "miseravelmente" (que marca, no tecido discursivo, o sentimento de compaixão de que é tomado o narrador em relação ao sofrimento do outro) ratificam o sentido que o adjetivo "pobre", anteposto ao substantivo "rapaz", já assegurara univocamente.

É na segunda parte do conto[112], na qual se descreve o embarque de Adelina, em Santos, com destino a Portugal, que o narrador põe em evidência sua erudição (parcialmente sugerida na primeira parte – composta basicamente de diálogos – pelo uso do registro linguístico culto[113]) e o repertório que pressupõe dividir com o narratário: o relato do almoço a bordo do *Garonne*, no qual se distingue o garçom do

---

110. No final da narrativa, a onisciência estende-se também à Tia Brandina, cujo pensamento é transmitido na forma de discurso indireto livre: "A preta ficou pasmada! Estaria ela a sonhar?! Seria possível que *nhô* Julião se acabrunhasse tanto assim? E por quem, Virgem Santíssima?! Sorriu-se condoída, ocorrendo-lhe um qualificativo sórdido, mas expressivo" (p. 60). O adjetivo infame a que se refere o narrador caracterizaria a inconstância, a volubilidade e a instabilidade das relações amorosas de Adelina. Caracteriza, igualmente, sua voluptuosidade ("Tenho tanta fominha de ti!").

111. Cf. Joëlle Gardes-Tamine & Marie-Claude Hubert, *Dictionnaire de critique littéraire*, pp. 125-126.

112. "O Quanto Pode uma Saudade" é dividido em cinco pequenos capítulos.

113. Variação que prevalece em todas as narrativas, excetuando-se a transcrição do falar de tipos populares, como Tia Brandina e Vigilato (personagem que aparece em dois contos: "O Cobertor do Tio Nazaré" e "A Fama de Baltazar"). Sobressaem, inclusive na reprodução dos diálogos das personagens, a profusão de pronomes enclíticos e mesoclíticos, a anteposição do pronome em relação à partícula de negação ("já te não recordas mais", "é que me não posso conformar", "que os não deixarás morrer à fome") e o uso de pronomes átonos que, com sentido possessivo, funcionam como objeto indireto ("[ela] sentiu abrasarem-se-lhe as faces", "Julião, por sua vez, sentou-se-lhe ao lado").

Senhor Dom Torres: *Um Début Literário Crepuscular*

navio, é permeado de referências à cultura francesa. A pronúncia marselhesa do atendente, aliada à sua aparência ("fitinhas multicores", que atestam sua participação na Primeira Guerra, lastreiam suas múltiplas cicatrizes: "faltava-lhe um pedaço do beiço superior; estourara-se-lhe fundamente um olho, e, quando caminhava, arrastava uma perna"), desperta em Julião a lembrança do povo francês:

> A sua pronunciação, pitorescamente cantarolada de marselhês, fez atravessar pelo espírito de Julião, numa visão saudosa e curiosa, – triunfalmente aguerrido, como numa tela de Detaille, com uma bandeira tricolor desfraldada na frente, – todo esse bom e generoso povo de França, que tanto bem fica a gente a querer, quando com ele intimamente se conviveu alguns anos (pp. 43-44).

Há, na lembrança de Julião, interferência da voz narrativa? Os termos – lugares-comuns elogiosos, porém superficiais e ingênuos – com os quais se reproduz revelam, pelo emprego do discurso indireto livre, o que seria a opinião da personagem, ou manifestam, por meio de um bem elaborado mecanismo de intrusão, o ponto de vista do narrador? A indefinição de perspectiva ganha relevo se confrontada com a alusão – materialização imagética da destemida França – à pintura de Detaille[114], comparação que, indubitavelmente da lavra do narrador, é destacada entre travessões.

Essa dupla perspectiva (de cujo juízo seria cúmplice o narratário, evocado pelo genérico "a gente") desfaz-se quando, em longa digressão, o narrador, após ter recorrido a uma representação pictórica[115], justifica – e redargui – a propalada ausência, na literatura, de obras que

---

114. Édouard Detaille (1848-1912). Acadêmico, destacou-se como pintor de fatos históricos e militares. Parte significativa de sua coleção encontra-se exposta no Musée de l'Armée, em Paris.

115. Não especificada. Há, no Panthéon de Paris, um monumental tríptico de Detaille intitulado "Vers la Gloire", em que soldados desfraldam, no primeiro plano, bandeiras napoleônicas.

95

Valter Cesar Pinheiro

enalteçam a bravura gálica. Repete-se, por uma única voz, o panegírico ao pretenso heroísmo inato francês.

Afirmam certos autores, nos seus compêndios de literatura, que "o francês não tem a cabeça épica", quando se referem a esse gênero de poesia na França, onde não conseguiu ele destacar-se em rutilantes culminâncias de obras de gênio, embora, muito afoitamente, o houvessem tentado Voltaire com a *Henriade*, Ronsard com a *Franciade*, Robert de Wace com o *Roman du Rou*, Victor Hugo com a *Légende des siècles*. E por que motivo esse fato? Porque nesse país admirável, que conta, como um dos seus mais legítimos apanágios, a desassombrada intrepidez cavalheiresca com que se tem havido nas lutas ciclópicas que ilustram as páginas de sua história, a epopeia, claro está, não pode ser traçada com tinta, visto que ela tem sido, ali, sempre vivida no sangue (pp. 44-45).

A referência a pesos-pesados da literatura francesa (de Wace a Victor Hugo[116], passando por Ronsard e Voltaire, perfazendo oito séculos de história) é intermediada por livros escolares a que tinham acesso não só aqueles que, tanto quanto a dúplice voz da citação anterior, puderam "conviv[er] alguns anos" com os franceses, como também os paulistanos que, a exemplo de Julião, tinham ingresso garantido nas melhores escolas de São Paulo[117]. É, diga-se de passagem, na descrição de uma personagem que o narrador dá a conhecer sua origem paulista ("Era um tipo de bom zelo, [...], esse Tomás Ribeiro. Muito

---

116. Além da menção à *Légende des siècles*, o narrador alude a outra obra de Hugo, *La Préface de Cromwell*, de onde provavelmente extraiu a afirmação que, na passagem supracitada, aparece entre aspas. No original: "Le drame est la poésie complète. L'ode et l'épopée ne le contiennent qu'en germe; il les contient l'une et l'autre en développement; il les résume et les enserre toutes deux. Certes, celui qui a dit: *les Français n'ont pas la tête épique*, a dit une chose juste, et fine; si même il eût dit *les modernes*, le mot spirituel eût été un mot profond. Il est incontestable cependant qu'il y a surtout du génie épique dans cette prodigieuse *Athalie*, si haute et si simplement sublime que le siècle royal ne l'a pu comprendre" (pp. 36-37, itálicos do autor). A expressão "les Français n'ont pas la tête épique", citada por Voltaire no *Essai sur la poésie épique*, é atribuída a M. de Malézieu.

117. Cf. nota 97.

Senhor Dom Torres: *Um Début Literário Crepuscular*

moço ainda, formado, havia pouco, em Direito, pela nossa Faculdade, tinha já, em São Paulo, o seu nome firmado...") , o que o aproxima dos protagonistas, dos presumíveis leitores e, por que não dizê-lo?, do autor da narrativa. Bom conhecedor de literatura e admirador incondicional das "lutas ciclópicas" que glorificam a história francesa, o narrador, todavia, desperdiça a oportunidade de homenagear escritores que foram para as trincheiras e delas voltaram, como o jovem garçom marselhês, com indeléveis marcas físicas e morais: Blaise Cendrars, que Thiollier conhecerá em 1924 (*La guerre au Luxembourg*, 1916), Henri Barbusse (*Le Feu*, 1916, Prix Goncourt), Pierre Chaine (*Mémoires d'un rat*, 1917, com prefácio de Anatole France), Georges Duhamel (*Vie des martyrs*, 1917; *Civilisation*, 1918, Prix Goncourt), André Maurois (*Les silences du colonel Bramble*, 1918) e Roland Dorgelès (*Les croix de bois*, 1919, Prix Fémina), dentre tantos outros. Essas obras não têm, não obstante sua grande repercussão nos círculos literários franceses, a chancela que outorgam os tradicionais manuais escolares (dos quais estão ausentes), o que as aparta das estantes das livrarias paulistanas. Eis as razões pelas quais, a despeito dos importantes prêmios que lhes foram atribuídos, esses títulos não ocupam lugar à mesa do sofisticado restaurante do *Garonne*...

Os narradores dos contos heterodiegéticos têm, como afirmado anteriormente, natureza similar: revelam seu ponto de vista mediante o emprego de palavras que explicitam, na trama discursiva, a subjetividade do emissor. Comentários e apreciações, todavia, são raros nestes contos. Discretos, os narradores usam com parcimônia sua onisciência, preferindo, à expressão de suas opiniões, os diálogos, tessituras em torno das quais as narrativas se constituem.

A voz narrativa de "O Cobertor do Tio Nazaré", restritiva (é onisciente apenas em relação a Jonas[118]), faz conhecer seu ponto de vista,

---

118. "Jonas teve nesse momento saudades da mulher; ódio de si mesmo: veio-lhe um profundo remorso de tê-la deixado a sós..."; "Mas, o seu espírito divagava: ele não pensava no que dizia".

tal qual o narrador de "O quanto pode uma saudade", por intermédio de modalizações, particularmente férteis nas descrições e nos verbos que caracterizam e particularizam as intervenções da personagem principal. Se, no sobredito conto, anos da vida de Julião são resumidos a um diminutivo, em "O Cobertor do Tio Nazaré" é Celina, esposa do protagonista, que é, pelo diminutivo, reduzida: "A sua mulherzinha, sentada ao canto do sofá, queixava-se amuada, vendo-o preparar-se pra sair". Aos verbos *dicendi* com os quais introduz as falas das personagens ("prosseguir", "continuar", "gritar", "insistir", "contar", "explicar"), o narrador acrescenta, quando se trata de Jonas, adjuntos adverbiais de modo que atuam como modalizadores discursivos ("carinhosamente", "com os olhos apavorados", "com ar suplicante", "muito timidamente", "amargamente"), ou os substitui pelos *sentiendi*, que expressam a emotividade da personagem ("exasperar").

Em "A Fama de Baltazar", o procedimento é análogo: a onisciência narrativa, moderada, circunscreve-se a observações que flanqueiam os diálogos e concerne indistintamente a todas as personagens: a mulher de Baltazar, Dona Genoveva ("Imaginava vê-lo chegar [Alberto] deslumbrado, transbordante de entusiasmo. Encontrou-o, porém, indiferente..."), o sobrinho Alberto ("Alberto, refletindo, achou que fez mal; esforçou-se por suavizar o que dissera"), o amigo Conselheiro ("E o Conselheiro, para não perder esse admirador [Alberto], que lhe parecia sincero, [...], depois de pigarrear um bocado, tartamudeou, sacudindo a cabeça"). O ápice da narrativa é o relato do Conselheiro (*récit enchâssé*), que, ante os comentários frustrados de Alberto – que não compreende a razão pela qual os companheiros do tio, de reputação profissional ilibada, fomentam sua injustificada notoriedade –, lhe revela a origem (uma brincadeira entre colegas) da fama oratória de Baltazar: a estratégia empregada pelo grupo de novatos advogados (do qual faziam parte o Conselheiro e Baltazar) para realçar o talento que o tio de Alberto não tinha consistia em exaltar, constante

Senhor Dom Torres: *Um Début Literário Crepuscular*

e sistematicamente, todo e qualquer trabalho realizado pelo amigo. A repetição encarregar-se-ia de tornar verdade o que, no início, era apenas pilhéria. A ideia, pormenorizadamente descrita, teria sido extraída de uma peça de Labiche, *Les trente millions de Gladiator*[119], a que assistira Pânfilo, um dos membros da jovem sociedade advocatícia, em uma de suas viagens a Paris. O artifício é duplamente bem-sucedido: o que poderia ter sido um pasticho mal-ajambrado da comédia de Labiche vira, no (e pelo) conto, uma afortunada adaptação da rocambolesca trama imaginada pelo criador de *La Fille bien gardée* e *Un chapeau de paille d'Italie*. A imitação de Labiche, reconhecida e explicitada por Conselheiro, é atribuída aos moços paulistanos, que, reitere-se, alcançam êxito ao transpor o argumento da comédia "para a realidade". Escamoteada por um discurso intradiegético[120], afigura-se como elemento da trama, não como argumento no qual "A Fama de Baltazar", incontestavelmente, tem origem.

O narrador de "Coração de Boêmio", diferentemente dos anteriores (cuja visão de mundo se manifesta sobremodo mediante o uso de modalizações), deixa entrever seu ponto de vista na descrição dos ambientes de esplendores e misérias pelos quais circula Bernardo, o protagonista da narrativa. Onisciente, transcreve o pensamento da personagem (de cujo vocabulário se apodera)[121]. Rumo à casa de seu amigo Osvaldo, que agoniza, Bernardo observa os espaços públicos pelos quais, de automóvel, transita. A voz narrativa que expõe, pela

---

119. *Vaudeville* em quatro atos lançado em 1875. Foi montado no teatro Recreio Dramático, no Rio de Janeiro, com grande sucesso (cf. *Revista Musical e de Belas Artes*, nº 3, ano II, p. 22).

120. Que, como o reconhecimento aristotélico, conduz Alberto da ignorância ao conhecimento.

121. "Há dez anos que ela assim o martirizava! Não havia santo dia que lhe não alegasse o dote que trouxera, o conforto que lhe dava: a cama e a mesa. E não tinha atrativo algum, com aquela cara assassina, talhada a machado, desconhecendo os mais elementares preceitos de educação"; "O fato é que ele [Osvaldo] amara e amara intensamente! Bernardo sempre lhe tivera inveja!"

Valter Cesar Pinheiro

visão da personagem, os artigos postos à venda pelos ambulantes estabelece, entre o comércio popular, os frequentadores e as mercadorias ("E tudo, em fartos cardumes, na praça, se amontoava!"), uma relação mimética. A curiosidade que despertam os cartazes, "pitorescos", e as carnes, que "pantagruelicamente" se amontoam nos tabuleiros, é resultado de um olhar habitualmente restringido às esferas da camada dominante, com o qual compactua o narrador, que não discrimina, na representação, sua perspectiva da de sua personagem. A descrição do cassino, ambiente frequentado pela classe dirigente, é, contudo, de autoria inequívoca: a voz narrativa não recorre ao pensamento de Bernardo para fazê-lo e tampouco se atém a detalhes circunstanciais. A concisão descritiva, que, ademais, é própria das narrativas curtas, reflete o quão conhecido era – do narrador, da personagem e do público leitor a quem o conto é destinado – aquele espaço de sociabilidade.

O melindre de Maria Elisa, magoada com o silêncio com que o marido, Nazário, reagiu a seu desejo de participar do baile no Municipal, a se realizar no final daquele mês, é o mote de "Meu Amor". O narrador desse conto, semelhantemente ao do anterior, revela seu ponto de vista (e onisciência) nos termos com os quais figura o casal e recompõe o diálogo que, ao fim e ao cabo, constitui a estrutura da narrativa: funde, ao descrever Maria Elisa, sua perspectiva à de Nazário ("Estava ela uma beleza, nessa manhã"[122]) e atribui uma intenção a cada intervenção das personagens, como fizera o narrador de "O Cobertor do Tio Nazaré", mediante o emprego de modalizadores e verbos *dicendi* e *sentiendi*[123]. Da sucinta descrição do espaço no qual se desenrola a narrativa – o escritório da residência do casal – sobressai a referência a um sorridente busto de Voltaire, índice que remete ao

---

122. O que coloca a personagem nos antípodas da mulher de Bernardo.
123. Dentre os quais se destacam: "ciciar abafadamente", "exigir", "acentuar", "num recolhimento melancólico", "afetuosamente", "enternecer-se", "um tom melífluo, cheio de meiguice", "murmurar".

Senhor Dom Torres: *Um Début Literário Crepuscular*

provérbio "À quelque chose malheur est bon" ("Há males que vêm para bem")[124]. O adágio, recitado por Nazário, é a chave com a qual o iluminista francês fecha um de seus principais contos filosóficos, *L'Ingénu*:

> Le bon Gordon vécut avec l'Ingénu jusqu'à sa mort dans la plus intime amitié; il eut un bénéfice aussi, et oublia pour jamais la grâce efficace et le concours concomitant. Il prit pour sa devise: *malheur est bon à quelque chose*. Combien d'honnêtes gens dans le monde ont pu dire: *malheur n'est bon à rien!*[125]

Como o pai do narrador de "Pelópidas Diplomata", Nazário parece conhecer mais profundamente os ditados franceses do que os correspondentes em língua vernácula. Leitor e escritor (faz menção a um ensaio dedicado à poesia de Lúcia de Azevedo[126]), certamente possuía, em sua abastada biblioteca, obras do autor de *Candide*[127]. Em "Pelópidas Diplomata" e "Meu Amor", brilham dois filósofos *panthéonisés* do século XVIII: Rousseau e Voltaire. Do último, René Thiollier extrairá uma das epígrafes de *A Louca do Juqueri* ("*Il faut être neuf sans être bizarre*").

A sensação de *déjà vu* que permeia a análise da construção do ponto de vista (voz, tempo, perspectiva) de "Coração de Boêmio",

---

124. La Fontaine, em "Le Mulet se vantant de sa généalogie", faz alusão à sentença popular (cuja origem é desconhecida): "Quand le malheur ne serait bon / Qu'à mettre un sot à la raison, / Toujours serait-ce à juste cause / Qu'on le dît bon à quelque chose" (*Fables*, livre VI, nº 7, p. 156).

125. Mencionado pelo jansenista Gordon – amigo do ingênuo Huron, com quem dividira uma cela na Bastilha (Votaire, *Romans et contes*, p. 301).

126. Filha do arquiteto Ramos de Azevedo. Com o engenheiro Ernesto Dias de Castro, seu marido, morou na Casa das Rosas (projetada pelo pai) por mais de cinquenta anos.

127. Sobre a presença da obra de Voltaire nos meios literários paulistanos, cf. Gilberto Pinheiro Passos, *A Miragem Gálica: Presença Literária Francesa na* Revista da Sociedade Filomática, e Dirceu Magri, *Aspectos da Presença de Voltaire nas Crônicas Machadianas*, pp. 56 e ss.

Valter Cesar Pinheiro

"O Cobertor do Tio Nazaré" e "Meu Amor" é ainda mais evidente se confrontada com a temática e com a composição das personagens e do espaço físico no qual essas histórias se desenrolam. Ao ciumento Nazário, protagonista de "Meu Amor", contrapõem-se Bernardo e Jonas, de "Coração de Boêmio" e "O Cobertor do Tio Nazaré", vítimas de desconfiança por parte de suas respectivas esposas. Jonas e Nazário praticavam a crítica literária[128]; Bernardo, a julgar pela descrição de sua mesa de trabalho, também devia cultuar a musa. O *incipit* das narrativas, de notória semelhança, apresenta os três homens de letras em ambiente doméstico – quarto ou escritório –, sozinhos, pela manhã:

> O Jonas – o Jó como lhe chamavam na intimidade –, de pé diante do espelho, dava às pressas um laço à gravata. Estava ainda de calças e suspensório ("O Cobertor do Tio Nazaré", p. 81).
>
> Bernardo, àquela hora matinal, no seu gabinete de trabalho, frescamente abotoado numa quinzena de linho, bocejava, correndo preguiçosamente os olhos pela sua numerosa correspondência. Fora, cucuritavam os galos, e o sol resplandecia na folhagem das árvores do seu quintal ("Coração de Boêmio", p. 139).
>
> Não sabia que estavas aí, "seu" maroto! – disse-lhe ela a sorrir, entrando na sala de trabalho, onde Nazário, de pijama, ao pé da janela, curvado sobre a sua banca de charão, carregada de livros, parecia sonhar imóvel, absorto na contemplação de umas folhas de papel, com a caneta abandonada ao lado ("Meu Amor", p. 169).

Equiparam-se também as causas do ciúme: Celina crê que o marido a pretere em favor dos amigos literatos; a esposa de Bernardo, não obstante a mal disfarçada alegria com que recebe a notícia da morte iminente do

---

128. Nazário, como destacado há pouco, menciona um artigo voltado para a poesia. Jonas, desculpando-se por ter de, mais uma vez, deixar sua mulher sozinha em um belo domingo de sol, afirma: "Agora, isso tudo é porque ainda não estás afeita aos homens de letras. Somos todos assim! Isso acontece até entre os mestres! E é natural! Tu compreendes: cada um de nós tem o seu fio de talento! Se não contar que o tem, quem o há de descobrir, num país como este nosso em que não se lê? Olha, por exemplo, aquele meu trabalho..." (p. 84).

Senhor Dom Torres: *Um Début Literário Crepuscular*

boêmio Osvaldo, cuja liberdade seu marido invejava, não dissimula sua infelicidade; e Nazário, o mais bem-aventurado dos maridos, tortura-se com o irreprimível desejo de vida social de Maria Elisa. Tantas similitudes pediriam maior versatilidade na construção das instâncias narrativas. Distâncias diversas – na fala (interlocução direta, com a transcrição dos diálogos, ou indireta, em que prevalece a voz do narrador, que pode, mediante o emprego do discurso indireto livre, ceder a voz a seus personagens) e no enfoque (com maior ou menor imbricação do narrador na matéria narrada) – e vozes (homo ou heterodiegéticas), tempos (anteriores, simultâneos ou posteriores à enunciação) e perspectiva (focalização) diferentes teriam dado aos contos que têm por tema o ciúme outra envergadura, outra amplitude, e, possivelmente, dirimido o aspecto pueril que os reveste[129].

Um longo diálogo alicerça a décima narrativa de *Senhor Dom Torres*: "Uma Esmola". Parcas e modestas intrusões nos interstícios das falas das personagens indicam a existência de uma voz que organiza o discurso[130]. Geraldo, estimulado por uma questão – pontual, mas propensa à polêmica – de seu amigo Pérsio ("Leste [o livro de Roderico]?"; "E que tal? Gostaste?"), põe-se a discorrer sobre a obsessão, de que seria acometida nossa classe dirigente, pela publicação de versos de própria lavra. No bojo dessa telúrica e irrefreável ambição, grassaria o desejo[131] pela glória acadêmica e literária.

> Aqui, não há quem não tenha escrito o seu livrecozinho, que, o mais das vezes, não contém um troféu sequer, e que não se torne imediatamente um consagrado, uma glória da nossa literatura... (p. 187).

---

129. Limita-se, aqui, a um comentário de ordem estética. Não se discute, por ora, a posição moral ou ideológica dessas vozes.

130. "E Geraldo, após uma reticência, gesticulando como fazem os italianos"; "Geraldo, com uma revolta íntima, rematou".

131. De que não conseguiu esquivar-se o autor destes contos...

Em um diálogo marcado pela assimetria, a participação de Pérsio é discreta. Suas falas, de pouca importância referencial ("Está claro!", "Não te compreendo", "Tenho uma vaga ideia...", "Sei, sei", "Com efeito!"), têm valor fático: indicam que o interlocutor interage e segue a conversa com relativo interesse[132], mas sem a intenção, a julgar pelo seu laconismo, de assumir o controle da conversa.

Sob o comando de Geraldo, o diálogo transforma-se em uma crítica aos escritores de uma só obra (um "livrecozinho"). À vaidade (inversamente proporcional ao talento) desses pseudoautores, a quem chama de "Hérédia" (mas "sem um troféu sequer", conforme se vê na passagem supracitada), Geraldo contrapõe a modéstia do italiano D'Annunzio, a quem fora apresentado no dia subsequente ao da estreia de *Fedra*, em Milão[133]. Tempos depois, Anacleto Paixão, um Hérédia tupiniquim, menoscaba os elogios que Geraldo, por gentileza e educação, lhe fizera. Este, contrafeito, revida contra um empregado de seu pai, que viera à sua casa em busca de auxílio. Arrependido, dá-lhe a fabulosa quantia de quinhentos mil réis. "Como não deve ser doloroso", conclui, "o estado d'alma daqueles que são obrigados a estender a mão para uma esmola!"[134]

A despeito do elogio ("verdadeiramente um punhado de troféus") feito ao único livro de José-Maria de Hérédia, *Les Trophées*, a menção a seu autor, mestre do movimento parnasiano que, como Bilac, se dedicara exclusivamente aos sonetos, não é laudatória. A figura literária de proa desta narrativa é Gabriele D'Annunzio, que, em 1916, publicara *La canzone di Garibaldi* (homenageando aquele que, vale lembrar, comandou os "Francs-tireurs libres du Rhône", força militar na qual

---

132. Anuência reforçada por marcadores paralinguísticos ("Pérsio esboçou um sorriso.").
133. A tragédia de D'Annunzio foi lançada em 1909.
134. A interligação entre os temas, representados por ações cuja associação é determinada exclusivamente por sua sucessão cronológica, é embaraçosa e injustificável. "Vaidade das vaidades, tudo é vaidade", epígrafe de "Senhor Dom Torres", talvez sintetize a ideia que subjaz a uma mudança tão brusca na condução de "Uma Esmola".

Senhor Dom Torres: *Um Début Literário Crepuscular*

o pai de René Thiollier se alistara). Como o marselhês do *Garonne*, o expoente do decadentismo italiano participou da Primeira Guerra, perdendo, no conflito, a visão de um olho. Os grandes homens seriam aqueles que, como atesta a lista de dedicatários de *Senhor Dom Torres*, combinam talento, conservantismo e engajamento[135]. D'Annunzio, que aliara à literatura uma rápida, porém fulgurante, carreira política[136], é um modelo a ser seguido.

"Lógica de Mulher", a mais cômica das narrativas de *Senhor Dom Torres*, assemelha-se a um esquete. Zeferino, faminto, aguarda impacientemente a chegada da esposa, Clotilde, para o jantar. Mal começa a comer, Clotilde diz a seu marido que Plácido, recentemente enviuvado, se casará novamente. A reação de Zeferino gera uma sequência de interpretações equivocadas (que revelam a sub-reptícia vontade de Clotilde de instaurar um ambiente de dissensão) e faz com que o jantar se encerre prematuramente. A forma com a qual manifesta seu ponto de vista – na descrição de Clotilde ("Era ela. Vinha deliciosa, levemente corada do frio, trazendo nos lábios um doce sorriso para o marido. [...] E graciosamente se desfez dos seus agasalhos") e, sobretudo, na escolha dos verbos com os quais assinala as tomadas de turno ("responder vivamente", "prosseguir engasgada", "gemer", "rosnar") – assemelha a voz narrativa aos demais narradores heterodiegéticos do livro. Nota-se, outrossim, que "Lógica de Mulher" se aproxima, pela temática, de "Meu Amor", ao qual seria uma resposta tardia: ao imperioso desejo de sociabilidade de Maria Elisa e Clotilde, Nazário e Zeferino opõem-se com reações diversas: o primeiro, movido pelo ciúme, espera que, por razões sentimentais, sua esposa se dedique mais ao casamento e ao lar ("Duvidar [de seu amor] propriamente não é o

---

135. René Thiollier, como seu pai, também experimentou as trincheiras (cf. nota 37).
136. A criação da Regência Italiana de Camaro e a ligação de D'Annunzio com ideais dos quais se originaria o fascismo são contemporâneas à elaboração e publicação de *Senhor Dom Torres*.

termo, minha querida! Sei perfeitamente que me queres muito! Mas é que esse 'bem-querer' precisa ser alimentado no calor do *foyer*...''); o segundo, que a mulher cumpra com suas obrigações domésticas e o poupe de dissabores característicos de uma relação desgastada ("Bonito! Nem o prato de sopa pude tomar! Eu que estou apenas com dois ovos no estômago! E havia de cair de novo na esparrela?! Deus me livre!"). Em relação à vida social das mulheres casadas, subjaz, em ambos os casos, um tratamento sexista pelo qual perpassam noções de futilidade, leviandade e frivolidade: Clotilde esquecia-se do marido no dia em que saía para visitar as amigas; Maria Elisa, faceira, parece mais interessada nas festas do Municipal do que em suas ocupações domiciliares. Em relação ao universo masculino, o juízo é oposto (malgrado a inclusão, entre as atividades sociais dos homens casados, de práticas sexuais ilícitas, que, aos olhos da voz narrativa, têm importante função civilizadora[137]): em "O Cobertor do Tio Nazaré", por exemplo, Jonas, em um domingo ensolarado, troca a companhia da esposa pela de um amigo, Ludgero. Ambos são literatos, o que não apenas justifica sua opção, mas a valoriza. O insucesso da escolha (Jonas, infestado de pulgas, tem de retornar à casa às pressas) é ilusório: ao contrário de Zeferino, que vai para a cama com fome, Jonas, "lavado e ensaboado de fresco" e "molemente estirado numa *chaise-longue*", é "graciosamente" servido de chá por sua mulher...

"Uma Flor no Charco" apresenta Pedro Boa Nova – que saíra da residência de um agiota, de quem, sem sucesso, solicitara os préstimos –, Frederico, seu solidário amigo, e Rosa e Benedita, meretrizes da rua do Curtume. Os rapazes aceitam o convite que lhes é dirigido e, por um breve instante, desfrutam da companhia das prostitutas, sem,

---

137. Percepção que será reforçada em contos ("A Boneca do Mendes", "Uma Noite a Bordo do Flórida" e "Na Casa de Hermengarda") publicados posteriormente (*A Louca do Juqueri*).

Senhor Dom Torres: *Um Début Literário Crepuscular*

todavia, usufruir de seus favores sexuais. Para ambos, é um momento de fuga, escape do premente encarceramento a que Pedro, que contraíra dívidas com o intuito de satisfazer os desmedidos caprichos de sua mulher, possivelmente será levado. A voz narrativa, onisciente, não se apieda dos infortúnios de Pedro e tampouco emite comentários – que poderiam solapar os perfis de maridos-fiéis-e-dedicados – acerca da presença, ainda que passageira, dos amigos no lupanar: ela faz-se ouvir mediante os termos com os quais delineia as intervenções de cada personagem ("ansioso, averiguou em voz baixa", "desalentado, respondeu-lhe", "aclarando a voz, alçou-a a um timbre de revolta"), caracteriza Rosinha e Benedita ("duas mulherinhas de baixo estalão, duas vagabundas de arrabalde") e descreve a residência no Curtume ("saleta exígua", "pauperrimamente mobiliada"). "Uma Flor no Charco" é, como "Os Prisioneiros da Morte", um dos contos mais pungentes de *Senhor Dom Torres*. Todavia, distingue--se da última narrativa do livro pelo caráter pretensamente comedido de sua voz heterodiegética, cuja perspectiva, que se assemelha à de uma câmera (registrando, sem distinção aparente, as falas e o movimento de cada personagem), é ilusória. O narrador desvela seu ponto de vista ao passar, sem que haja solução de continuidade, do tom jocoso e debochado com o qual descreve as prostitutas à mais piegas comiseração com que faz referência à filhinha de Rosa e à tristeza do mundo. Seu silêncio também é revelador: a discrição em relação à conduta masculina, de traço à primeira vista corporativista, (involuntariamente) expõe ao narratário o lugar do qual *vê* e *conta* a ação.

Bem-sucedida é a construção da instância narrativa de "Seu Quintino": a voz, heterodiegética, é parcialmente onisciente (focalização interna), pois adota o ponto de vista de uma única personagem, Dona Aninhas. O mecanismo de que lança mão com o intuito de tornar menos visíveis os contornos do lugar enunciativo que ocupa é a *mise en abîme*: Dona Aninhas, em uma narrativa intra e homodiegética, conta à irmã, Dona Escolástica, como conhecera Seu Quintino, que trabalharia em sua pequena propriedade rural até a morte. Não há, entre a narrativa primeira e a que ocupa o segundo plano, relação causal ou temática: quando o conto se inicia, o discurso intradiegético já está em andamento:

> Como foi que o conheci?... Muito simplesmente: por um anúncio no "Diário", – explicava dona Aninhas à sua irmã dona Escolástica, que lhe fora jantar à casa, nessa noite, após uma longa ausência de três anos, numa cidade do interior, para onde havia sido despachado, juiz de direito, seu marido (p. 197).

A incursão de Seu Quintino na narrativa dá-se pelo emprego do pronome oblíquo "o", de valor anafórico, configurando um diálogo em curso. Todavia, antes de apresentar ao leitor a personagem que dará nome ao conto, o narrador nomeia e descreve, com pompa e circunstância, aquela que assumirá (excetuando-se escassas intervenções de caráter didascálico) a voz da narrativa:

> Era uma excelente senhora, de largos espíritos e raras virtudes, a senhora Dona Aninhas. Não havia, quem dela se abeirasse, que lhe não ficasse a querer pela aristocrática distinção das suas maneiras, imbuídas de bondade. Dotada de uma alma vibrátil, sensibilíssima, se mais maciça fosse a educação que recebera, daria, por certo, uma esplêndida escritora, pois tinha o dom de se não tornar fatigante quando contava um caso: sabia, sem o esvurmar de grandes frases, emprestar--lhe um tal brilho, um tal colorido, que o tornava sempre original (pp. 197-198).

Sensível à "aristocrática distinção" de Dona Aninhas, o narrador outorga-lhe um tratamento – "senhora dona" – que só havia sido concedido à avó do narrador homodiegético de "Na Minha Travessa", Henriqueta de Souza e Castro (com quem, ademais, Dona Aninhas guarda considerável semelhança), e, tal qual o congênere de "Un coeur simple"[138], sujeita-se à ordem social vigente, apresentando Seu Quin-

---

138. "Pendant un demi-siècle, les bourgeoises de Pont-l'Évêque envièrent à Mme Aubain sa servante Félicité" (*Oeuvres*, p. 591): o narrador flaubertiano, reproduzindo a hie-

Senhor Dom Torres: *Um Début Literário Crepuscular*

tino somente após ter devidamente perfilado as duas irmãs. O nome do protagonista só é citado no final da terceira página, em passagem marcada por uma das raras intercessões do narrador no discurso intradiegético de Dona Aninhas:

> – "Como ele se chama?" – indaguei.
> E ela mesma se pôs a imitá-lo no seu arrastado e pausado falar cantado de homem do norte:
> – "Quintino pra *servi vamecê*" (p. 199).

Os inumeráveis e superlativos atributos de Dona Aninhas (dentre os quais se distingue o talento literário) – lapidados por uma cortesia e uma honradez dignas da classe à qual pertencia a "excelente senhora" – assegurariam, julga o narrador, a credibilidade de sua história. É precisamente neste aspecto que se revela a perspectiva da voz narrativa heterodiegética: as qualidades com as quais infatigavelmente incensa a patroa de Quintino não têm por finalidade afiançar o relato da personagem; ao contrário, é Dona Aninhas quem chancela, por ser a figura que é, a narrativa que essa voz oferece ao leitor.

"Senhor Dom Torres", conto com o qual se encerra a primeira parte do livro, "À Beira do Caminho", também é narrado em terceira pessoa. O narrador comporta-se, a despeito de sua onisciência, como se fosse uma câmera, acompanhando os passos da personagem principal, a quem chama apenas pelo sobrenome. Como a voz narrativa de "Seu Quintino", reporta-se ao protagonista mediante o uso de pronomes anafóricos:

> O criado muito bem posto, grave, de avental branco, colarinho lustroso e gravata preta, depois de lhe escovar, cuidadosamente, o smoking, estendeu-o

rarquia social, descreve, nos parágrafos subsequentes, Mme Aubain e sua residência. Félicité, após a breve menção no final do primeiro parágrafo, só volta a ser nomeada no final do capítulo.

Valter Cesar Pinheiro

sobre a cama; mudou-lhe ainda os botões à camisa, e, sobre o tapete, colocou-lhe o par de escarpins reluzentes.

Antes de o deixar, perguntou-lhe com cerimonial de corte:

– O senhor Dom Torres não necessita de nada?

O Torres, que lia o *Diário Popular*, sentado numa cadeira baixa, ao pé da janela, alçou a cabeça do jornal... (pp. 241-242).

Se o respeito à escala social legitima a disposição com que são apresentadas as personagens de "Seu Quintino" (cujas implicações se refletem na dimensão das falas de Dona Aninhas e de seu empregado[139]), a aparente mudança em "Senhor Dom Torres" – em que, inversamente, é o criado quem antecede ao patrão – não representa senão o nivelamento a que são submetidas personagens que, embora separadas por uma astronômica disparidade econômica, têm origem no mesmo estrato social. Ao fazer tábua rasa da diferença monetária de ambas, o narrador não faz a apologia de uma sociedade igualitária, mas reitera, de forma depreciativa, a opinião segundo a qual é pouco venturosa a ascensão daquele cujo ganho pecuniário não é proporcional ao intelectual, sobretudo quando ao novo-rico falta um sobrenome que lastreie sua fortuna. Tal concepção ressoa nos termos com os quais descreve a residência de Torres:

[...] a sobriedade ali era coisa desconhecida! Não havia um recanto que não ressumasse ao *parvenu*. Tudo se amontoava com excesso: os móveis, as alfaias, as faianças, os quadros que pendiam das paredes... Quem lhe transpunha os portais, como que sentia, em derredor de si, uma preocupação constante, obcecante, de

139. As relações entre poder e palavra, destaca Pierre Clastres em *A Sociedade Contra o Estado*, são intrínsecas: "Falar é antes de tudo deter o poder de falar. Ou, ainda, o exercício do poder assegura o domínio da palavra. Só os senhores podem falar. Quanto aos súditos, estão submetidos ao silêncio do respeito, da veneração ou do terror. Palavra e poder mantêm relacionamentos tais que o desejo de um se realiza na conquista do outro" (p. 106).

Senhor Dom Torres: *Um Début Literário Crepuscular*

lhe atrair a atenção para as riquezas de Torres. Tudo lhe parecia berrar: – *Olhe!*
Veja bem! Dinheiro é que não lhe falta! (p. 252 – itálico do autor).

O descomedimento, a demasia e o desperdício não são, ressalva o
narrador, traços do protagonista. A vulgaridade e o mau gosto que
reinam no palacete são consequência das imposições de Elisabeth,
nora de Torres, em cuja descrição, aviltante, se revela a subjetividade
do narrador:

Verdade, porém, seja dita: sempre fora o Torres contrário a isso. Quem os pusera
nesse pé de vaidade, – como ele costumava dizer, – fora a sua nora, uma mulherzinha
intratável, filha de um tal Eduardo Caminhas, um pretensioso, homem de exíguas
posses, falido em outros tempos, fraudulentamente (pp. 252-253)[140].

Elisabeth, para quem o dinheiro pode comprar quase tudo[141],
crê que o título de nobreza (com o qual Torres é finalmente agraciado) anulará a rejeição de que a família – sobretudo seu filho,
Carlinhos – é vítima: o baronato purgará uma fortuna parcialmente
conquistada de modo ilícito (o sogro é bicheiro) e franquear-lhe-á
portas até então cerradas. Torres, indiferente a essas possibilidades,
resigna-se a contemplar, inerte, a alegria de sua nora. Anti-Monsieur
Jourdain, afirma:

140. "Como ele costumava dizer" pode se referir ao que foi dito anteriormente – "nesse pé
de vaidade" – ou ao que lhe sucede: a descrição da nora. A ambiguidade, intencional,
gera dúvida em relação à autoria do discurso. Sua atribuição exclusiva a Torres não
exime, todavia, o narrador de cumplicidade: a opinião do protagonista apenas ratifica
seu ponto de vista. Vale registrar que é com Elisabeth que o narrador exerce de forma
mais manifesta a sua onisciência ("Mas, intimamente, – agora que tinha o Carlinhos
vinte anos, – começava ela a sofrer: como que lhe descobria, nos gostos, nos hábitos, a
condição plebeia do avô").
141. Menos a "nobreza" "da inteligência, da intelectualidade, do artista": "Essa, sim, não
se compra! Um Anatole France, um Coelho Neto, um Júlio Dantas, rotos, a pedirem
esmola, serão eternamente um Anatole France, um Coelho Neto, um Júlio Dantas"
(pp. 263-264).

111

Valter Cesar Pinheiro

[...] dou-lhes a minha palavra de honra que se eu pudesse imaginar que o dinheiro, que ganhava com o suor do meu rosto, era para acabar os últimos dias da minha vida nesta maçada, assim todo aperreado em etiquetas, – caramba! – preferiria nunca ter amanhado um só vintém! (pp. 265-266).

O narrador, que se compadece do constrangimento familiar a que se subordina Torres e lhe concede a primazia de encerrar, com sua fala, o conto que dá título à coletânea, manifesta adesão ao ponto de vista do protagonista. Pode-se, todavia, perguntar: se Torres, como a personagem molieresca mencionada, por ventura tivesse o irreprimível desejo de ostentar sua fortuna (e, por meio dela, ascender a uma esfera intangível aos oriundos de sua casta), contaria tão placidamente com a aquiescência da voz narrativa? Basta que se lembre de Pelópidas, "excelente rapaz" que, apesar de ter estudado em um dos melhores colégios de São Paulo, não possuía, por lhe faltar "compostura mundana", "os requisitos para ser um excelente diplomata": "Infelizmente", sentencia o narrador, "isso [ser engraçado] lhe não permitia o seu espírito; tudo aquilo era sincero, e as suas gafes de uma tola ingenuidade". Tal qual Pelópidas, Torres também vivia a gafar, mas, ao contrário daquele, *il savait son monde*, o que o pôs a salvo do escárnio do narrador, para quem solidariedade e benevolência não se afiguram como disposições desconexas da percepção de classe.

Eis, em linhas gerais, o perfil das vozes de *Senhor Dom Torres*. A pluralidade de pontos de vista (homo ou heterodiegéticos) e de níveis narrativos (intra, extra ou metadiegéticos) não obnubila o lugar e a perspectiva – unívocos – nos quais se situam os narradores dos contos de René Thiollier: sua posição – moral, ideológica e estética –, a despeito das variações supraditas, permanece estanque. A constituição de um ponto de vista brasileiro, como se nos afigura a contística de Mário de Andrade[142], é bem posterior.

---

142. Aspecto de que tratei em *A França em Contos de Mário de Andrade*: "O que pude observar foi, em linhas gerais, uma lenta e constante aproximação do narrador em relação ao objeto narrado: se em 'Brasília', por exemplo, o ponto de vista vem de fora

Senhor Dom Torres: *Um Début Literário Crepuscular*

A tentativa de abrasileiramento da linguagem literária, entretanto, não era algo inédito: Monteiro Lobato, por exemplo, reproduzira, em *Urupês* (1918) e *Cidades Mortas* (1919), o falar coloquial popular (notadamente da zona rural paulista). Paralelamente, desenvolvera um estilo mais simples, direto, alheio aos excessos nefelibáticos dos parnasianos. Nota-se, porém, a permanência de padrões realistas e naturalistas, dos quais não escapa a configuração das instâncias narrativas. Com ironia, cinismo e humor, outro contemporâneo de Thiollier, Hilário Tácito, faz de citações latinas e renascentistas e de uma escrita com veios de gongorismo um poderoso instrumento de crítica ao provincianismo que grassa no seio da burguesia paulistana (*Madame Pommery*, ressalte-se, foi lançado em livro em 1921). A elite autóctone, contudo, escapa incólume em *Senhor Dom Torres...*

René Thiollier parece andar no mesmo passo do fundador da Companhia Editora Nacional, mas o esmero com que aplica as normas gramaticais lusitanas – inclusive na transcrição dos diálogos[143] – revela um autor ainda preso à estética *fin de siècle*. Nem ácidas nem doces, as vozes de *Senhor Dom Torres* circunscrevem-se nos limites ideológicos do autor, aos quais estão aprisionadas. Indissolutas, são emitidas do mesmo púlpito. Múltiplas, restringem-se ao mesmo comprimento de onda. Conjugadas, esculpem uma polifonia monocromática.

Unicolor, por conseguinte, é a caracterização das principais personagens da coletânea. O olhar que as apreende, modulado pelo campo em que circulam autor, narradores e leitores, é marcado por

---

(quem narra o conto é um diplomata francês), nos *Contos de Belazarte* o ponto de vista é brasileiro, ainda que impregnado de um certo populismo e conservadorismo que data do século XIX (o que talvez se justifique como herança literária...). O narrador rente à personagem, misturado ao homem do povo, mas não se confundindo com este, aparece plenamente configurado e amadurecido nos *Contos Novos*" (pp. 132--133). "Brasília", escrito em 1921 (ano de publicação de *Senhor Dom Torres*), integra o *Primeiro Andar* (1926). Os *Contos de Belazarte* foram publicados em 1934, e os *Contos Novos*, em 1947.

143. Cf. nota 113.

uma sensualidade naturalista de matriz anatoliana. Os contornos de Rosa ("Na Minha Travessa"), Rosinha e Benedita (as "vagabundas de arrabalde" de "Uma Flor no Charco"), potencializados por um meio no qual a exuberância e a concupiscência são proporcionais à miséria, são descritos por uma voz marinada na causalidade fisiológica de fundo determinista.

> Rosa, a mulher de Joaquim Cravo, – se me dela lembro!... como se a dois passos estivesse a vê-la na florescência deslumbradora do seu corpo! Era uma linda trigueira, trêfega e ondulante, de maliciosos peitos buliçosos e aboborados, que tinha um olhar que se desfazia em ternuras e amavios, numas pupilas ardentes e líquidas, sensuais e profundas. Seus braços roliços, a tilintarem de pulseiras, trazia-os ela sempre nus, degolados à altura dos ombros, numa fresca e muito alva camisa de crivo rendilhada, que se afogava na cintura, numa saia de chita, de largos folhos farfalhantes. E era da sua janela baixa de rótulas, que, à tarde, sorria à chusma dos seus cortejadores, mostrando-lhes os preciosos fios dos seus claros dentes sem luras, numa boca cor de sanguínea, desabrochada entre belfos lábios carnudos... (pp. 17-18).

O desejo (inolvidável) do narrador é despertado pelo florejar de Rosa. A morena – que move sua viçosa e buliçosa beleza pelos arredores da rua da Esperança e do beco dos Mosquitos (nos quais germina o baixíssimo meretrício) – alia às suas curvas as ondas que propagam adornos e tecidos baratos e contrapõe à sua penúria (de que é igualmente reflexo a sua quase nudez) formas fartas e voluptuosas. Não ecoa, no espaço corpóreo e sensorial que a delimita, a extenuada e *démodée* languidez romântica das heroínas de outrora...

Rosinha e Benedita, "duas mulherinhas de baixo estalão", deixam--se igualmente "ficar de espreita a uma janela". Rosinha, em aparente simbiose com as roupas que veste, é apresentada aos retalhos:

> [...] descia de um banquinho de madeira, deixando-lhes perceber, lindamen-te torneado, um soberbo pedaço de perna. Estava de chinelinhas sem meias; apenas vestida, com uma blusa de chita, que lhe modelava os seios espipados,

Senhor Dom Torres: *Um Début Literário Crepuscular*

arrepanhada de lado na cintura, e uma saia branca muito fina, franjada, cheia de remendos. Era moça. Muito moça mesmo. Devia de orçar por uns dezoito anos. E formosíssima, de uma beleza capitosa! Os seus lábios escarlates desfranziam-se num sorriso de eterna alegria. Tinha uma boca pequenina em que alvejava uma dentadura perfeita, de uma brancura imaculada. Os seus olhos eram ridentes, rasgados em amêndoa; o seu narizinho rebitado e brejeiro, – bastíssima a sua cabeleira cor de azeviche (pp. 226-227).

Rosinha recende a candura. De sua brancura emanam pureza e juvenilidade. É sobre um banquinho-pedestal que a vestal do charco é registrada pelas lentes do narrador. De beleza marmórea (a despeito de suas nada helênicas narinas), quase imóvel, a modelo realça a improvável graça de seus andrajos. Sua delicadeza, talhada a cinzel, é reiterada por uma paradoxal conjugação de diminutivos e superlativos.

Da mulata Benedita, revela-se ao leitor o não-revelado: a imagem do filme negativo. Capturada pela câmera escura no sombrio porão da rua do Curtume, Benedita tem sua efígie decalcada, sem depuração (ou lavada nas águas pútridas do charco?), no tecido discursivo.

Volveram-se eles a saudá-la. Viram que melhor lhe não podia calhar o nome que tinha. Era com efeito uma mulata; uma mulata de cabelos lisos, coquete em relação ao corpo, – limpa, perfumada, trescalando a pecado pelos poros. Tinha os beiços carnudos e sensuais; os seios anafados; palpitantes as asas do nariz; e os seus olhos, por onde se lhe coava, lânguida e daninha, a alma pervertida de devassa profissional, eram úmidos, quebrados e lascivos.

Apresentava-se como a companheira, – toda descomposta, numa seminudez abandalhada, de camisa de crivo e saia branca, fumando um cigarrinho de palha (p. 228).

A retina narrativa, interpretando de forma chã o único elemento que distingue Rosinha de Benedita (a cor da pele), atribui a perfis xi-pófagos qualidades antagônicas: à alva inocência da primeira opõe-se a escura e escusa devassidão da segunda; à cândida e imaculada beleza de uma, a perversa e pecaminosa lascívia da outra. Rosinha inebria a visão; Benedita, o olfato. Entre ambas, Rosa, linda trigueira cuja boca, cor de maçã, prenuncia transgressões futuras. Rosinha, a branca, cala. Rosa, a morena, sugere. Benedita, a negra, explicita. Mais circunspecto é o retrato de Maria Elisa ("Meu Amor"). Impondo-se os limites de conveniência que reclama o matrimônio, o narrador descreve a esposa de Nazário com parcimônia, restringindo-se aos contornos perscrutáveis pelo vestido com o qual, sublinhe-se, a personagem havia ido à missa.

> Estava ela uma beleza, nessa manhã. Vinha muito rosada, de volta da missa, no seu vestido de guipure negro, que lhe moldava o corpo elegante e senhoril, deixando-lhe perceber, com discrição, o contorno das espáduas, as curvas do seu busto, as linhas flexíveis dos seus quadris (pp. 169-170).

Por decoro, os peitos cedem lugar ao busto; o bulício, à flexibilidade; o coquetismo vulgar, à sobriedade senhorial; a chita e o crivo branco, à delicada guipure preta; braços nus abarrotados de pulseiras, a mãozinhas enluvadas: Maria Elisa é uma mulher casada.

As regras de *bienséance* aplicadas a Adelina, amásia de Julião ("O Quanto Pode uma Saudade"), são mais maleáveis. Na caracterização da portuguesa, amalgamam-se os preconceitos atribuídos às artistas e às mulheres que conduziam suas vidas afetivas fora dos padrões juridicamente estabelecidos[144]. A estrangeira é a única, ressalte-se, a ter sua intimidade devassada pelo narrador. Suas pressupostas práticas sexuais são, todavia, interpoladas pelos devaneios de Julião.

> Depois, invadido de fadiga, estirou-se de costas, de olhos engolfados nas trevas, os braços abertos em cruz. Pôs-se a pensar. E ela? Onde estaria àquela hora? Estaria também por ventura acordada, a reviver pela imaginação o trechozinho de vida que ali vivera ao seu lado, – as noites que dormira aconchegada a ele? E o

---

144. Não raros eram os bordéis denominados *pensions d'artistes...*

Senhor Dom Torres: *Um Début Literário Crepuscular*

coração latejou-lhe; arrepiaram-se-lhe as carnes à lembrança da sua divina nudez albi-rosada, do redondo dos seus seiozinhos rijos e pontudos, da curva dos seus quadris, da maciez dos seus braços, do perfume inebriante que dela se desprendia, – e das muitas vezes que, interrompendo-lhe o sono, se atirava em cima dele, e, enlaçando-o, num abraço ardente, procurava-lhe os lábios, – abocanhava-lhos – e dizia-lhe, junto ao ouvido, num entrecortado de suspirozinhos, convulsa de lascívia, árdega de desejos: – "Tenho tanta fominha de ti!" (pp. 50-51).

A voz narrativa, pudica ou pusilânime, adoça a cena. As tórridas lembranças de Julião (Adelina acabara de partir!) desmancham-se em diminutivos infantis de baixa libidinosidade e têm por remate o discreto registro de uma ereção... Dentro de seus limites, "O Quanto Pode uma Saudade" reverbera um gênero que alcançou larga repercussão no crepúsculo do século xix: o das narrativas passionais de forte apelo carnal, cujo exemplo mais bem acabado é *Le Lys Rouge*[145].

Benedita e Viriato, negros, ocupam os únicos espaços que seus traços étnicos poderiam pleitear. Nos frementes anos vinte[146], é ainda inverossímil imaginá-los em outros ambientes de sociabilidade. A voz que os descreve, refletindo a percepção dominante nas classes dirigentes, atenua a repulsa enaltecendo qualidades que remetem à ideia oposta: Benedita é, de acordo com a passagem citada, eugenicamente limpa e perfumada[147], tal qual Carolina (a "Tia Nastácia" de Dona Aninhas), "sempre muito asseada, muito sécia, de avental branco,

---

145. Do qual segue, à guisa de exemplo, uma pequena passagem: "Quand ils [Dechartre et Thérèse] revinrent à eux, ils eurent des gaietés d'enfant. Ils riaient, disaient des riens, jouaient, mordaient aux limons, aux oranges, aux pastèques amassés près d'eux sur des assiettes peintes. N'ayant gardé que la fine chemise rose, qui, glissant en écharpe sur l'épaule, découvrait un sein et voilait l'autre, dont la pointe rougissait à travers, elle jouissait de sa chair offerte. Ses lèvres s'entr'ouvraient sur l'éclair de ses dents humides. Elle demandait, avec une coquete inquiétude, s'il n'était pas déçu après le rêve savant qu'il avait fait d'elle" (p. 255).

146. Termo emprestado de Nicolau Sevcenko.

147. A Sociedade Eugênica de São Paulo foi fundada em 1918. Dentre seus admiradores, destacava-se Monteiro Lobato.

Valter Cesar Pinheiro

com uma touca branca a cingir-lhe os cabelos empalmados na testa".
Assim como Viriato, o faz-tudo de Gervásio ("O Cobertor do Tio
Nazaré") e de Dona Genoveva ("A Fama de Baltazar"), Benedita não
tem lábios, mas beiços[148].

Outro tipo retratado em *Senhor Dom Torres* (e, posteriormente,
em *A Louca do Juqueri* e *Folheando a Vida*) é o doutor, praga que se
propalara por todo o Brasil, envolvendo a nação "numa atmosfera de
doutorice", como afirmara Eça de Queirós[149]. Sobressai, nos contos de
Thiollier, o prolixo Pessoa ("De Cartola e Sobrecasaca"), que se jacta
de sua erudição, tão afetada e empolada quanto sua suposta mocidade.

– Montesquieu... – (e lá vinha Montesquieu, após uma meia dúzia de filósofos:
dir-se-ia que o Pessoa os havia lido na véspera, tal a precisão com que falava neles)
– Montesquieu, nas suas *Cartas Persas*, às páginas 96 e 97, bem nos diz: "Somos
tão cegos que não sabemos quando nos devemos afligir, ou regozijar. Quantas
e quantas vezes não somos tomados de falsas tristezas ou de falsas alegrias?" –
Por que, pergunto-lhes eu, não havíamos de saudar a Morte com uma taça de
champanha, e carpir ao pé do berço de um recém-nascido?" – Nasci, sem saber
por quê, – confessou Gassendi, ao fim da sua vida, – e morro agora sem saber
como e por quê. – Não, meus caros senhores, consideremos com o grande poeta
francês: *Lorsque tant d'horreurs le trépas délivre / Est-ce un si grand malheur que
de cesser de vivre?*" (pp. 103-104).

E repetia, num péssimo francês, os lindos versos de Racine (p. 105).

É com fastio ("E lá vinha Montesquieu") que a voz narrativa transcreve o discurso de Pessoa. A despropositada indicação de página

---

148. "O negro, nesse dia, parecia mais beiçudo que nos outros. Tinha as ventas mais dilata-
das. Alguma coisa certamente que lhe alegrava a alma" (p. 90).

149. Eça de Queirós, "Carta de Eça a Eduardo Prado", *Eça de Queirós, Júlio Pomar*, p. 21. O
narrador de *Folheando a Vida* faz referência a esta carta (cf. cap. VII: "O Drama Íntimo
de Indalécio").

confirma o quão propaladas eram as *Lettres persanes* em determinados círculos leitores, mormente o constituído pelos egressos das Arcadas. Pessoa, todavia, cita a obra de Montesquieu em português[150]. A primeira passagem, "Somos tão cegos que não sabemos quando nos devemos afligir, ou regozijar", traduz literalmente a frase original: "Nous sommes si aveugles que nous ne savons quand nous devons nous affliger ou nous réjouir"; a segunda, "Quantas e quantas vezes não somos tomados de falsas tristezas ou de falsas alegrias?", transforma em pergunta uma afirmação cujo intuito é esclarecer a sentença anterior (à qual se pospõe após dois pontos): "nous n'avons presque jamais que de fausses tristesses ou de fausses joies". A questão formulada por Pessoa, indebitamente apropriada ("Por que, pergunto-lhes eu, não havíamos de saudar a Morte com uma taça de champanha, e carpir ao pé do berço de um recém-nascido?"), também é extraída da carta xl: "Je voudrais bannir les pompes fúnebres: il faut pleurer les hommes à leur naissance, et non pas à leur mort"[151].

Pessoa faz, igualmente, referência a Gassendi, autor da *De vita et moribus Epicuri*[152]. Responsável pela retomada, no século xvii, do pensamento do filósofo grego, o astrônomo francês é mencionado por Anatole France em seu *Jardin d'Epicure*. Bilac, como já se viu, faz alusão à obra anatoliana em *Ironia e Piedade*, livro de onde, por seu turno, Thiollier seleciona a epígrafe de *Senhor Dom Torres*... "Je suis né sans savoir pourquoi, j'ai vécu sans savoir comment et je meurs sans savoir ni pourquoi ni comment", teria dito Gassendi. Pessoa o cita em termos mais sintéticos, provavelmente oriundos de manuais escolares de filosofia e literatura: "Nasci, sem saber por quê, [...] e morro agora sem saber como e por quê".

---

150. Procedimento diverso adotara o autor: as epígrafes de "O Cobertor do Tio Nazaré", conto que precede a "De Cartola e Sobrecasaca", foram transcritas em francês.
151. Montesquieu, "Lettre XL: Usbek à Ibben, à Smyrne", *Lettres persanes*, pp. 70-71.
152. Sua obra, escrita em latim, só recentemente começou a ser traduzida para o francês, cf. o catálogo do Fonds d'étude Gassendi (Médiathèque Intercommunale des Trois Vallées), disponível *online*: www.gassendi.fr.

Valter Cesar Pinheiro

Seu discurso chega a termo com versos do inominado "grande poeta francês" – "Lorsque tant d'horreurs le trépas délivre / Est-ce un si grand malheur que de cesser de vivre?" –, posteriormente atribuídos a Racine. A citação, repetida "num péssimo francês", retoma, com leve alteração, uma fala de *Phèdre*[153]. A crítica à forma – que vai do artificialismo da precisão da citação à pronúncia imperfeita em língua estrangeira – sugere uma má assimilação do conteúdo: Pessoa, como muitos de nossos doutores, seria um autômato pernóstico, um simulacro de intelectual (como o são Gervásio, Baltazar, Pelópidas, Anacleto Paixão...). A censura a personagens dessa "espécie" não será abrandada nas obras subsequentes de René Thiollier, que, entretanto, poupará seu *alter ego*, Drumond (*Folheando a Vida*), perquirido, a despeito dos traços que o aproximam das personagens supraditas, sem o mesmo rigor ou acidez.

Urraca ("O Ladrão"), advogado "cujo nome não se fartavam de publicar diariamente os jornais, umas vezes com pomposa adjetivação nas listas do *high-life*, outras como acionista poderoso de empresas de toda a sorte", é também proveniente da confraria franciscana. Afonso, no relato de seu reencontro com o colega de faculdade, faz referência à obra *Le temple enseveli*, de Maurice Maeterlinck, mencionado por Urraca. Laureado com o Prêmio Nobel em 1911, o simbolista belga era moeda corrente entre literatos brasileiros nos primeiros decênios do século passado: foi traduzido por Nestor Vítor em 1902 (*La Sagesse et la Destinée*), encenado pela primeira vez no Brasil em 1918 (*Pelléas et Mélisande*), seus versos servem de epígrafe ao primeiro livro de Manuel Bandeira, *A Cinza das Horas*

---

153. "Mourons: de tant d'horreurs qu'un trépas me délivre. / Est-ce un malheur si grand que de cesser de vivre?" (Ato III, cena 3, versos 857-858), declara Fedra a Enone, prenunciando a desgraça de que é, ao mesmo tempo, culpada e vítima.

Senhor Dom Torres: *Um Début Literário Crepuscular*

(1917)[154], e é citado por Mário de Andrade na "Advertência Inicial" de *Primeiro Andar* (1925)[155].

E, abrindo o volume [de *O Templo Sepultado*], folheando-lhe febrilmente as páginas, passou-mo, apontando-me um longo trecho, anotado, à margem, a lápis azul.

O grande pensador [Maeterlinck] explanava-se deste modo a respeito do "Passado": – "Podemos temer o Destino, não há dúvida. Mas, ainda assim, é um deus que nem a todos atinge. Ao passo que ninguém pode contestar a força do Passado. A todo o tempo, tarde, ou cedo, não há quem não lhe sinta os efeitos!"[156] (pp. 117-118).

São da lavra do autor de *L'oiseau bleu* as palavras – assinaladas em azul – com as quais Urraca justifica seu agro presente (fruto de seus pouco dóceis atos pretéritos). Tal como fizera Pessoa ao mencionar Montesquieu, Urraca cita Maeterlinck em português[157], naquele que é, aliás, o momento capital do diálogo entre os companheiros das Arcadas. Ao contrário daquele, todavia, este não representa o douto de fachada; mas sua sapiência, tardia, não o põe a salvo do infortúnio atual. Perfis moralmente condenáveis, deles se distancia a voz narrativa homodiegética, que atribui a outrem a vivisseção e a crítica de que ambos são objeto: Demétrio, ciente dos malefícios de sua intempestiva reação contra Pessoa, admite: "E na vida, meu caro, nós necessitamos da claque dos medalhões..."; Afonso, ao relatar as desventuras de Urraca, sentencia: "[...] como é bom, neste mundo, nunca ter feito

---

154. "Mon âme en est triste à la fin, / Elle est triste enfin d'être lasse, / Elle est lasse enfin d'être en vain", retirada das edições subsequentes.

155. Informações extraídas da tese de Laura Biasoli Moler, *Da Palavra ao Silêncio: O Teatro Simbolista de Maurice Maeterlinck*, pp. 39-41.

156. No original: "On peut douter du destin. C'est un dieu dont beaucoup ne subissent pas l'atteinte. Mais personne ne songe à contester la force du passé. Il paraît impossible de n'en point éprouver tôt ou tard les effets" (Maurice Maeterlinck, *Le temple enseveli*, p. 204).

157. Não há registro de tradução de *Le temple enseveli* para a língua vernácula.

Valter Cesar Pinheiro

a gente chorar ninguém!" Entre a vaidade de uns e o julgamento de outros, pairam os *Caractères*, dos quais se extrairiam, sem dificuldade, máximas que ilustrariam cada uma das personagens da coletânea[158]. A elas associar-se-iam, da mesma forma, os vícios condenados pelos *Eclesiastes*: Urraca, como se viu, é tiranizado pela avareza e pela gula (cobiça); Rosa e Adelina, pela luxúria; Pelópidas, pela preguiça; o rancoroso Bernardo, pela ira. A vaidade e a inveja traspassam múltiplas personagens (dentre as quais Gervásio e Pessoa), completando o ciclo dos pecados capitais. *Senhor Dom Torres* seria, sob este aspecto, uma edulcorada ode à virtude?

Parte substancial da rotina das personagens letradas – Jonas, Bernardo, Nazário e Urraca, além, evidentemente, das vozes homodiegéticas implicadas em suas próprias narrativas – desenrola-se no ambiente doméstico. A perceptível identidade entre os *incipit* de "O Cobertor do Tio Nazaré", "Coração de Boêmio" e "Meu Amor" – à qual já se fez menção – revela o quão significativo é, para as personagens masculinas, o território familiar, que, entretanto, não é retratado indistintamente em sua unidade.

Bernardo, ainda "frescamente abotoado numa quinzena de linho", inicia sua jornada no gabinete de trabalho, recinto no qual reinam absolutos uma abundante correspondência e um telefone, indicadores incontestes de pertencimento a um estrato social elevado. A porta permanece fechada: Bernardo só sairá de seu estúdio, "lugar explicitamen-

---

158. "Rien ne fait mieux comprendre le peu de chose que Dieu croit donner aux hommes, en leur abandonnant les richesses, l'argent, les grands établissements et les autres biens, que la dispensation qu'il en fait, et le genre d'hommes qui en sont le mieux pourvus" ("Des biens de fortune", 24º fragmento, pp. 186-187). Não é a mensagem que Afonso transmite a seus familiares? "L'on dit à la cour du bien de quelqu'un pour deux raisons: la première, afin qu'il apprenne que nous disons du bien de lui; la seconde, afin qu'il en dise de nous" ("De la cour", 36º fragmento, p. 232). Não é a síntese do pensamento de Demétrio?

Senhor Dom Torres: *Um Début Literário Crepuscular*

te reconhecido como arena do chefe da casa"[159], após ter respondido a uma chamada telefônica: "E levantou-se precipitadamente; abriu a porta; chamou pela criada: – [...] Traze-me o fraque preto, o chapéu, e avisa o chofer que me prepare o automóvel!" A referência ao *staff* doméstico sinaliza seu poderio econômico; aos trajes solicitados, seu grau de distinção social; ao veículo, sua circulação nas altas-rodas.

"De pijama, ao pé da janela", Nazário "parecia sonhar imóvel" entre livros e papéis quando Maria Elisa, sua esposa, entrou sorridente em sua sala de trabalho. "Não sabia que estavas aí, 'seu' maroto!", disse-lhe ela, pois, se o soubesse, não teria invadido (presume-se) o espaço reservado a seu marido. Masculino, o ambiente exala sobriedade e sofisticação: à banca de charão, "carregada de livros" (sugestionando uma atividade intelectual intensa), juntam-se uma estante – na qual se destaca o busto de Voltaire – e uma poltrona. Sua pouca luminosidade o distingue dos espaços marcadamente sociais da residência, nos quais, provavelmente, imperariam o luxo e o brilho dos cristais e da argentaria.

Espaço privado, o escritório é, igualmente, o local no qual se recebem os amigos. É em seu gabinete, "com os livros espalhados pelos cantos, e, na atmosfera, um sarro enjoativo de cigarro", que Gervásio recepciona Jonas; é no espaço doméstico mais acentuadamente masculino, rodeado de livros e de objetos que evidenciam sua condição abastada, que Urraca acolhe Afonso, seu colega de profissão:

Fui. No seu palacete suntuoso, suntuosamente trastejado, levou-me o criado para a sua biblioteca, – e ali esperei largo espaço, demorando a vista pelos seus livros, pelos seus bibelôs, pelas suas jarras carinhosamente floridas, pelos quadros e pelos ricos gobelins, que pendiam do teto, escondendo as paredes... (p. 115).

O resplendor daquele opulento domínio senhorial é violentamente enturvado com a chegada de seu soberano. Tapeçarias francesas mas-

---

159. Vânia Carneiro de Carvalho, *Gênero e Artefato: O Sistema Doméstico na Perspectiva da Cultura Material – São Paulo, 1870-1920*, p. 137.

Valter Cesar Pinheiro

caram as imperfeições e os sinais do tempo impregnados nas paredes do palacete, mas não encobrem o envelhecimento de seu proprietário, que carrega, nas feições e no porte, rastos de uma trajetória marcada pela usura e pela indiferença[160].

É do gabinete que se manifestam as vozes homodiegéticas. O narrador de "Na Minha Travessa" revela-nos:

> Inebriantes momentos tenho agora logrado desfrutar, destramando, por fragmentos, fugitivas reminiscências dispersas; a rememorá-los a todos aqui, a sós, estirado para cima da minha *chaise-longue*, na minha sala de trabalho, muito propositalmente mergulhada em trevas, com as janelas abertas sobre o quintal, enquanto, sonhante, espasmo os olhos na lua, que cresce cheia, serena, na serenidade da noite (pp. 16-17).

A biblioteca, intencionalmente sombria, é propícia à reflexão e à introspecção: a *chaise-longue* assegura a seu usuário conforto para meditação e leitura; e o silêncio, o ambiente necessário para que os narradores homodiegéticos, com livros e diários em mãos, possam entabular suas histórias. Entretanto, a constante referência ao escritório[161] abre campo para a impostura e o cabotinismo: é neste espaço, reservado ao prestigioso trabalho intelectual, que Thiollier quer ser visto por seus leitores. A escolha da torre da Villa Fortunata como estampa de seu *ex-libris*[162] não é involuntária!

---

160. "[...] não lhe descobri, na fisionomia, a prosperidade que imaginava. Achei-o avelhantado, meio trôpego no andar; as feições enrugadas, os cabelos embranquecidos, e, no olhar mortiço um quê de uma tristeza indefinível..." (pp. 115-116).

161. Espaço que é, reitere-se, eminentemente masculino. Lembre-se que Dona Aninhas, "senhora de largos espíritos [... que] daria, por certo, uma excelente escritora", relata a comovente história de Seu Quintino na sala de jantar.

162. A julgar pelos ácidos comentários de Joel Silveira (que recebeu de Assis Chateaubriand a alcunha de "A Víbora"), essa imagem fixou-se no *grand monde* paulistano: "O grã-finismo também tem os seus 'intelectuais', os seus literatos. Para qualquer grã-

Senhor Dom Torres: *Um Début Literário Crepuscular*

Em boa parte das narrativas são reproduzidos ambientes domésticos de gente abonada: excetuando-se Rosa – a "linda trigueira" de outrora, Osvaldo – o moribundo amigo de Bernardo, Seu Quintino – o caseiro de Dona Aninhas, e Rosinha e Benedita – as prostitutas da rua do Curtume, as demais personagens de *Senhor Dom Torres* vivem não apenas sob as mais convenientes e salubres condições, mas também sob a égide de um confortável (e caro) aparato tecnológico e humano: automóvel, telefone, guarda-roupa apurado, empregados domésticos. Moram, por conseguinte, nas regiões mais urbanizadas da capital paulista.

O perímetro central da cidade, cujas margens mal ultrapassam o quadrilátero formado pelas ruas Florêncio de Abreu e 25 de Março, Senador Feijó e Sete de Abril, Ipiranga e dos Andradas (cruzando a São João), e Mauá (paralela à linha de trem), é mencionado somente no primeiro conto. O narrador, no preâmbulo à história de Rosa, descreve, com saudosismo, o entorno da Catedral da Sé:

Nasci e cresci na travessa da Sé, junto ao mosteiro de Santa Teresa. O que dele, hoje, resta – Oh, céus!... Bem escassa coisa.

Mas, que importa? Embora, dia a dia, acelerado se vá o cenário mudando, e tudo impiedosamente se transformando nesta Babel, odiosa de cosmopolitismo, que tão enregelada de indiferença se mostra pela encantadora simpleza de seus bons tempos de outrora, como que fugindo-lhe às pressas, corada, agastada e sobranceira, à feição de uma párvoa tripeira entesourada de riquezas; esquivando-

-fino paulista, por exemplo, o maior escritor de São Paulo é o Sr. René Thiollier. René Thiollier já é um cidadão bastante velho. Mas continua rico e elegante. Sua residência é muito famosa: chama-se Villa Fortunata e possui, entre outras surpresas, uma torre fina como um minarete. É lá em cima da torre, num pequeno gabinete, que Thiollier faz sua literatura, uma mistura de versos acomodados e ensaios históricos sem grandes ousadias" (Joel Silveira, *A Milésima Segunda Noite da Avenida Paulista*, p. 18. Texto originalmente publicado em 1943, na revista *Diretrizes*). Sobre as características espaciais, o mobiliário e a decoração dos escritórios residenciais paulistanos, cf. Vânia Carneiro de Carvalho, "O *Hall* e o Escritório", *op. cit.*, pp. 134-156.

Valter Cesar Pinheiro

-se, arredando de si a doce e nostálgica sugestão das suas Tradições – sempre presente terei aos ouvidos, e, até aos meus últimos dias de vida, guardá-lo-ei, o suave badalar do seu sininho, ao piscar das estrelas pelas Ave Marias, o seu repicar festivo, com que, no alvor das madrugadas, se punha a anunciar a entrada das missas... (pp. 11-12).

O *boom* de desenvolvimento que se espraia pela cidade arlequinal não desvaira o narrador, que nostalgicamente se volta para uma idílica Pauliceia, menos singela que fantasiosa, a salvo do turbilhão expansionista e do afluxo de imigrantes que a solapariam. A velha cidade, comoção de sua vida, seria vítima de uma era marcada pelo desprezo do passado (e suas tradições) e o culto do futuro[163].

O "orgulho máximo de ser paulistamente" desse narrador-escritor, diferentemente do de alguns de seus pares (dentre os quais Alcântara Machado, que celebrará, em 1927, a figura do ítalo-paulista em *Brás, Bexiga e Barra Funda*), ignora a presença estrangeira na capital: Adelina, a amante portuguesa de Julião, retorna à terra natal; o garçom do *Garonne* não sobe a Serra do Mar; e o criado japonês de Clotilde e Zeferino, tal qual o patrício que trabalhará para a família Souza Costa (do andradiano *Amar, Verbo Intransitivo*), permanecerá no limbo. O apego à sintaxe lusa, portanto, não encobre somente um pendor estético: subjaz, na supervalorização do português castiço, uma visão de mundo (na acepção ideológica do termo) que não abarca (nem abraça) o alienígena. É surpreendente que as alusões aos *oriundi*, em uma seleta de contos ambientados na São Paulo da *Belle Époque*, sejam tão pouco significativas: ao lado do declaradamente italiano Pietro (vizinho de quarto de Osvaldo), artista cômico da Companhia Tomba[164], destaca-se apenas o provável ascendente Gervásio, que fará,

---

163. "Le Manifeste du Futurisme" de Marinetti foi publicado em 20 de fevereiro de 1909, no jornal *Le Figaro*. Thiollier encontrava-se na Europa naquele ano.

164. Dirigida por Raphael Tomba, apresentou-se no Brasil entre 1893 e 1894 (cf. Edson Santos Silva, *A Dramaturgia Portuguesa nos Palcos Paulistanos: 1864 a 1898*, pp. 58 e 143).

Senhor Dom Torres: *Um Début Literário Crepuscular*

a pedido do xx de Setembro, uma conferência no Teatro Colombo[165]: no solo piratiningano de *Senhor Dom Torres*, o paulistanês de Juó Bananére[166] praticamente não ressoa.

É com "arroubos de enternecimento" que a voz narrativa de "Na Minha Travessa", instalada em seu confortável palacete, rememora o velho Largo da Sé, no qual indistintamente circulavam "pachorrentas azêmolas canhestras", "meretrizes seresmas", "facinorosos vagabundos" e os cocheiros da praça, "em ociosa algazarra". Asseguram a verossimilhança de suas lembranças não apenas a já mencionada referência à avó materna, mas também a alusão a ruas e a estabelecimentos reais: na rua do Imperador, o "Bazar do Povo" – casa de quinquilharias; na rua da Esperança, "vendolas infectas e alfurjas de meretrizes"; na rua da Fundição, "uma padaria francesa"; e próximo à Igreja de São Pedro (onde hoje se localiza o edifício da Caixa Econômica Federal), a Drogaria Baruel, "[que], por certo, não tinha o aspecto nobremente apalaçado que tem hoje", e o Café Girondino, "amolachado, surrado e fétido". O perspicaz e meticuloso olhar do menino, prenúncio do jornalista que, nas primeiras décadas do século xx, colaboraria com inúmeros periódicos paulistanos (dentre os quais a *Revista Feminina*, na qual alguns contos de *Senhor Dom Torres* seriam publicados), é, todavia, encabrestado pelo discurso da voz adulta, cuja perspectiva, como já apontado, é compactuada pelos demais narradores da coletânea.

As personagens que dispõem de poder econômico (e, consequentemente, de acesso fácil às classes dirigentes) não residem no centro, mas nos bairros que lhe são adjacentes: Julião mora na Bela Vista (perto da rua Frei Caneca), tal qual Jonas, que, com o atraso do bonde, desce a rua da Consolação a pé. Torres, em virtude de sua assombrosa

---

165. O xx de Setembro era uma associação voltada para os italianos provenientes da Toscana. O Teatro Colombo, conhecido pelos preços acessíveis de seus espetáculos, ao alcance da classe operária nascente, pertencia à Companhia Dramática Italiana. Fundado em 1908, localizava-se no Largo da Concórdia, no Brás.

166. *La Divina Increnca* foi lançada em 1915.

Valter Cesar Pinheiro

ascensão social, deixara o Brás, no limite do perímetro urbano leste, e instalara-se em Higienópolis, bairro provido de água e rede de esgoto, na fronteira oeste (entre a Avenida Angélica, que, no início do século xx, demarcava as áreas urbana e suburbana, e o córrego Pacaembu). Por quais espaços de sociabilidade transitam essas personagens? Foi no Teatro São José, no qual se encenava a opereta *A Princesa dos Dólares* (*Die Dollarprinzessin*), de Leo Fall, que Julião conhecera Adelina[167]. Não é essa apresentação, todavia, que rememora Julião no dia em que a portuguesa parte a bordo do *Garonne*. Acorre-lhe a lembrança de um baile de carnaval no Cassino Antarctica[168], na saída do qual presenciara a morte de uma renomada prostituta, Chiquita. É igualmente no Cassino, "[que] abrig[a], debaixo de seu teto, tudo quanto S. Paulo possui de chique, de fino, de requintadamente elegante", que Bernardo assiste, após o enterro de Osvaldo, realizado no Cemitério do Araçá, à opereta *A Gheisa*[169]. Não menos importantes são as alusões ao Teatro Municipal, dedicado à música lírica e às montagens operísticas, inaugurado em 1911. Em seus saguões ocorreria o

167. Com capacidade para 1. 200 espectadores, o São José foi, no século xix, o mais importante teatro paulistano. Localizava-se no Largo de São Gonçalo, atual Praça Doutor João Mendes. Destruído por um incêndio em 1898, foi reinaugurado, no início do século xx, em novo endereço, próximo ao Viaduto do Chá. Com a abertura do Teatro Municipal, o novo São José foi demolido. No terreno, foi construída a sede da Companhia Light and Power (atual Shopping Light). *A Princesa dos Dólares* foi apresentada no Teatro São José em julho de 1912, em montagem da Companhia Lahoz (cf. Maira Mariano, *Um Resgate do Teatro Nacional: O Teatro Brasileiro nas Revistas de São Paulo (1901-1922)*, p. 31). O narrador-personagem das *Memórias Sentimentais de João Miramar*, publicadas em 1924, igualmente se encanta por uma cantora que atua nesta opereta: Gisella Doni (21º fragmento: "Claque").
168. Casa de shows especializada em teatro de revista, o Cassino Antarctica foi aberto ao público em 1913. Situava-se no Anhangabaú, próximo ao Viaduto de Santa Ifigênia, inaugurado no mesmo ano.
169. *The Geisha, a Story of a Tea House*, de Sidney Jones, estreou em 1896. Integra o rol de peças musicais marcadas pelo Japonismo, cujo expoente é *Madama Butterfly*, de Puccini (1904). O novo Teatro São José foi reaberto em 1909 com esta opereta (cf. Sábato Magaldi & Maria Thereza Vargas, *Cem Anos de Teatro em São Paulo (1875-1974)*, p. 50).

Senhor Dom Torres: *Um Début Literário Crepuscular*

baile a que tanto desejava ir Maria Elisa, contrariando o propósito de seu marido, Nazário, para quem o lugar da mulher seria o lar, alimentando o calor do *foyer*. É em seu palco, igualmente, que teve lugar a temporada lírica francesa cuja lembrança é o mote da penúltima narrativa do livro, "A Prisão de São Lázaro".

Os ambientes frequentados pela elite paulistana restringem-se, no primeiro livro de contos de René Thiollier, àqueles consagrados à arte e à cultura[170]. Clubes, prostíbulos de luxo ou restaurantes mundanos, esferas de urbanidade igualmente relevantes, somente serão retratados em obras posteriores. No primeiro volume de contos do cronista social, jantares diplomáticos ou cabarés à altura da nobre estirpe bandeirante são encontráveis apenas na *Avenue Kléber* ou nas *boîtes* da *Butte*...

Se as vozes narrativas ignoram os imigrantes e a considerável massa operária paulistana (e, por conseguinte, as manifestações e greves que eclodiram na capital ao longo da década de 1910), isso não significa que não tenham registrado o cotidiano de outros estratos sociais. Entremeados de referências reais, os contos seriam inverossímeis se neles não fossem representados segmentos que, alijados das decisões políticas, foram de capital importância para o desenvolvimento da urbe. Desses grupos, contudo, os narradores e as personagens supracitadas apartam-se por um profundo fosso: quando a distância não é temporal – em "Na Minha Travessa", por exemplo, o narrador-personagem que descreve as tumultuosas ruelas do Largo da Sé, conhecendo todos seus habitantes, distingue-se daquele que, anos depois, relata a história de Rosa do alto de sua torre –, é demarcada por uma barreira física, espacial: é dentro de seu carro, momentaneamente bloqueado pela carroça de um leiteiro, que Bernardo examina a pujante feira livre do

---

170. A despeito das múltiplas descrições de bibliotecas particulares, não há uma única menção às livrarias paulistanas nas narrativas, ausência que se torna ainda mais grave se associada às origens do autor (e à sua infância nas dependências da Livraria Garraux).

Largo do Arouche. Não obstante o ritmo pulsante com que retratam os transeuntes e o comércio popular ("Vibrante era o marralhar dos seus pregões canoros; álacre, vozeante a multidão que se alastrava a compras!"), faltam, ao narrador e a Bernardo, convivência, intimidade e contato com a turba. Não por acaso, têm contornos indefinidos os distritos nos quais moram Rosinha, Benedita e Seu Quintino, situados fora do perímetro urbano[171]. Sobre a rua do Curtume e seu entorno, no bairro da Lapa, narrador e personagens silenciam. Pedro, sedento e febril, lamenta-se: "Tão longe que estamos da cidade! E esta maldita rua do Curtume que não tem fim!". Do distante Jaguaré, de onde se ouvia remotamente o badalar do sino da Igreja do Calvário, Dona Aninhas nada comenta, e da rua Carneiro Leão, no Brás, refletem-se apenas as reminiscências de Torres, que lá tivera um hotel, e o relato de Marcolino, que, alienado de sua própria condição, se restringe a observações comezinhas sobre a vida alheia. Os efeitos da modernização na Pauliceia, tão evidentes quanto impactantes no primeiro quartel do século xx, foram deixados "à beira do caminho". Tampouco as ilustrações dos contos, realizadas por artistas como Voltolino – caricaturista sensível à causa operária e conhecedor dos densamente povoados bairros proletários –, aglutinam ao livro as cores dos "sandapilários indiferentes" ou das "juvenilidades auriverdes" andradianos. São as frisas do Municipal, do São José e do Cassino Antarctica o habitat natural das vozes narrativas de *Senhor Dom Torres* (afinadíssimas com o coro dos "orientalismos convencionais"), a despeito do que dirá Thiollier, anos mais tarde, no já mencionado prefácio de *O Homem da Galeria*[172].

Por fim, assinala-se a referência a duas importantes necrópoles da capital paulista: os Cemitérios da Consolação e do Araçá, que con-

---

171. Delimitado por Higienópolis, Consolação, Bela Vista, Vila Mariana, Aclimação, Cambuci, Mooca, Brás, Luz, Bom Retiro, Campos Elíseos e Barra Funda.
172. Cf. passagem transcrita no início deste capítulo.

Senhor Dom Torres: *Um Début Literário Crepuscular*

tam entre os mais antigos do município e nos quais estão sepultadas inúmeras personalidades brasileiras[173].

A morte é um tema recorrente na coletânea: os episódios de abertura e encerramento têm por objeto o triste fim de Rosa e Alexandre De Metz, separados pelo tempo, pela distância e pelos quatorze contos que se interpolam entre ambos. Na tortuosa estrada que vai do Largo da Sé à suíça Davos-Dorf, perecem Silvério, Osvaldo e Seu Quintino, e seus funerais são entretecidos de citações de Montaigne, Racine, La Bruyère, Montesquieu, Rousseau, Labiche, Hérédia e Bilac, contra as quais pouco podem as referências a Maeterlinck e Anatole France, ainda vivos. *Senhor Dom Torres* configura-se, assim, como um relicário de lembranças de autores e obras que Thiollier, na contracorrente de seus contemporâneos mais ilustres, reluta em inumar no panteão destinado aos "Mestres do Passado"[174]. De cartola e sobrecasaca, o grão-senhor da Villa Fortunata rememora, com "arroubos de enternecimento", "a repousada e remansosa paz de [uma] província" que "impiedosamente" se transformara no palco de bailados russos que tanto encantava a nova geração. De costas para a modernização, René Thiollier debuta na literatura com memórias sentimentais que ignoram os recursos literários em voga em sua segunda pátria e menoscabam o embate que se engendra nos porões da sociedade paulista (com impactos – dos quais não escapará ileso – no movediço binômio estética / política).

Tópos sintomático, presságio do destino reservado às agrodoces reminiscências de seu autor, a morte é o elo que permeia as duas

---

173. O terceiro cemitério mais antigo de São Paulo, situado no Brás, parece fora do raio de alcance dos narradores de *Senhor Dom Torres*. Nele, todavia, terá lugar um dos contos mais acentuadamente paulistanos de *A Louca do Juqueri*, "Hamlet na Quarta Parada".

174. Nome de uma série de artigos publicados por Mário de Andrade no *Jornal do Commercio*, sob a direção de René Thiollier, em agosto de 1921. Os ensaios, dedicados a Francisca Júlia, Raimundo Correa, Alberto de Oliveira, Olavo Bilac e Vicente de Carvalho, têm epígrafes de artistas contemporâneos (vivos ou recentemente falecidos): Blaise Cendrars, Apollinaire, Moréas e Soffici, entre outros.

Valter Cesar Pinheiro

partes em que se subdivide o livro, "À Beira do Caminho" e "Episódios da Vida Errante". A segunda, aliás, era o título escolhido para a futura recolha, como indica a nota constante da primeira versão de "Os Prisioneiros da Morte", intitulada "Ao Luar... Os Prisioneiros da Morte", publicada em dezembro de 1920 na *Revista Feminina*: "Do Livro Inédito: *Episódios da Vida Errante*"[175]. Em ambas as partes, em que pese a imensa desproporção que as distingue, é significativa a incidência de experiências vividas pelo autor, trazidas à tona, como observado, sob discutível roupagem literária. Todavia, a maior parte das narrativas tem por locutor uma voz que, a despeito de seu irretorquível parentesco com a voz autoral, é *outra*. Eis a razão pela qual, parece-me, o título anteriormente imaginado por Thiollier para a sua obra de estreia foi alterado. É também plausível acreditar que o escritor já tivesse em mente, ao fazer a substituição do título da coletânea, o livro que publicaria seis anos depois, *O Homem da Galeria: Ecos de uma Época*, articulado por episódios, ambientados em cidades as mais diversas (Santos, São Paulo, Poços de Caldas, São João del-Rei...), de que tomara parte. Há, na cisão do conjunto, uma aparente justificativa geográfica: os contos "da vida errante" desenrolam-se em cidades europeias (Paris e Davos-Dorf), ao passo que aqueles que se situam "à beira do caminho" têm lugar em São Paulo. Entretanto, "Pelópidas Diplomata", que integra a primeira parte da obra, é ambientado em Paris, *Avenue Kléber...*

Leitmotiv que se desdobra em múltiplas acepções – decadência, esgotamento, depauperamento –, a morte não traspassa apenas as memórias e histórias que o autor busca revivificar e perenizar: sintoma de um olhar que se volta incessantemente para o passado, ela materializa-se na escrita, no estilo e em uma perspectiva narrativa que, nostálgica e ensimesmada, revela o quão pouco absorveu o au-

---

175. Cf., no capítulo anterior, a lista de contos publicados pelo autor na *Revista Feminina*.

Senhor Dom Torres: *Um Début Literário Crepuscular*

tor, em suas erráticas incursões pelo mundo, das novas experiências estéticas. *Senhor Dom Torres*, primogênito que nasce velho, crítico da modernidade cujos reflexos, na literatura, em breve eclodiriam na capital paulistana, encerra, em sua temática, linguagem, visão de mundo e referências, um século que ficou para trás. "Que nasce velho" talvez seja um eufemismo. Para a história literária, *Senhor Dom Torres* é um natimorto.

Almoço no Hotel Términus, 1922. Em primeiro plano, Oswald de Andrade. Sentados, da esquerda para a direita: Rubens Borba de Moraes, Luís Aranha e Tácito de Almeida. Em pé, da esquerda para a direita: Couto de Barros, Manuel Bandeira, Mário de Andrade, Sampaio Vidal, Cândido Mota Filho, Francesco Pettinati, Paulo Prado, Flamínio Ferreira, Graça Aranha, *René Thiollier,* Manuel Villaboim e Gofredo da Silva Telles. Acervo Iconographia.

A *Louca do Juqueri*: Um (In)esperado Refluxo

Decorridos dezessete anos da publicação de *Senhor Dom Torres*, René Thiollier lança, em 1938, seu segundo volume de contos: *A Louca do Juqueri*. Aos 54 anos de idade, o castelão da Villa Fortunata vira seus direitos banais ultrapassarem os limites de seus domínios e estenderem-se à Academia Paulista de Letras, cujas reuniões, por falta de sede própria, frequentemente aconteciam em sua residência. Eleito para a cadeira nº 12 ("a convite, não foi forçando a porta"[1]) em setembro de 1934, tomou posse, no *foyer* do Teatro Municipal, em novembro do ano seguinte.

E foi uma das noitadas esplendorosas da Academia. Todo o alto mundo ali esteve presente. Tudo quanto S. Paulo possui de fino, de requintadamente elegante. As mulheres que floriam o ambiente e os homens, que as acompanhavam, eram, na mor parte, portadores de grandes nomes tradicionais. A sociedade ainda conservava um pouco daquele seu aspecto de *cercle fermé* de outros tempos[2].

Em setembro de 1936, é nomeado secretário-geral do sodalício. Com o prestígio alcançado pela *Revista da Academia Paulista de Letras*, periódico de circulação trimestral que fundaria no ano seguinte e que,

---

1. "No Mundo da Imortalidade", *Episódios de Minha Vida*, p. 151.
2. *Idem*, p. 155.

Valter Cesar Pinheiro

por quinze anos, dirigiria despoticamente[3], será aclamado, em 1941, Secretário Perpétuo. Nesse momento, Thiollier, perto de completar sessenta anos, atinge o ponto máximo de sua carreira literária. Depois do livro de estreia, o autor publicara outras duas obras: *O Homem da Galeria: Ecos de uma Época*, em 1927, e *Um Grande Chefe Abolicionista: Antônio Bento*, em 1932.

O Homem da Galeria segue o padrão de edição de *Senhor Dom Torres*. O reemprego da moldura (com cores diferentes: o verde aspargo transmudou-se em branco, e o fundo, que era verde opaco, em vermelho coral) torna mínimo o contraste entre as duas capas. Na cobertura do novo livro, no entanto, informam-se somente o nome do autor e o título da obra (em fonte distinta da que fora utilizada no livro de contos). O subtítulo, *Ecos de uma época*, aparece exclusivamente na página de rosto. Não há, nas folhas iniciais ou finais do volume, menção à editora responsável pela publicação: no frontispício, lê-se "Depositária: Livraria Teixeira" (seguida de endereço na capital paulista), e, na última página, a designação das Oficinas da Casa Mayença, que editara *Senhor Dom Torres*, como local de impressão[4]. Tampouco há, na plaqueta dedicada a seu tio materno, Antônio Bento, referência

---

3. E no qual (re)publicaria muitos de seus contos. O inédito "O Crime da Mulata", quarta narrativa de *A Louca do Juqueri*, saiu no primeiro número da *Revista*, em 12 de novembro de 1937.

4. No verso da falsa folha de rosto, a relação de obras do autor é ligeiramente diferente daquela apresentada no livro anterior: à lista de livros publicados é acrescentado *Senhor Dom Torres* ("2ª edição esgotada"), e a menção à tradução espanhola de *A História de um Sonho* (obra não localizada) é suprimida. Dos quatro títulos que aguardariam publicação, três reaparecem no segundo livro: *Zaías, o Barrabás* (com alteração no subtítulo: "novela socialista" torna-se "sátira política"), *As Crianças* (com o mesmo subtítulo: "páginas suaves") e *Batista Cepelos*, que, como mencionado no capítulo precedente, integrará *Episódios de Minha Vida*, publicado em 1956. O quarto título, *Ecos de uma Época* ("impressões literárias"), corresponderia ao volume apresentado. Além dessas, três outras obras são anunciadas: *Milonguita Tavares* ("estudos de costumes"), *O Brasil à Margem do Cabotinismo* e a 3ª edição, "inteiramente refundida, 'edição definitiva'", de *Senhor Dom Torres*. Nenhuma delas será editada.

A Louca do Juqueri: Um (In)esperado Refluxo

à casa editora. Na folha de rosto, constam apenas os nomes do autor e da obra e o ano de seu lançamento; nas páginas subsequentes, figuram a indicação do número de exemplares impressos – duzentos – e o nome daquele a quem o livro foi dedicado: Félix Pacheco.

Destacam-se, entre os dez ensaios que compõem *O Homem da Galeria*[5], os relatos que têm por objeto eventos que marcariam a história da cultura brasileira: "A Semana de Arte Moderna"[6] (dedicado a Paulo

---

5. Aos quais se acrescenta um conto: "A Madona do Bexiga".

6. O artigo teria saído, dias após a realização da Semana, no *Jornal do Commercio* (cf. Maria Augusta Fonseca, *op. cit.*, p. 137). Foi reproduzido em *A Semana de Arte Moderna (depoimento inédito)*, pp. 39-51. Não há, aliás, indicação do ano de publicação deste opúsculo, impresso pela Editora Cupolo. As críticas que recebera de Almeida Fischer – em nota no jornal carioca *A Manhã* (04.09.1944) – e, "dias depois", de Alceste (Brito Broca) – em sua coluna no vespertino paulista *A Gazeta* – a propósito de um fragmento de *Folheando a Vida* publicado na revista *Clima* em agosto de 1944 (nº 13, pp. 96-97) estão na origem da "revisita" à Semana. Fischer e Alceste opõem-se à ácida e desfavorável leitura do movimento modernista entabulada por Tico, personagem de *Folheando* (o trecho publicado na *Clima* foi extraído do sexto capítulo do romance, "O Suicida do Cassino", publicado no 24º número da *Revista da Academia Paulista de Letras*, de dezembro de 1943, pp. 72-84). Thiollier reage ao golpe e divulga, no 28º volume da *Revista da Academia* (dezembro de 1944), sua resposta: "*Folheando a Vida* e a Semana de Arte Moderna" (pp. 156-159). Em *A Semana de Arte Moderna (depoimento inédito)*, Thiollier transcreve, ao lado do artigo que publicara em *O Homem da Galeria*, o trecho de *Folheando a Vida* divulgado na *Clima*, as censuras de Fischer e Alceste e a resposta que lhes endereçara na *Revista da Academia Paulista de Letras*. Afirma: "É possível que o personagem, que aparece num dos capítulos do *Folheando a Vida*, houvesse carregado um pouco na crítica que fez da 'Semana', mas isso é lá por conta dele; eu nada tenho que ver com o modo de ser e de pensar dos personagens do *Folheando a Vida*" (pp. 24-25). Quanto à sua participação na Semana, comprova, mediante a reprodução do recibo de aluguel do Teatro Municipal e de cartas de Paulo Prado, Ronald de Carvalho e Graça Aranha, que, "por mais extravagante que possa parecer, quem organizou a 'Semana de Arte Moderna de 1922'" foi ele (p. 62). Na relação de obras do autor apresentada no verso da página de rosto dos *Episódios de Minha Vida*, publicados em 1956, desponta o "depoimento inédito". *A Semana de Arte Moderna* foi, portanto, editada entre 1945 e 1955. A dedicatória do exemplar oferecido a Blaise Cendrars data de 25 de maio de 1954 (cf. Alexandre Eulalio, *A Aventura Brasileira de Blaise Cendrars*, p. 360).

Valter Cesar Pinheiro

Prado[7]) e "De São Paulo a São João del-Rei"[8], que descreve a famosa viagem a Minas Gerais empreendida pela trinca modernista – Mário, Oswald e Tarsila –, Dona Olívia Guedes Penteado, Gofredo da Silva Telles, Blaise Cendrars e René Thiollier. Passada a "fase de demolição" – e tendo produzido obras importantes como *Pau-Brasil* –, o movimento modernista buscava, na segunda metade da década de 1920, a construção de uma literatura fundamentada no "elemento brasileiro". A viagem a Minas assume, neste contexto, um papel preponderante. Detalhe curioso: o autor omite de sua narrativa, riquíssima em pormenores (dentre os quais sobressaem pitorescas observações sobre o poeta suíço), um ponto relevante: ele regressa a São Paulo antes do restante da comitiva[9].

Da coletânea, também se distinguem "O Cubismo e o Sorriso da Joconda", artigo em que Thiollier defende a pintura moderna, "Anatole France", escrito para a *Revista do Brasil* quando do falecimento do escritor francês[10], e "A Literatura no Brasil e o Pão Nosso de Cada Dia", no qual o autor, apoiado nos exemplos de Anatole France,

7. "E o fautor verdadeiro da Semana de Arte Moderna foi Paulo Prado. E só mesmo uma figura como ele e uma cidade grande mas provinciana como São Paulo poderiam fazer o movimento modernista e objetivá-lo na Semana", dirá Mário de Andrade na famosa conferência de 1942 ("O Movimento Modernista", *Aspectos da Literatura Brasileira*, p. 235). *Macunaíma*, lançado um ano após *O Homem da Galeria*, também é dedicado a Paulo Prado.

8. Retranscrição, com modificações, de um artigo publicado no primeiro número de *Terra Roxa e Outras Terras* (20.01.1926, p. 2), intitulado "Nós, em São João del-Rei". No final do texto, uma nota: "De *O Homem da Galeria*". Os sete números do jornal dirigido por Alcântara Machado foram publicados em 1926. Precedem, por conseguinte, ao lançamento do livro de René Thiollier. O volume, como comprova a lista de obras "a seguir" anunciada em *Senhor Dom Torres*, era um projeto antigo. O ensaio, modificado, será republicado, em 19.08.1962, no *Jornal do Commercio*, sob o título de "Blaise Cendrars no Brasil".

9. Alexandre Eulalio, *op. cit.*, p. 71. O texto de Thiollier, sublinhe-se, é um dos principais documentos sobre os quais se baseia este clássico estudo sobre as relações de Blaise Cendrars com o Brasil.

10. *Revista do Brasil*, nº 106 (outubro de 1924), pp. 97-98.

A Louca do Juqueri: *Um (In)esperado Refluxo*

Remy de Gourmont, Maurice Rostand e Paul Géraldy, abraça a ideia segundo a qual todo escritor tem de ter um emprego que lhe garanta o sustento, pois escrever não seria uma profissão. *O Homem da Galeria*, portanto, revela que René Thiollier sempre esteve, a despeito do assumido desconhecimento de autores e obras que encantavam a intrépida trupe paulistana ("Estranhos e arrevesados eram os nomes que se me timbravam com apuro aos ouvidos"[11]) e de suas discretas incursões no proscênio modernista, no olho do furacão cultural paulistano. Se não imprime à sua narrativa um caráter apologético, Thiollier tampouco faz tábua rasa da Semana. Não compartilha do entusiasmo de que fora tomado Paulo Prado[12] nem se alia àqueles que virulentamente criticam o discurso iconoclasta de Graça Aranha ("Aquilo nada mais era do que um punhado de ideias muito propositadamente concertadas ao sabor da 'Semana'"[13]). Thiollier atesta, ao assentar sua participação em eventos tão significativos para a nossa história cultural, que não pegara carona no bonde modernista: fora, ao contrário, passageiro de primeira classe. A lamentar, o fato de não ter ousado, diversamente de outros que também fizeram seu registro – dos "defensores" da Semana, como Mário e Oswald, a seus "detratores", como Mário Pinto Serva e Plínio Salgado –, explicitar seu ponto de vista ("E assim, lá se foi a 'Semana'... Por uns, considerada como um desastre completo; por outros, como um esplendidíssimo sucesso sem precedente"[14]), o que, indubitavelmente, relegou seus apontamentos a um quase esquecimento.

---

11. "A Semana de Arte Moderna", p. 96.
12. Ao artigo publicado no *Jornal do Commercio*, assim reagira Paulo Prado (em carta, com data de 27 de março, endereçada ao autor): "Pois então todo esse valente e belíssimo trabalho da Semana de Arte Moderna nem ao menos convenceu e conquistou o seu inteligente e ativo organizador?" [*A Semana de Arte Moderna (depoimento inédito)*, pp. 51-52].
13. "A Semana de Arte Moderna", p. 102.
14. *Idem*, p. 105.

Um Grande Chefe Abolicionista: Antônio Bento, publicado em 1932[15], destaca a importância de Antônio Bento no movimento abolicionista em São Paulo. "Dizia o conselheiro Antônio Prado", afirma Thiollier no *incipit* de seu estudo, "que se não fosse Antônio Bento e José do Patrocínio a abolição da escravatura não se teria feito tão cedo no Brasil". Com efeito, foi o tio de René Thiollier quem assumiu a chefia do partido abolicionista em São Paulo após a morte de Luiz Gama, em 1882. Foi ele, igualmente, quem organizou o Movimento dos Caifazes, responsável pela articulação de fugas coletivas de escravos de fazendas do interior paulista: enviados ao quilombo do Jabaquara (Santos), os escravos eram posteriormente remetidos ao Ceará, que já decretara a liberdade aos negros. No bojo da publicação desse ensaio e da participação na Revolução Constitucionalista de 1932 subjaz o paulistismo de Thiollier, que adquirirá contornos ainda mais acentuados em *Folheando a Vida*.

A Louca do Juqueri: Contos foi publicada em 1938 pela Vieira Pontes & Cia – Livraria Teixeira[16]. Na parte superior da capa (correspondente a 60% da superfície da página), traça-se, em linhas brancas sobre um fundo azul cobalto, o contorno de cinco mulheres (uma das quais, deitada sobre um banco) que, aparentemente ao léu, vagueiam em uma área limitada por cercas e árvores. A figura – representando as internas do manicômio do Juqueri – ilustrará, ao lado de outras cinco gravuras, a narrativa que dá nome à coletânea. Na seção inferior, destacam-se, em caracteres pretos, os nomes do autor e da obra (título e subtítulo).

Repetindo, pois, o procedimento adotado no livro de estreia, Thiollier dá à nova recolha o título de um de seus contos. Para tanto, novamente escolhe uma narrativa cuja denominação remete a uma personagem de relevo. Se na primeira obra o nome do protagonista

---

15. Republicado na *Revista da Academia Paulista de Letras*, nº 49, 12.03.1950, pp. 104-111.
16. Vieira Pontes era proprietário da Livraria Teixeira, provável editora de *O Homem da Galeria*, do qual era depositária.

A Louca do Juqueri: *Um (In)esperado Refluxo*

– Torres – é evocado no título, nesta, ao contrário, a heroína (Beatriz) tem seu nome – traço marcador de individualidade e personalidade – omitido em favor de um epíteto que a deprecia. A Torres não é atribuída uma alcunha que o avilte. Longe disso: "o bicheiro do Brás" vê seu nome antecedido pelo aristocrático "Senhor Dom" (que, entretanto, adquire uma tonalidade irônica no interior da narrativa). Beatriz não tem a mesma sorte: a frágil filha adotiva de D. Raimunda tem alienadas memória e identidade, restringindo-se, pelo qualificativo que lhe é impingido na cobertura do livro, a uma desvalida interna do Juqueri. A menção ao hospício, sobejamente conhecido dos paulistas, torna-

Valter Cesar Pinheiro

-se, por consequência, o elemento que ancora a seleta à terra mátria do autor e seus leitores[17].

O subtítulo, remático, indica o gênero ao qual pertencem as narrativas e contrasta, pela síntese e objetividade, com a imprecisão dos subtítulos das obras precedentes: "páginas agrodoces" e "ecos de uma época". A ênfase no gênero – contos – confere aos escritos têmpera artística, valorizando-os. Escudado pela imortalidade há pouco conquistada na Academia Paulista, Thiollier não escamoteia, por insegurança ou modéstia, sua verve literária.

Nas páginas ulteriores à folha de rosto, vicejam informações paratextuais. Os desenhos teriam sido obra de Tarsila do Amaral, Flávio de Carvalho e João Brito. Das dez narrativas, sete são ilustradas com uma única figura; uma ("Na Casa de Hermengarda"), com quatro; outra ("Hamlet na Quarta Parada"), com cinco; e a primeira do livro ("A Louca do Juqueri"), com seis, perfazendo um total de 22 imagens. Somente três gravuras têm assinatura de autor: a que adorna "O Crime da Mulata", de Tarsila do Amaral, e duas de "Na Casa de Hermengarda", de Flávio de Carvalho, que, pressupõe-se, deve ter criado as demais imagens que ornamentam o último conto do livro. Nenhuma figura é creditada ao português João Brito, que, conduzido por Cásper Líbero à redação do jornal *A Gazeta*, alcançara renome assinando o quadrinho "Semana a Lápis".

---

17. Thiollier, em seu discurso de posse na Academia Paulista de Letras, publicado no sexto número da *Revista* (junho de 1939, pp. 78-84), rende homenagem a seu antecessor, o médico Alberto Seabra (1872-1934). Fundador da cadeira nº 12 (cujo patrono é Paulo Egídio), Seabra, um dos primeiros cientistas a estudar a obra de Freud no Brasil, trabalhou por muitos anos no Hospício do Juqueri e na Santa Casa de Misericórdia de São Paulo. No elogio, Thiollier faz múltiplas referências à obra do médico e ao manicômio paulista. Evidencia-se, na escolha do título de seu segundo livro de ficção, o interesse do autor pelas entidades que se aplicam a "vigiar e punir". Aos ambientes nos quais se desenrolam as duas últimas narrativas de *Senhor Dom Torres*, "A Prisão de São Lázaro" e "Os Prisioneiros da Morte", reservados aos criminosos e aos tísicos, acrescenta-se agora um terceiro, destinado aos psicopatas.

A Louca do Juqueri: *Um (In)esperado Refluxo*

Não se discrimina, nas páginas iniciais, o responsável pela ilustração da capa. Sabe-se que Flávio de Carvalho, que fundara, com Di Cavalcanti, Antônio Gomide e Carlos Prado – artistas com quem dividia um ateliê nas imediações do Anhangabaú –, em 1932, o Clube dos Artistas Modernos[18] (do qual seria o primeiro presidente), organizou, em agosto de 1933, o "Mês das Crianças e dos Loucos"[19], evento no qual foram expostos, nas dependências do CAM, trabalhos realizados por internos do Hospital do Juqueri. No Primeiro Salão de Maio, em 1937, Carvalho apresentou uma conferência intitulada "O Aspecto Mórbido e Psicológico da Arte Moderna". Teria, por conseguinte, as credenciais necessárias para conceber, com mestria, a arte visual do livro. Cotejando-se os desenhos que ilustram a principal narrativa da obra (dos quais, reitere-se, se extraiu a gravura que figura na capa) com aqueles cuja autoria é conhecida, percebe-se, todavia, que os primeiros têm inegáveis marcas tarsilianas: o traçado das construções (no qual se distinguem os telhados e as janelas em ⊓), dos automóveis

18. O artista registra a origem do grupo em "Recordação do Clube dos Artistas Modernos", publicado na RASM – *Revista Anual do Salão de Maio*, edição relativa à terceira (e última) realização da mostra, em 1939. Nesta revista, aliás, há um artigo assinado por Oswald de Andrade Filho no qual são apresentados, em linhas gerais, os salões anteriores ("Primeiro e Segundo Salão de Maio"). O filho de Oswald de Andrade refere-se à importância de Flávio de Carvalho para o sucesso destes salões nos seguintes termos: "Sem dúvida alguma o progresso apresentado pelo segundo Salão de Maio foi enorme. Um dos fatores máximos desse progresso foi Flávio de Carvalho. Tomou ele parte ativa na sua organização. Foi quem trouxe até S. Paulo os artistas modernos do estrangeiro. Agora Flávio está orientando o atual Salão e promete-nos grandes coisas. De fato, continuando com a orientação que tomou, o Salão de Maio está fadado a realizar no futuro um movimento não apenas de arte nacional, mas até internacional, contribuindo assim para a cultura brasileira e para a nossa propaganda no exterior." Os Salões, realizados nos anos de 1937 a 1939, retomam o caminho encetado pela Sociedade dos Pró-Arte Moderna, SPAM, criada em 1932 por Lasar Segall, da qual Thiollier era membro (cf. Paulo Monteiro, "Salões de Maio", e nota 53 do capítulo precedente).
19. Sobre esta mostra, cf. Raquel Amin & Lucia Reily, "Estudo Documental do Mês das Crianças e dos Loucos em São Paulo – 1933" e, das mesmas autoras, "O Clube dos Artistas Modernos: um Celeiro de Encontros Insólitos".

Valter Cesar Pinheiro

e dos corpos (perfis, estrutura dos membros, indefinição do rosto) aproxima a imagem assinada por Tarsila[20] àquelas que integram o primeiro conto.

À vista disso, é muito provável que a ilustração da capa seja da lavra da progenitora do *Abaporu*, que, não obstante sua não-participação na Semana de Arte Moderna de 1922[21] (a artista encontrava-se em Paris), se tornaria, graças à enorme repercussão das telas que pintara nos anos subsequentes à realização do evento paulistano (dentre as quais se acentuam *Chapéu Azul*, de 1922, *Manteau Rouge*, *A Negra* e *A Caipirinha*, de 1923, *Morro da Favela*, *Carnaval em Madureira* e *EFCB*, de 1924, e *Urutu* e *Abaporu*, de 1928), a estrela maior de nossas artes plásticas. Vale lembrar que, da "viagem de redescoberta do Brasil", excursão da qual participaram Thiollier e Tarsila, resultaram *Feuilles de route* (1924), de Blaise Cendrars, e *Pau-Brasil* (1925), de Oswald de Andrade, com gravuras confeccionadas por Tarsila. Não faltava à musa do modernismo brasileiro, portanto, experiência neste tipo de produção artística.

Por fim, destaca-se, em página inteira, o retrato do autor, desenhado pelo pintor Dimitri Ismailovitch[22] (que, no ano anterior, reproduzira, em carvão sobre papel, o rosto e o perfil de Mário de Andrade).

20. Tarsila participou das duas primeiras edições do Salão de Maio. Escreveu, para o *Diário de São Paulo*, as crônicas "II Salão de Maio" (28.05.1938) e "Artes Plásticas: III Salão de Maio e Círculo de Cultura" (12.02.1939), republicadas em *Crônicas e Outros Escritos de Tarsila do Amaral*, pp. 334-336 e 374-376.

21. Diferentemente de Antônio Paim Vieira, autor da capa de *Senhor Dom Torres*, que assinara, com Yan de Almeida Prado, dois trabalhos expostos no saguão do Teatro Municipal.

22. Dimitri Ismailovitch (1890-1976) nasceu em Satanov (Ucrânia). Em 1919, fugindo do regime soviético, parte para a Turquia. Expõe na Grécia e nos Estados Unidos. Desembarca, em 1927, na cidade do Rio de Janeiro, e, com a ajuda de Graça Aranha, introduz-se nos círculos artísticos e intelectuais da capital. Em São Paulo, realiza uma exposição individual em 1933 (a convite de Lasar Segall e com suporte financeiro de Dona Olívia Guedes Penteado). No mesmo ano, participa da decoração do baile da Sociedade dos Pró-Arte Moderna. Em 1937, ano em que se naturaliza brasileiro, ilustra *Mucambos do*

A Louca do Juqueri: *Um (In)esperado Refluxo*

Retrato de René Thiollier por Dimitri Ismailovitch.

Para ilustrar seu novo livro, René Thiollier contou, mais uma vez, com os préstimos de renomados artistas plásticos brasileiros. A escolha de uma modernista tríade de ilustradores talentosos, polêmicos[23] e badaladíssimos nos meios literários paulistanos revelaria a intenção de obliquamente associar *A Louca do Juqueri* à estética que se impusera na década anterior? Os preceitos modernistas teriam transposto as fronteiras peritextuais e penetrado as narrativas que a obra enfeixa ou circunscrever-se-iam nos limites de uma expressão pictórica urdida por mãos alheias?

Nordeste, de Gilberto Freyre. Faleceu no Rio de Janeiro. (cf. George Ermakoff, *Dicionário Biográfico Ilustrado de Personalidades da História do Brasil*, pp. 625-627).

23. Basta que se lembre da *Experiência nº 2* de Flávio de Carvalho, realizada em 1931. Tarsila, em movimento oposto, volta-se, ao longo da década de 1930, mais para o social, como atestam *Operários* e *Segunda Classe*, telas de 1933, e *Crianças (orfanato)*, de 1935, que seguem a tendência apontada, em relação à literatura, por João Luiz Lafetá em *1930: a Crítica e o Modernismo*.

Valter Cesar Pinheiro

As citações que se pospõem à gravura de Ismailovitch prenunciam uma resposta. A trindade de epigrafados, se não santa, é olímpica: Voltaire, Beethoven e Rodin. De seu plúmbeo legado, a despeito de sua inequívoca dimensão universal (ou, talvez, por causa dela), esquivaram-se (ou deglutiram-no?), todavia, dez anos antes do lançamento de *A Louca do Juqueri,* Bopp, Oswald e Tarsila no "Manifesto Antropófago", e Cassiano Ricardo e Mário, em *Martim Cererê* e *Macunaíma.* Na contramão do que pressupusera Mário, em 1936[24], as epígrafes escolhidas por Thiollier são exclusivamente gálicas. A primeira – "Il faut être neuf sans être bizarre"[25] –, de Voltaire, é extraída de *Candide*; a segunda – "Beaucoup d'effets avec peu de moyens"[26] –, de Beethoven,

24. "Já se foi o tempo em que bastava ao artista nacional ter muito talento. Hoje se recuer o homem que tenha o seu talento dignificado por uma cultura cada vez mais sólida e exigente. [...] Os brasileiros continuam a ler enormemente os livros franceses, a admirar e amar a França no que ela tem de admirável e amável. Apenas, pelo seu próprio engrandecimento, e pelas circunstâncias atuais do mundo, o brasileiro não pode mais se empobrecer num exclusivo amor..." (Mário de Andrade, "Decadência da Influência Francesa no Brasil", *Vida Literária*, pp. 4-5. Artigo originalmente publicado no *Diário da Manhã*, de Recife, em 16.04.1936).

25. "L'homme de goût expliqua très bien comment une pièce pouvait avoir quelque intérêt et n'avoir presque aucun mérite; il prouva en peu de mots que ce n'était pas assez d'amener une ou deux de ces situations qu'on trouve dans tous les romans, et qui séduisent toujours les spectateurs, mais qu'il faut être neuf sans être bizarre, souvent sublime, et toujours naturel; connaître le coeur humain et le faire parler; être grand poète sans que jamais aucun personnage de la pièce paraisse poète; savoir parfaitement sa langue, la parler avec pureté, avec une harmonie continue, sans que jamais la rime coûte rien au sens." (Voltaire, *Romans et contes*, pp. 208-209).

26 "Il faisait mieux que d'admirer les oeuvres classiques: il les comprenait dans ce qu'elles avaient de fort et d'éternel. Les fréquentes observations qu'il faisait à leur sujet, si l'on en juge par celles qui nous ont été rapportées, indiquaient une justesse, une profondeur de compréhension surprenantes. Il n'est pas douteux aussi que ces lectures ont exercé une influence considérable sur son oeuvre musicale: c'est à elles qu'il demandait le point de départ de ses compositions; c'est d'elles qu'il apprenait à analyser ses sentiments, à noter, comme seul il l'a su parmi les musiciens, toutes les phases et tous les détours d'une émotion. L'amour passionné de la simplicité, sa devise favorite: 'Beaucoup d'effets avec peu de moyens', n'est-ce pas dans la littérature classique qu'il a trouvé la confirmation de ces tendances que lui suggérait sa nature, mais qui allaient entièrement

A Louca do Juqueri: *Um (In)esperado Refluxo*

de "La jeunesse de Beethoven", de Théodore de Wyzewa; e a terceira –
"La grande difficulté et le comble de l'art c'est de dessiner, de peindre,
d'écrire avec naturel et simplicité"[27] –, de Rodin.
Configura-se, com a tríplice citação, um esboço de poética, que,
ao menos na aparência, é totalizante[28]. A literatura, a música e a
escultura expressam as complexas dimensões de nossa percepção e
imaginação em formas corpóreas que se distinguem e se completam.
As epígrafes, que primam pela moderação, são uma resposta tardia
às experiências mais ousadas realizadas na década anterior[29]. As duas
primeiras, que preconizam o comedimento no fazer artístico, ma-

à l'inverse du goût de son époque?" (Théodore de Wyzewa, "La jeunesse de Beethoven",
Revue des deux mondes, tome XCV, 15.09.1889. O trecho citado por Thiollier encontra-se
na p. 443).

27. "Au contraire, il faut posséder une technique (consommée pour dissimuler ce qu'on
sait). Sans doute, pour le vulgaire, les jongleurs qui exécutent des fioritures avec leur
crayon ou qui confectionnent d'étourdissantes pyrotechnies de couleurs ou qui écri-
vent des phrases émaillées de mots bizarres, sont les plus habiles gens du monde. Mais
la grande difficulté et le comble de l'art, c'est de dessiner, de peindre, d'écrire avec
naturel et simplicité. Vous venez de voir une peinture, vous venez de lire une page; vous
n'avez pris garde ni au dessin, ni à la coloration, ni au style, mais vous êtes ému jusqu'au
fond du coeur. N'ayez crainte de vous tromper: le dessin, la coloration, le style sont
d'une technique parfaite" (Auguste Rodin, "Le dessin et la couleur", *L'Art: entretiens
réunis par Paul Gsell*, pp. 132-133).

28. Cf. Jean Chevalier & Alain Gheerbrant, "Três", *Dicionário de Símbolos*, pp. 899-902.

29. Com novos desdobramentos cinco anos depois do lançamento de *A Louca do Juqueri*, na
já mencionada crítica realizada por Tico ao "Ovo Botado de Bruço", poema "da quarta
dimensão" de Janjão Godói. A citação de Voltaire, ressalte-se, é reempregada por Thiollier
no supracitado opúsculo *A Semana de Arte Moderna*: "Diz Alceste que eu não tomei parte
na famosa assembleia; como figurante no elenco dos artistas é possível. A minha orientação, *naquele tempo*, era outra. Eu pensava como Voltaire – 'qu'il faut être neuf sans être
bizarre'. Demais a mais, eu havia chegado da Europa, onde estivera largos anos, e o que
se ia realizar em São Paulo, em 1922, era uma coisa que lá já havia passado de moda, a
ninguém mais interessava" (grifos meus, pp. 25-26). Entende-se, por conseguinte, que as
inclinações estéticas do autor, no final dos anos trinta, já seriam outras. Todavia, a julgar
pela citação que encabeça o tríptico de epígrafes de *A Louca do Juqueri*, a biruta literária
de Thiollier, a despeito do turbilhão que assolou o país ao longo da década de 1920, per-
manecera estática.

147

Valter Cesar Pinheiro

nam de fontes clássicas[30]. A que mais se aproxima da arte moderna é a terceira, apartada das anteriores por um século de experiências estéticas. Não por acaso, foi forjada por um artista plástico. Em *Senhor Dom Torres*, Paim, Wasth Rodrigues e Voltolino contracenam com La Bruyère e Montesquieu. Gleizes, no supracitado *O Homem da Galeria*, é tão estimado quanto Vasari. Ao fim e ao cabo, Thiollier parece mais aberto à modernidade que se constrói com formas e imagens do que àquela que se elabora com palavras[31]. Subjacente a esta micropoética, manifesta-se o anseio do autor de estabelecer com seus leitores um diálogo que tenha por objeto o fazer literário. Essa discussão, também na forma de citação, aprofundar-se-á nas epígrafes de *Folheando a Vida*.

Por ora, ficam as conjecturas. "Muitos efeitos com poucos meios": a quais recursos o autor se refere? Que múltiplos resultados espera alcançar valendo-se de um inquebrantável registro linguístico lusitano e de modos e instâncias narrativas que não variam de coloratura ao longo do livro? "Escrever com simplicidade": tem esse preceito em vista um escritor que, no instante em que o status literário do falar brasileiro se consolida, ainda contrai pronomes átonos[32], relíquias de casa velha há muito abandonadas por nossos literatos?

---

30. O romantismo de Beethoven é mais de "inspiração" do que de linguagem. É um artista que está na charneira do Classicismo e do Romantismo (de que é prova a 3ª Sinfonia, "Eroica"). A afirmação da epígrafe, como se vê no longo trecho do qual ela foi extraída, é resultado da leitura dos clássicos.

31. Hipótese que Mário de Andrade, muito provavelmente, veria com reserva. Em carta destinada a Manuel Bandeira, com data de 16.12.1934, afirma: "Ora, um quadro comprado pelo Paulo Prado significa não raro uns três ou quatro vendidos, de indivíduos que vão na onda dele como o Thiollier, e de outros que criam coragem" (Mário de Andrade & Manuel Bandeira, *Correspondência*, p. 603).

32. "Um dia recebeu uma carta da administração do hospital. Beatriz estava precisada de um enxoval novo. Ele, então, resolveu ir levar-lho em pessoa"; "Victor de Sá, por sua vez, estendeu-lhe a mão. Ela apertou-lha" (*A Louca do Juqueri*, pp. 15 e 53).

A Louca do Juqueri: *Um (In)esperado Refluxo*

Na sequência, oito personalidades, em notas que mal ultrapassam as dimensões de um rodapé, fazem as loas a René Thiollier. Pelo lugar que ocupam no livro (entre as epígrafes e o primeiro conto), estes breves discursos têm indiscutível função prefacial, embora – e aí reside um aspecto singular de sua presença no volume – nenhum deles faça menção à obra que se apresenta ao leitor, o que contraria a finalidade tradicionalmente reservada a este elemento peritextual: elogiar o texto que se lhe segue. Do grupo de prefaciadores, metade falecera antes do lançamento do livro. Quanto aos demais autores, tampouco se pode afirmar que tenham concebido seus exórdios em um momento posterior ao da realização das narrativas, pois, reitere-se, essas notas não respondem ao clássico objetivo do prefácio. É seu lugar na obra, mais do que o conteúdo, que determina seu gênero textual[33].

Ao integrarem os peritextos do livro, os apontamentos veem-se investidos dos atributos dos prefácios originais alógrafos, conquanto não façam referência às narrativas que compõem *A Louca do Juqueri* – ou a uma possível unidade formal ou temática que justifique a edição do conjunto – nem aludam à sua gênese ou lhes façam alguma interpretação crítica. A ausência dos principais traços constituintes de um prefácio alógrafo não amputa (e tampouco enfraquece) a principal função destes textos preliminares: recomendar aos leitores que leiam o volume que têm em mãos. Pouco informativos, persuadem menos pelo que apresentam do que pela assinatura que os acompanha: seus autores, mesmo *post mortem*, foram chamados para, em coro, subscrever a publicação[34].

Não surpreende, no amálgama de paratextos que forma o prefácio da coletânea, a falta de vozes dissonantes. Impressiona, todavia, a harmonia monocórdica do octeto: as narrativas de Thiollier seriam, segundo os comentadores, tão clássicas, refinadas e polidas quanto seu

---

33. Cf. Gérard Genette, "L'instance préfacielle", "Les fonctions de la préface originale" e "Autres préfaces, autres fonctions", *Seuils*, pp. 164-296.
34. Em tempo: *Senhor Dom Torres* é desprovido de prefácio. *O Homem da Galeria* tem uma nota introdutória, "A Modo de Prefácio", assinada pelo próprio autor.

Valter Cesar Pinheiro

autor. Pouco sortidos (e nada sórdidos) são os termos que definiriam autor e obra: sobriedade, clareza, elegância, equilíbrio. Sobre eles, enfeixando-os, prevalece a noção de tradição: Thiollier e sua poética carregariam a marca (e o peso) de sua ascendência gálica. As lentes que descortinam o talento literário de René Thiollier veem o mundo sob o espectro do *ottocento*: se divisam no conservantismo do grão-senhor da Villa Fortunata o ouro que lastreia sua obra é porque, inversa e complementarmente, figuram o objeto e o fazer artísticos de modo igualmente tradicional. Na sequência de prefaciadores, vem na linha de frente – em escolha que não parece casual – um pelotão que não sobressai pelo vanguardismo: Medeiros e Albuquerque, Pereira da Silva, Goulart de Andrade e Félix Pacheco, quatro imortais da Academia Brasileira de Letras. Por vaidade (ou insegurança?), é no sodalício do Petit Trianon, porta-voz oficial do beletrismo nacional, que Thiollier busca o voto que referende sua obra.

Para Medeiros e Albuquerque[35], a obra de Thiollier é resultado de uma aguda e sensível percepção da realidade. Em clara referência ao subtítulo de *Senhor Dom Torres*, Albuquerque põe em relevo a maestria com a qual o autor paulista, um "fixador de impressões", imprimira, em suas descrições, a doçura e o amargor da vida cotidiana[36].

---

35. José Joaquim de Campos da Costa de Medeiros e Albuquerque nasceu em Recife em 1867. Estudou no Colégio Pedro II e na Escola Acadêmica de Lisboa. Retornou ao Brasil em 1884 e dedicou-se ao jornalismo, à poesia e aos ideais republicanos (foi deputado federal por Pernambuco em 1894). É autor da letra do Hino da Proclamação da República (musicada por Leopoldo Augusto Miguez). Autor de romances, contos, poemas, peças de teatro, ensaios e crítica literária, foi um dos primeiros disseminadores da estética simbolista no Brasil, como testificam as *Canções da Decadência*, publicadas em 1889. Fundou a Academia Brasileira de Letras (da qual foi presidente em 1924) e ocupou a cadeira nº 22. De sua vasta obra, sobressaem, na poesia, além do livro supracitado, *Quando eu Falava de Amor* (1933); nos contos, *Mãe Tapuia* (1900) e *Se Eu Fosse Sherlock Holmes* (1932); nos romances, *Marta* (1920) e *Laura* (1933). *Minha Vida, Memórias*, foi publicada em 1934. Medeiros e Albuquerque faleceu em 1934, na cidade do Rio de Janeiro.

36. Possivelmente norteado pela leitura de Albalat (cf. epígrafes do segundo capítulo de *Folheando a Vida*).

A Louca do Juqueri: *Um (In)esperado Refluxo*

O bom arremate dos contos thiollierianos fundamenta-se, segundo Pereira da Silva[37], em sua concisão e precisão. O poeta paraibano, sem fazer menção a nenhuma corrente literária, aponta traços realistas e clássicos nessas narrativas: a psicologia das personagens – suas "ideias, sentimentos ou emoções" – manifesta-se nas circunstâncias nas quais, sóbria e impessoalmente narradas, elas estão envolvidas.

Goulart de Andrade[38] frisa, em avaliação semelhante à anterior, os caráteres clássico e realista – herdados da literatura francesa – da obra ficcional de René Thiollier. A sobriedade, a clareza e a neutralidade que determinariam esta escrita não cerceariam a sensibilidade do autor paulista. Para o geógrafo, a visão arguta e voluptuosa do homem da galeria equiparar-se-ia ao olhar naturalista de Guy de Maupassant, de quem cita, em português e sem indicar a fonte, um fragmento de *Notre coeur*[39].

---

37. Antônio Joaquim Pereira da Silva nasceu em Araruna, na Paraíba, em 1876. Fez seus estudos preparatórios na Escola Militar do Rio de Janeiro, abandonando a carreira militar em 1900. Como crítico literário, escreveu para inúmeros jornais cariocas, dentre os quais o *Jornal do Commercio*. Formou-se em Direito e assumiu o cargo de promotor público no Paraná. De volta à capital da República, associou-se ao grupo simbolista Rosa-Cruz, do qual faziam parte Félix Pacheco, Saturnino de Meireles, Paulo Araújo e Castro de Menezes. Com Agripino Grieco e Théo Filho, dirigiu a revista *Mundo Literário*. Suas obras poéticas (das quais se destacam *Solitudes*, de 1918, e *Senhora da Melancolia*, de 1928) o levaram à cadeira nº 18 da Academia Brasileira de Letras. Faleceu no Rio de Janeiro em 1944.

38. Natural de Maceió, José Maria Goulart de Andrade nasceu em 1881. Como os prefaciadores supracitados, fez seus estudos na capital federal: da Escola Naval à Politécnica, formou-se engenheiro geógrafo. De sua modesta lavra, realçam-se *Poesias* (1917), *Contos do Brasil Novo* (1923) e *Ocaso* (1934). Foi eleito para a cadeira nº 6 da Academia Brasileira de Letras em 1915. Morreu na cidade do Rio de Janeiro em 1936.

39. Afirma Goulart de Andrade: "dele [Thiollier] se pode dizer quanto Maupassant disse de si mesmo, quando, sob o nome de Lamarthe, se pintou, – 'armado de olhos que colhiam as imagens, as atitudes e os gestos, com a precisão de um aparelho fotográfico', embora não se mostre como Guy pessimista, ainda que como ele seja triste". De Maupassant: "Armé d'un oeil qui cueillait les images, les attitudes, les gestes avec une rapidité et une précision d'appareil photographique, et doué d'une pénétration, d'un sens de romancier naturel comme un flair de chien de chasse, il emmagasinait du matin au soir des renseignements professionnels" (*Notre coeur*, p. 25).

Valter Cesar Pinheiro

É de Félix Pacheco[40] a quarta nota prefaciadora do livro. Dos acadêmicos que enaltecem o talento literário de Thiollier, o escritor piauiense é o único que faz referência à personalidade do autor, com o qual, como testemunham as dedicatórias de "Uma Flor no Charco", de *Senhor Dom Torres*, e *Um Grande Chefe Abolicionista: Antônio Bento*, ele mantivera estreitos laços de amizade. Segundo Pacheco, a afamada elegância de René transmuda-se em sua obra: "suas boas maneiras de tratar" e "seu espírito de escol" perseveram em uma crítica que, "mordaz" ou "sutil" (agrodoce?), jamais perde o equilíbrio. Estranha e paradoxalmente, designa o contraste – marcado por uma ironia comedida, desprovida de excessos ou aspereza – como traço preponderante de uma poética revestida de melancolia.

O humor e a simplicidade são, para Hermes Fontes[41], os principais atributos da narrativa de Thiollier. O poeta sergipano, tal qual Medeiros e Albuquerque, ressalta a habilidade com a qual o acadêmico paulista flagra – e pereniza – cenas do dia a dia, subtraindo-lhes (sem aludir à figura do autor, como fizera Pacheco), entretanto, "todo sabor plebeu".

Martin Damy[42], autor da mais extensa nota dentre os textos prefaciais compilados, reporta-se mais à dimensão humana do autor que à

---

40. Cf. nota 57 do capítulo anterior.

41. Hermes Floro Bartolomeu Martins de Araújo Fontes nasceu em Boquim, Sergipe, em 1888. Formou-se em Direito, mas jamais exerceu a profissão. Colaborou, como caricaturista e jornalista, com jornais (*Fluminense, Folha do Dia, Correio Paulistano, Diário de Notícias*) e revistas (*Careta, Fon-Fon!, Tribuna, Tagarela, Atlântida*) do eixo Rio-São Paulo. De sua obra poética, de fundo simbolista, sobressaem *Apoteoses* (1908), *A Lâmpada Velada* (1922) e *A Fonte da Mata* (1930). Tentou por cinco vezes uma cadeira na Academia Brasileira de Letras, sem sucesso. Faleceu em 1930.

42. Sobrinho de Antonieta Egídio de Sousa Aranha de Freitas Valle, esposa do senador e acadêmico paulista José de Freitas Valle. Torna-se genro de seu tio ao casar-se com Margarida, filha que o autor dos *Tragipoèmes* (publicados sob o pseudônimo de Jacques d'Avray) tivera do relacionamento extraconjugal com a governanta da Villa Kyrial, Olympia Bom Malvicini. Foi diretor do Ginásio do Estado e crítico teatral do *Correio Paulistano*. Damy ofereceu a Mário de Andrade, em dezembro de 1919, *Le Spleen de*

A Louca do Juqueri: *Um (In)esperado Refluxo*

sua obra. Vincula a elegância e a simpatia do "distinto literato paulista", "cavalheiro requintadamente amável", aos "períodos bem vestidos" de *Senhor Dom Torres* (único livro nominalmente citado pelos prefaciadores). Como Pacheco, destaca o gênio imperturbável do autor, que, naturalmente afável e equilibrado, desbastaria suas análises (mesmo as mais severas) de expressões cáusticas e indelicadas. Por conseguinte, aquilo que deveria ser agro, de tal modo reveste-se de graça, decoro e doçura que, de julgamento inflexível, se transforma em "consenso unânime", "ideias que não chocam a ninguém". Causa espanto que Thiollier acolha tão beneplacitamente – a ponto de inseri-lo nas páginas introdutórias de sua nova publicação – o elogio a um traço cujo efeito colateral seria o rebaixamento de sua perspectiva crítica.

Paulo de Verbena, pseudônimo de Marcelino de Carvalho[43], assina o proêmio cujo foco é a natureza multifacetada de René Thiollier. Da "personalidade-puzzle" que, montada, formaria "um todo harmonioso e perfeito", Carvalho evidencia três perfis: o social, o militar e o literário. O primeiro é, inegavelmente, aquele que liga prefaciado e

Paris, de Baudelaire (cf. Telê Porto Ancona Lopes, "A Biblioteca de Mário de Andrade: Seara e Celeiro da Criação", p. 59). Publicou, no *Jornal do Commercio*, uma crítica aos contos de *Primeiro Andar*.

43. Antônio Marcelino de Carvalho, irmão de Paulo Machado de Carvalho, o "Marechal da Vitória", nasceu em 1905 em São Paulo. Cronista e colunista social, Marcelino publicou inúmeros livros sobre etiqueta: *A Arte de Beber: Assim Falava Baco, Guia de Boas Maneiras: As Boas e Corretas Normas de Conduta na Vida em Sociedade, Snobérrimo, Só para Homens: Como Vestir, ABC das Boas Maneiras, Grande Enciclopédia da Arte Culinária, A Nobre Arte de Comer*, etc. Sob o pseudônimo de Paulo de Verbena, lançou, em 1932, *Se eles soubessem*. Faleceu em 1978. João de Scantimburgo, nas *Memórias da Pensão Humaitá*, narra um episódio de que Thiollier e Carvalho foram protagonistas, na casa de Yan de Almeida Prado: "Marcelino de Carvalho, [...] convidado permanente de Yan, fez uma *blague*: colou à casa do admirável amigo o rótulo de Pensão Humaitá. Era como a citava em suas crônicas, escritas num belo estilo literário. [...] À mesa, certa vez, René Thiollier perguntou a Marcelino onde ficava essa pensão maravilhosa, suscitadora de ciúme e inveja, na qual se comia e se bebia como na Tour d'Argent, no Maxim's ou no Grand Véfour. Foi geral a risada. René almoçava na própria" (p. 25).

Valter Cesar Pinheiro

prefaciador. O mestre de etiqueta ("modelo de elegância e distinção, podia ilustrar o vocábulo *gentleman*"[44]) identifica em Thiollier um aristocrata *de souche*, conhecedor de regras protocolares apuradas ao longo de gerações, o que o diferencia do público ao qual o colunista destinava seus manuais de saber viver. Do segundo, soldado, Carvalho sugere que se tome por testemunho o que disseram os "companheiros de arma". Não alude explicitamente à participação de Thiollier na Revolução Constitucionalista de 1932, mas reforça a valentia do "bon soldat" (no sentido que teria atribuído à locução Edmond Rostand[45]). Por último, realça o escritor, "gentleman de letras", de quem exalta a escrita fácil, "sem artifício e com convicção". Com elogios fáceis, artificiais e nada convincentes, Carvalho passa longe da produção ficcional de René Thiollier, o qual se nos parece, a julgar pela nota de Carvalho, menos escritor do que "homme du monde".

Por fim, assinado por Paulo Prado[46], o mais poético dos prefácios, cuja transcrição merece espaço neste capítulo:

Você, meu caro Thiollier, apesar de descender de uma velha família paulistana, é antes de tudo um francês. Francês pela elegância lógica e clara da frase, pela polidez de escritor que lembra os clássicos punhos rendados de Buffon, e pela graça natural e maliciosa do modo de contar. Nem mesmo altera essa impressão a correção castiça da linguagem, em que há um certo amor a expressões e termos mais próprios da rigidez portuguesa do que do nosso *laisser-aller* desabotoado e negligente. Francês. É isso mesmo. Francês de Grenoble, amável cidade stendhaliana lembrando o Rio na linha de suas montanhas e nos bosques da Grande Cartuxa, essa Tijuca (p. 11).

44. João de Scantimburgo, *op. cit.*, p. 182.
45. Provável referência a *Cyrano de Bergerac*: "Je ne suis qu'un bon soldat timide" (fala de Christian de Neuvillette – ato I, cena 2, p. 19).
46. Suas relações com René Thiollier são recorrentemente citadas neste trabalho. Em 1938, Paulo Prado já havia publicado seus principais estudos: *Paulística*, *Retrato do Brasil* e a *Série Eduardo Prado*. Prado, quinze anos mais velho que Thiollier, falecerá em 1943.

A Louca do Juqueri: *Um (In)esperado Refluxo*

A informalidade do pronome pessoal de tratamento e a afetividade da expressão que se antepõe a seu referente manifestam, no discurso, a amizade que une dois aristocratas paulistanos que têm em comum o apreço pela cultura francesa. A identificação *no outro* de marcas e influências gálicas constitui a essência do prefácio que, diferentemente dos demais, se endereça, a princípio, exclusivamente ao autor do livro. Sua inserção no volume altera seu caráter de origem (a nota, verossimilmente, foi extraída de uma epístola), emprestando-lhe uma nova função e novos destinatários. Para Paulo Prado, à cepa grenoblesa não se superpõe a ascendência bandeirante de Thiollier[47], cuja escrita, no entanto, tem acentuado sabor lusitano. Ao contrário dos demais prefaciadores, o autor de *Retrato do Brasil* outorga elegância, clareza e graça à obra, não à pessoa, e compara o acadêmico paulista ao naturalista Buffon, que, a despeito do pomposo estilo (ridicularizado por Voltaire), se notabilizou pelo respeito irrestrito às regras básicas da arte de bem escrever ditadas por Boileau (dentre as quais se destaca o dever de agradar ao leitor: "Le secret est d'abord de plaire et de toucher"[48]). Thiollier parece seguir à risca os mesmos preceitos ("suas ideias", afiança Martin Damy, "não chocam a ninguém, mas encantam a toda a gente"), o que talvez justifique a exclusão, desta edição, do *ex-libris* (cuja divisa, reproduzida de Sêneca, sugeria ensimesmamento e introspecção) que ilustrara as páginas de rosto das publicações anteriores.

47. Que, basicamente, não se distingue da do prefaciador. Mário de Andrade, na conferência de 1942, refere-se às raízes de Prado nestes termos: "[...] Paulo Prado, ao mesmo tempo que um dos expoentes da aristocracia intelectual paulista, era uma das figuras principais da nossa aristocracia tradicional. Não da aristocracia improvisada do Império, mas da outra mais antiga, justificada no trabalho secular da terra e oriunda de qualquer salteador europeu, que o critério monárquico do Deus-Rei já amancebara com a genealogia" (pp. 236-237).

48. Boileau, "L'Art Poétique" (Chant III, v. 25), *Art Poétique*, p. 99. Boileau será citado em epígrafe no capítulo IV de *Folheando a Vida*.

Valter Cesar Pinheiro

Paulo Prado, ao mencionar a "correção castiça da linguagem" de Thiollier, cavalheirescamente poupa seu interlocutor das críticas que dirigira, no prefácio de *Pau-Brasil*, àqueles que versificavam "numa língua estranha que é o português de Portugal, esbanjando talento e mesmo gênio num desperdício lamentável e nacional". Não que o "amor a expressões e termos mais próprios da rigidez portuguesa", que se contrapõem a nosso falar "desabotoado e negligente", não lhe pareça mais "um anacronismo chocante, como se encontrássemos num Ford um tricórnio sobre uma cabeça empoada"[49]. Prado sempre soube, como se viu em nota transcrita no início do capítulo, que o projeto que tinha por alvo a busca de uma nova representação literária jamais seduzira René Thiollier, que em nenhum instante se deixou convencer pelas ideias que germinavam no grupo que organizara a Semana. Se mais não fosse, a não-adesão às novas tendências (ao menos no que diz respeito à literatura) encobre complexos posicionamentos políticos que, naquele momento, relegariam a questão estética a um segundo plano[50]. Paulo Prado passa ao largo dessa seara, abstém-se de fazer uma leitura mais acurada da obra ficcional de Thiollier e, delicado, não participa do maledicente jogo que fizera Agripino Grieco[51], que,

[em] conferências, dizia que certa noite dois policiais ouviram uns gritos horrorosos, que vinham da torre do palacete desse homem requintado [René Thiollier]. Pensaram ser um crime, um assassinato. Arrombaram a porta frente da residência e lá na torre viram apenas isto: o doutor René Thiollier castigando o seu estilo...[52]

---

49. Cf. "Poesia Pau-Brasil", prefácio à obra de Oswald de Andrade, *Pau-Brasil*, pp. 5-13. Os trechos citados encontram-se nas pp. 7-8.
50. "A década de trinta assiste", assegura João Luiz Lafetá em *1930: A Crítica e o Modernismo*, "sob o influxo e o empuxo da luta político-ideológica, à dissolução dos princípios estéticos modernistas" (p. 252).
51. Cuja crítica é analisada por Lafetá em "Retórica e Alienação", segundo capítulo da obra supracitada.
52. Fernando Jorge, *Vida, Obra e Época de Paulo Setúbal: um Homem de Alma Ardente*, p. 363.

A Louca do Juqueri: *Um (In)esperado Refluxo*

Os elogios emitidos na simpática nota de Paulo Prado, contudo, restringem-se ao apuro das frases e a certa leveza no contar. *Et tout le reste* (o que inclui a referência à Grande Cartuxa, que teria servido de inspiração para que Stendhal criasse a sua *Chartreuse de Parme*) *est littérature...*

A Louca do Juqueri não tem dedicatário[53]. Entretanto, das dez narrativas que formam o volume, cinco rendem homenagem a alguém. Quem são esses eleitos?

O primeiro conto do livro, "A Louca do Juqueri", é destinado ao Professor Austregésilo[54]. Thiollier não somente presta tributo a um dos mais conceituados especialistas brasileiros no domínio da Neurologia e Psiquiatria, mas distingue, igualmente, aquele que lhe apresentara em 1934 a Academia Brasileira de Letras[55] (cuja presidência será assumida

---

53. *Senhor Dom Torres* foi ofertado ao pai do autor, Alexandre Honoré Marie Thiollier, e *Um Grande Chefe Abolicionista: Antônio Bento*, a Félix Pacheco.

54. Antônio Austregésilo Rodrigues Lima nasceu em Recife em 1876. Fez os estudos primários e secundários em sua cidade natal e os superiores na capital federal, doutorando-se pela Faculdade de Medicina do Rio de Janeiro em 1898. Neurologista, defendeu, no ano seguinte, a tese intitulada *Estudo Clínico do Delírio*, primeira de uma extensa produção dedicada aos distúrbios mentais. Trabalhou nas mais renomadas instituições psiquiátricas do Rio de Janeiro (foi interno das Colônias de Alienados da Ilha do Governador e médico do Hospital dos Alienados, que terá entre seus pacientes ilustres o escritor Lima Barreto). Foi professor catedrático da Clínica Neurológica da Universidade do Rio de Janeiro e diretor do Instituto de Neuropatologia de Assistência a Psicopatas. Membro de inúmeras academias nacionais e internacionais (dentre as quais se destacam as Sociedades de Neurologia e de Psiquiatria de Paris), Austregésilo presidiu a Academia Nacional de Medicina. De 1922 a 1930, foi deputado federal pelo Estado de Pernambuco. Seus trabalhos científicos, publicados em revistas do mundo todo, levaram-no à Academia Brasileira de Letras (cadeira nº 30) em 1914. Faleceu em 1960. Deixou um livro de prosa poética, *Manchas*, lançado em 1898.

55. Fato narrado em "No Mundo da Imortalidade", registro de sua trajetória na Academia Paulista de Letras, de *Episódios de Minha Vida*, do qual se transcreve o seguinte trecho: "E contei-lhe (a Paulo Setúbal, por telefone): – Há dias, o Professor Austregésilo levou-

Valter Cesar Pinheiro

pelo neurologista no ano seguinte à publicação de *A Louca do Juqueri*).

É evidente a ligação entre o dedicatário e o tema da narrativa, que, aliás, poderia ter sido ofertada *in memoriam* a Alberto Seabra, a quem Thiollier sucedera na Academia Paulista de Letras.

"Hamlet na Quarta Parada", terceiro conto do volume, é dedicado a Menotti del Picchia[56]. Os autores de *Juca Mulato* e *Senhor Dom Torres* foram colegas de trabalho no *Jornal do Commercio* e no *Correio Paulistano*, veículo porta-voz da oligarquia cafeeira, ligado ao Partido

-me a visitar a Academia Brasileira, e, depois de me saudar em plena sessão da Academia, disse-me: 'O Sr., nesta Casa, tem direito a uma cadeira. Ainda havemos de vê-lo aqui sentado conosco, na sua cadeira.' Eu respondi-lhe: 'Professor, isso seria, para mim, uma honra muito grande, que eu não mereço, e à qual eu não aspiro. Jamais isso sucederá. Eu não faço propriamente vida literária. Escrevo por escrever, porque o escrever me distrai o espírito, me faz sonhar. Ando, pela vida, como o turista aquarelista, que viaja, levando consigo uma tela, uma caixa de tintas e meia dúzia de pincéis; para aqui, para acolá, mira a paisagem, e, quando se sente enlevado, toma um croquis...'" (pp. 153-154). Nota-se, no trecho transcrito, que Thiollier trata Austregésilo por "Professor", termo que mantém na dedicatória de "A Louca do Juqueri".

56. Paulo Menotti del Picchia é natural de São Paulo. Nascido em 1892, bacharelou-se em Ciências e Letras (em Pouso Alegre, Minas Gerais) e em Direito (pela Faculdade de Direito de São Paulo). Jornalista, cronista, contista, ensaísta, poeta e romancista, Menotti del Picchia trabalhou, na capital e no interior do Estado, em incontáveis jornais: *Cidade de Itapira*, *O Grito*, *A Tribuna* (de Santos), *A Gazeta*, o *Correio Paulistano*, *Jornal do Commercio*, etc. Por anos, sob o pseudônimo de Hélios, assinou uma coluna no *Diário da Noite*, jornal que dirigiria a partir de 1933. Presidiu a seção paulista da Associação dos Escritores Brasileiros. Em 1938, foi nomeado pelo então governador, Adhemar de Barros, diretor do Departamento de Imprensa e Propaganda do Estado de São Paulo. Exerceu, de 1926 a 1962, diversos mandatos de deputado estadual e federal por São Paulo. Participou ativamente da Semana de Arte Moderna: é de sua lavra a conferência que abre, no dia 15 de fevereiro, a segunda noite do Festival. A palestra foi publicada, dois dias depois, no *Correio Paulistano* (cf. Aracy Amaral, *Artes Plásticas na Semana de 22*, pp. 274-279). Seu nacionalismo, que o levou a criar, ao lado de Plínio Salgado e Cassiano Ricardo, o Movimento Verde-Amarelo, ganhou forma literária em sua produção poética. Seu maior sucesso é *Juca Mulato*, publicado em 1917. De sua vastíssima produção, também sobressaem *Máscaras* (1919), o romance *Laís* (1921) e *Salomé* (1940). Foi eleito para as Academias Paulista e Brasileira de Letras (cadeiras nº 40 e 28, respectivamente). Faleceu em São Paulo em 1988.

A Louca do Juqueri: *Um (In)esperado Refluxo*

Republicano Paulista. Participaram da Semana de Arte Moderna e da Revolução de 1932, e a atuação de ambos na insurreição transformou-se em tema de duas obras: *A Revolução Paulista*, de Menotti, e *A República Rio-Grandense* e *A Guerra Paulista de 1932*, de Thiollier.

Não há registro de filiação de Thiollier no PRP. Tampouco há indicação de que tenha tomado parte do Movimento Verde-Amarelo ou do Grupo da Anta. A dedicatória a um dos próceres daquele que fora, durante décadas, o principal (por vezes, único) partido político paulista, que acabara de ser extinto, é, porém, significativa: Thiollier, como Menotti, lutara contra a frente pró-Getúlio que, dois anos antes do levante, impedira a posse do candidato mais votado à presidência, Júlio Prestes. O golpe encerrou a carreira política – e literária – de praticamente todos os membros do PRP. O engajamento de Thiollier nas questões paulistas (exacerbado, como dito anteriormente, no discurso antigetulista de sua narrativa de maior fôlego, *Folheando a Vida*) torna plausível que se infira que o secretário-geral da Academia estivesse ideologicamente alinhado com o partido de Menotti del Picchia (que, não obstante, viria, nos anos cinquenta, a militar no PTB, partido fundado por Getúlio Vargas). Em contrapartida, vislumbrar na ligação entre os dois escritores uma possível comunhão de ideais estéticos é algo bem mais delicado. Aos pontos de interseção contrapõem-se percursos e perspectivas de tal forma díspares que, sob o risco de se incorrer em graves reduções mecanicistas, tornam inexequível a equalização de suas criações (tarefa que, assinale-se, foge ao escopo deste estudo). Thiollier, ao contrário do autor de *Máscaras*, jamais se empenhou em propagar ou defender os princípios e ensinamentos modernistas (o que salvou sua obra, igualmente permeada por uma prosa de cunho jornalístico e por um ranço parnasiano, decadente e impressionista, de padecer a "descida de tom" que, segundo Bosi[57], singularizaria a produção

---

57. Alfredo Bosi, *op. cit.*, pp. 415-417.

Valter Cesar Pinheiro

literária de Menotti). Suas origens também eram diversas: Menotti del Picchia era interiorano. Mantinha laços com a "ala caipira" do modernismo paulista, cujo traço dominante era o preconceito contra as vanguardas. A falta de viagens à Europa na mocidade estava no bojo, como nos lembra Antônio Arnoni Prado[58], da "estreiteza dos horizontes da formação cultural" de jovens que, anos depois, apoiariam o ideário nativista (que tinha no autor de *Chuva de Pedra* um de seus baluartes). Menotti não porta – como legitimam seus belicosos artigos publicados no *Correio Paulistano* (sob a assinatura de Hélios) – as características daquele grupo em todos os seus matizes, mas o representa, assim como o representaria, não pela adesão ao nativismo ou por formação escolar análoga, René Thiollier. Essa aparente contradição se amplifica se considerar-se que o grão-senhor da Villa Fortunata poderia, por sua trajetória intelectual em terras paulistas e europeias, ter empunhado armas, ao lado de Paulo Prado e Oswald de Andrade, nas esquadras pau-brasiliana e antropofágica, o que jamais aconteceu. Impugnam tal paradoxo as inclinações, limitações e afinidades que traspassam as escolhas individuais. Thiollier, *comme tout un chacun*, submete-se a elas.

Às múltiplas e complexas razões que intermedeiam a opção por esta dedicatória acrescenta-se outra, de ordem temática: o "ânimo de artista" de Thiollier foi despertado em um momento trágico (o enterro de Rosinha), narrado no conto de abertura de *Senhor Dom Torres*, "Na Minha Travessa". Foi a encenação de *Hamlet*, em um pequeno teatro de Itapira, que levou Menotti à "carreira de artista", como revela o autor na crônica "Eletrifica-se Itapira"[59]. Thiollier e Menotti teriam tido suas sensibilidades artísticas inflamadas por episódios vulgares e pungentes, grotescos e etéreos, precários e singelos: o funeral e o mambembe têm o mesmo sabor agrodoce.

---

58. Antônio Arnoni Prado, *op. cit.*, p. 11.
59. Menotti del Picchia, "Eletrifica-se Itapira", *A Longa Viagem*, pp. 69-75.

A Louca do Juqueri: *Um (In)esperado Refluxo*

"Hamlet na Quarta Parada" é o único conto dotado de epígrafe. "To be or not to be" se interpõe entre o título e a dedicatória a Menotti. É uma citação que não comenta nem modifica o título ou a narrativa. Ademais, a célebre frase de Hamlet é recobrada pelo protagonista do conto, Menezes, que assistira à peça shakespeariana no Rio de Janeiro. Pela obviedade, é uma epígrafe absolutamente dispensável.

O terceiro homenageado é Afonso d'Escragnolle Taunay[60], a quem Thiollier dedica "Pied d'Alouette". Parte substancial da narrativa é extraída de uma passagem do segundo volume da *Histoire contemporaine* de Anatole France, *Le mannequin d'osier*, que tem por eixo o encontro do indigente Pied d'Alouette com Monsieur Bergeret, *maître de conférences* de uma faculdade de Letras de província. A inserção do fragmento anatoliano será retomada adiante. O que sobressai, a princípio, é a aproximação entre o autor de *Crainquebille* (que perdera, após a Primeira Guerra, parte de seu prestígio outrora avassalador) e o historiador brasileiro, cujo patronímico o une por consanguinidade à França. Entre ambos, interpola-se Monsieur Bergeret, personagem marcada pela dedicação à história e à literatura clássicas. Afonso Taunay era o diretor do Museu Paulista quando da compra da Carta de Anchieta, adquirida por um grupo de fazendeiros capitaneados por Paulo

60. Afonso d'Escragnolle Taunay nasceu em Florianópolis em 1876. Era filho de Alfredo d'Escragnolle Taunay (Visconde de Taunay), autor de *Inocência*, e bisneto do pintor Nicolas-Antoine Taunay, que desembarcara no Rio de Janeiro em 1816 integrando a Missão Artística Francesa. Luís Gastão d'Escragnolle Dória, a quem Thiollier dedicara "De cartola e sobrecasa", era seu primo. Afonso formou-se pela Escola Politécnica do Rio de Janeiro, mas foi na congênere paulistana que lecionou. Como Thiollier, também era assíduo frequentador da casa de Paulo Prado (cf. nota 1 do capítulo anterior). De 1934 a 1937, foi professor na Faculdade de Filosofia, Letras e Ciências Humanas. Renomado estudioso do Bandeirismo Paulista e do Brasil Colônia, é autor da colossal *História do Café*, em onze volumes. Publicou um romance, *Leonor de Ávila*, em 1926. Participou ativamente dos Institutos Históricos e Geográficos Brasileiro e de São Paulo e pertenceu às Academias Paulista e Brasileira (cadeiras nº 36 e 1). Morreu em São Paulo em 1958.

Valter Cesar Pinheiro

Prado. Seu discurso de agradecimento foi publicado em *Terra Roxa e Outras Terras*[61].

A Edgard Conceição, primo de Paulo Prado[62], é dedicado "Uma Noite A Bordo do Flórida". Ao lado de Alberto Penteado, Alfredo Pujol, Antônio Prado Júnior, Armando Penteado, José Carlos de Macedo Soares, Martinho Prado, Numa de Oliveira, Oscar Rodrigues Alves e Paulo Prado, Edgard Conceição integrou o comitê que, coordenado por René Thiollier, patrocinou a Semana de Arte Moderna. Renomado filatelista e colecionador de arte, Conceição colaborou com uma saca de café para a aquisição da Carta de Anchieta.

Thiollier destina o penúltimo conto do livro, "Semana Santa à Beira-mar", a Henrique de Souza Queirós, descendente do maior proprietário de terras do interior paulista, Luís Antônio de Souza Queirós, o "Brigadeiro Luís Antônio". Figura de proa do Partido Democrático, Queirós, comandante da Guarda Municipal durante a gestão de Firmiano Pinto, assumiu por diversas vezes, entre 1921 e 1924, a prefeitura paulistana. Nos estertores da Primeira República, foi nomeado Secretário da Agricultura no efêmero governo do General Hastinfilo de Moura, em 1930.

O elenco de dedicatários de *A Louca do Juqueri* não se distingue pela heterogeneidade. Exclusivamente masculino, o plantel, de formação intelectual variada (abarcando as três áreas do conhecimento: Humanas, Exatas e Biológicas), notabilizou-se no magistério e na política, com incursões no jornalismo e, menos frequentemente, na literatura. Se não condição *sine qua non*, ser acadêmico é bastante desejável (Menotti e Taunay pertenciam às Academias Brasileira e Paulista). Dois participaram, direta e indiretamente, da Semana de Arte Moderna:

---

61. "Resposta de Afonso de Taunay [ao discurso de Paulo Prado]". *Terra Roxa e Outras Terras*, ano I, nº 5, 27.04.1926, pp. 1-2. Thiollier registra a aquisição do documento com a nota "A Carta de Anchieta", publicada no mesmo número (p. 3).
62. Cf. nota 1 do capítulo anterior.

A Louca do Juqueri: *Um (In)esperado Refluxo*

Edgard Conceição, como mecenas (papel que também desempenhara René Thiollier), e Menotti, à testa do movimento, abrindo a segunda noite do evento e difundindo, diuturnamente, o ideário modernista nos jornais paulistanos[63]. A *entente cordiale* não sobreviveu por muito tempo: sangrentos combates fratricidas eclodiriam ao longo da década de vinte entre os partidários do Verde-Amarelismo e o Grupo Pau--Brasil e, posteriormente, entre a Escola da Anta e os Antropófagos. Se nunca manifestou explicitamente seu apoio aos primeiros, Thiollier deu a entender, em críticas não tão sutis (como o mencionado caso do "Ovo Botado de Bruço" e a querela com Brito Broca), seu afastamento dos segundos. Consequência ou fatalidade, homenageante e homenageados amargam desde então o limbo literário (excetuando--se Menotti, eventualmente lido em círculos acadêmicos). Todavia, a forte presença de Tarsila do Amaral e Flávio de Carvalho impede que se deitem todos os referenciados – e, ao lado deles, o autor e suas narrativas – no leito de Procusto. É hora de dar voz aos escritos.

A Louca do Juqueri não cede à experimentação e tampouco assimila as conquistas estéticas obtidas no decênio anterior. As instâncias narrativas – que o autor, ainda que discretamente (e, em muitos casos, de modo equivocado), buscara variar nos diversos episódios de *Senhor Dom Torres* – são, nos dez contos que compõem o segundo livro, absolutamente uniformes. Todas as histórias narradas são posteriores à Revolução de 1932. São, por conseguinte, subsequentes às tentativas de estruturação de um ponto de vista brasileiro, cujos resultados, degenerados ou não em "literatura de circunstância", refletem o quão central era, para nossa *intelligentsia*, a configuração de uma identidade nacional. No poente da década de trinta, no lusco-fusco do grande embate modernista, o pródigo René lança ao vento o rescaldo das experiências que fizeram a fortuna de seus contemporâneos e opta

---

63. Menotti é, ao lado de Mário e Oswald, um dos arautos da Semana.

por uma conformação narrativa tradicional. Alheio àqueles procedimentos, não abdica do fácil e cômodo apelo a narradores heterodiegéticos, oniscientes e interventivos, acalentados na segurança de seu minarete. Metódico, arquiteta instâncias imutáveis, paradoxalmente divisíveis (afinal, são dez contos) e unas, pois regidas por perspectivas, vozes e tempos constantes e análogos. A rígida sintaxe portuguesa, assinalada por Paulo Prado no último dos textos prefaciais, subsiste. Ao fim e ao cabo, esse registro linguístico não é senão a materialização de um princípio estético que tem no padrão culto lusitano um de seus elementos axiológicos preponderantes, e marca com precisão a concepção que o escritor tem de literatura e fazer literário. Indica, igualmente, o lugar de onde fala essa voz autoral, sempre acima de suas personagens (com as quais, não obstante, divide os mesmos espaços de sociabilidade). Por fim, a supressão de narradores homodiegéticos, invocados em *Senhor Dom Torres* e alijados da segunda coletânea, sinaliza uma segunda intenção: distinguir as vozes narrativa e autoral, ou, ao menos, induzir o leitor a dissociá-las. O propósito revela-se não apenas ingênuo, mas ineficaz, pois o autor, pelos mecanismos de intrusão e pelas citações, frequentemente se denuncia (notadamente quando reforça o "caráter paulista" de seus narradores, personagens e, na ponta da cadeia, leitores).

A escolha dos protagonistas destes contos e sua forma de composição também obedecem aos ditames que regulam a construção das instâncias narrativas: os heróis de *A Louca do Juqueri* são, em sua maior parte, intercambiáveis, tal é a semelhança de seus perfis: quarentões de sólida formação acadêmica (cujos hábitos de vida sofreram os reveses do *crash* de 1929 e da Revolução de 1930) que buscam na realização de prazeres mundanos convencionais – joias às mulheres, viagens de navio e noitadas em bordéis de alta classe – a manutenção do *status quo*. O dissabor resultante de sua nova condição (sua ruína econômica é consequência da perda de relações no espaço da classe dirigente) é compactuado por narradores que, afastados ou não dos

A Louca do Juqueri: *Um (In)esperado Refluxo*

postos de comando, reiteradamente criticam o governo getulista. Menos denunciantes do que lamuriosos, os contos se sucedem sob o embalo de um adagio lamentoso, um *lascia ch'io pianga* cujo propósito, ao que parece, é retratar uma Pauliceia assolada pelo novo regime. A despeito do esforço em se justapor vozes que sejam consonantes, o conjunto, com seus acordes desconexos e encadeamentos imperfeitos, soa desarmônico. Exploremo-lo.

No conto inaugural do livro, "A Louca do Juqueri", narra-se, na primeira parte, a visita de Trajano Vieira e Victor de Sá a Beatriz, interna do manicômio paulista. O relato da viagem a Juqueri e das circunstâncias, observações e conversas referentes ao período em que as personagens transitaram pelas dependências do hospital é intercalado pela exposição do passado de Beatriz, revelado alternativamente pelo narrador e por Trajano.

> Trajano Vieira havia muito que não ia a Juqueri visitar Beatriz. Quando a consciência o acusava por isso, ele desculpava-se com a revolução. Foi a Revolução de Outubro que lhe alterou os hábitos de vida. Em outros tempos, era mais metódico. Não deixava de lá aparecer, uma vez, todos os meses.
> Um dia recebeu uma carta da administração do hospital. Beatriz estava precisada de um enxoval novo. Ele, então, resolveu ir levar-lho em pessoa. E, no domingo seguinte, com o automóvel repleto de pacotes, contendo vestidos, calçados, latas de biscoitos, foi até lá em companhia do poeta Victor de Sá, seu amigo (p. 15).

Trajano é o eixo em torno do qual gira o princípio da narrativa. Sobrepõe-se a Beatriz, cuja alusão no título *a priori* a alçaria à condição de protagonista, e a Victor, mencionado apenas no final do segundo parágrafo. É para Trajano, cujo nome luz na frase inicial e cujas ações têm por objeto as outras duas personagens, que converge, portanto, o olhar do narrador. Seu destino sofreu de forma decisiva o impacto da Revolução de 1930. Fora seu pai, Dr. Hugo Vieira, responsável pela

165

internação de Beatriz, quem presumivelmente lhe arranjara um trabalho na Câmara Municipal de São Paulo ("que lhe permitia viver folgadamente") e uma coluna no *Correio Paulistano*, controlado pelo PRP. Finda a República Velha, seu capital de relações sociais não lhe manteve o acesso a cargos dominantes, mas o ajudou a empregar-se, com "um ordenado equivalente ao que percebia na Prefeitura", na General Motors[64]. Com a morte do pai, assume a curadoria da jovem demente. Em um domingo "sereno, o céu azul diáfano, inundado de sol", Trajano vai visitá-la na companhia do amigo, cuja profissão o narrador, onisciente e detalhista, não nos revela: sabe-se apenas que Victor trabalha intensamente, leva uma vida boêmia e é poeta.

"A história de Beatriz Malipiano, pupila da Sra. D. Maria Raimunda Corrêa de Faria, não é uma história alegre por certo": no segundo fragmento da narrativa, separado do *incipit* por asteriscos, conta-se como Beatriz, "hoje uma moça velha", fora acolhida por Dona Maria Raimunda, "uma senhora de sólidas qualidades morais" (como o são as vetustas personagens thiollierianas)[65]. A adoção, como indica a intrusão da voz narrativa no prelúdio da biografia da Louca, teria funestos desdobramentos (dentre os quais o distanciamento, exposto neste interstício, entre Dona Maria Raimunda e sua família). Nenhuma referência, por ora, a traços que diagnosticassem o desvio comportamental da menina. Ao contrário, o narrador a ela se reporta com expressões de uma previsibilidade acaçapante ("em pequena, foi uma linda criança, com uma bochecha fresca e rosada", "na adolescência, [foi] uma loira interessante"). Apesar de inoperantes, não ultrapassam, na vexatória imperfeição, a imagem com a qual é fixado o afeto de Dona Maria Raimunda por sua filha

---

64. A fábrica em São Caetano do Sul – a primeira no Brasil – fora inaugurada em 1930.
65. Em *Senhor Dom Torres*, sobressaem Henriqueta de Souza e Castro, avó materna do autor, e Dona Aninhas. Tal qual a patroa de Seu Quintino, Dona Maria Raimunda é a primeira personagem do conto a ser perfilada pelo narrador.

A Louca do Juqueri: *Um (In)esperado Refluxo*

adotiva: "E era com enternecimento que demorava nela os seus olhos enternecidos"[66]. Adiante. Retoma-se, então, o fio da narrativa. Rumo ao manicômio, Trajano põe-se a contar a Victor o caso de Beatriz, "a história mais sórdida, mais torpe que se possa imaginar". Antes, porém, em uma mal--ajambrada sequência, o narrador nos apresenta os dois rapazes. É lacônico em relação a Victor, ao qual confere, circunscrevendo sua descrição a particularidades faciais, uma aura de mistério[67]. Atribui a Trajano, além de contornos objetivos – "era alto, forte, cheio de corpo, os olhos claros" –, a trajetória profissional supracitada. Deduz-se, pelo contraste (o físico de Trajano, comparado ao de seu amigo, é "inteiramente outro"), que Victor enquadrar-se-ia no estereotipado tipo delicado e frágil dos poetas. Seus olhos escuros seriam, portanto, a exteriorização de uma alma igualmente obscura. Nada indica – e assim o será no decorrer da extensíssima primeira parte do conto – que o enigmático poeta, que o narrador apresenta (e a quem dá voz) parcimoniosamente, se tornará, em última análise, a personagem principal da narrativa.

No caminho, Trajano e Victor descortinam, nas colinas de Pirituba, o Sanatório Pinel, fundado, no ano de 1929, por Antônio Carlos Pacheco e Silva, psiquiatra que havia trabalhado no Juqueri. O aparecimento de leprosos à beira da estrada apavora Victor. Aparentemente incólume ao pânico de que fora tomado o poeta, Trajano dá prosseguimento à *historia vitae* de Beatriz, preliminarmente encetada pelo narrador. Na realidade, em que pese o fato de a narrativa ter

---

66. Desleixo que se repetirá mais à frente, quando da descrição do entorno do hospital do Juqueri: "Uma horta fresca, bem regada, vicejante de hortaliça".

67. "Era um rapaz de uns trinta anos de idade, moreno, de uma expressão enigmática, quase sempre taciturno, – com uma barba rala de Nazareno, uns olhos negros e profundos a refletirem um mundo quimérico de paixões. Pela primeira vez, ia ele transpor as portas de um manicômio. Ouvia, interessado, tudo quanto Trajano lhe contava" (pp. 18-19). Acentuam-se, nesta sucinta descrição, a subjetividade e a onisciência do narrador.

167

Valter Cesar Pinheiro

sido delegada a Trajano[68], observa-se que, no vasto enunciado, entremeado por transcrições de falas de Beatriz, Dona Maria Raimunda,
Brito (professor de português de Beatriz), Balbina (a criada) e Sérgio
(filho de Balbina), seu ponto de vista jamais se manifesta. Em um
único parágrafo de oito páginas, conta-se a desdita da *carcamana*,
vítima de uma psicopatologia não especificada (desde sempre fora
uma "imaginativa anormal", "desequilibrada" e mentirosa compulsiva,
além de ser frequentemente acometida, na época menstrual, de um
"ardor sensual violento"), próxima, talvez, do que se denominaria
hoje esquizofrenia. Movida por ciúme e ressentimento, Beatriz, que
avistara Clarinha, sobrinha de Dona Maria Raimunda, conversando
com um médico, urdiu sua vingança contra uma família que não a
suportava: disse à mãe adotiva que a ilibada jovem, pelo contato próximo com o rapaz, pusera em risco a reputação de esposa devotada
e fiel. O falso testemunho alcançou tal repercussão que fomentou na
"preta velha" Balbina e em seu filho Sérgio, cáften e crupiê, o desejo de
desforra. Inconsciente, consumida por um frenesi que inflamava sua
concupiscência (era o período do mênstruo), Beatriz não reconheceu
que o príncipe que entrara em seu quarto, como o besouro da Rosa
andradiana, era Sérgio...

No arremate do episódio, é franqueado a Trajano o discurso direto.
Fora Balbina quem lhe contara, "roída de remorsos", o trágico desfecho:
a gravidez inexplicável de Beatriz leva Dona Maria Raimunda à morte,
e a pupila, em surto psicótico, ao Juqueri. Todavia, a reprodução da
voz de Trajano no tecido discursivo não modifica – em sua dinâmica,
perspectiva, dimensão e forma – o andamento, o ritmo, o registro e o
tom da narrativa. Na elocução da personagem, distinguem-se marcas
recorrentes nos discursos do narrador (e do autor), dentre as quais a
abundância de ênclises, o apuro lexical e – máxima correspondência! –

---

68. "E, em seguida a uma pausa, ele [Trajano] reatou o fio da história de Beatriz; contou-
lhe [a Victor] que Beatriz sempre foi..." (p. 22).

A Louca do Juqueri: *Um (In)esperado Refluxo*

os descuidos que põem em xeque uma expressão que se quer elegante (como atesta a frase final de sua fala: "E no paroxismo do delírio, ela [Beatriz] dilatava os olhos. E os seus olhos faiscavam desvairados"). Por conseguinte, a passagem de uma voz a outra, a despeito das indicações do narrador ("E Trajano fez uma pausa; concluiu"), é bastante débil.

Abalado pela história que Trajano lhe conta, Victor teme que a ida ao manicômio lhe seja agoureira. Dormindo e alimentando-se pouco e mal e sofrendo de sucessivos e significativos lapsos de memória[69], o poeta explicita o temor de que lhe advenha o mesmo destino de Beatriz, que, internada há cinco anos, é considerada um "caso perdido". Os amigos, então, empreendem uma grave conversa que tem por matéria as doenças psicóticas e suas formas de tratamento e revelam possuir, ao lado do narrador, familiaridade com o assunto[70]. Paralelamente, uma longa exposição sobre o estabelecimento (de seu fundador, o psiquiatra Francisco Franco da Rocha[71], Trajano diz ter sido amigo!) afrouxa a trama e investe a narrativa de um caráter sobejamente pedagógico, com seus incontáveis termos emprestados à Medicina e à Psicologia. A anamnese de Beatriz e a descrição minuciosa do hospital (na qual se destaca a menção aos acervos da biblioteca e

69. "Muitas vezes, dormindo, acontecia-lhe morder a língua de lado. Amanhecia com ela inchada, falando com dificuldade". Os sintomas descritos pelo narrador são comuns em casos de epilepsia.

70. "[Victor] quis saber se, em Juqueri, as nevroses eram tratadas pela sugestão hipnótica, pela psicoterapia"; "E, valendo-se de suas leituras, Trajano pôs-se a discorrer sobre o método por que procede a psicanálise, decompondo, em todos os seus elementos, a vida psicológica do homem para lhe atingir o inconsciente" (p. 35). As observações subsequentes não têm autoria definida, podendo ser atribuídas ao narrador ou a Trajano ("Já se foi a época em que se afirmava que 'psíquico' era unicamente o consciente", por exemplo).

71. Francisco Franco da Rocha (1864-1933) foi um dos idealizadores do Hospital Psiquiátrico do Juqueri. Interessado pelas teorias de Freud, Franco da Rocha ajudou a fundar, em 1927, a Sociedade Brasileira de Psicanálise. Pertenceu, como Monteiro Lobato, aos quadros da Sociedade Eugênica de São Paulo. Ocupou a cadeira nº 3 da Academia Paulista de Letras. Seu sucessor foi Mário de Andrade.

do Museu de Anatomia Patológica e Biológica) assombram Victor[72], cujas reações são pormenorizadamente expressas pelo narrador. Ao poeta, que é discretamente içado ao posto de protagonista, o narrador, pela primeira vez, concede voz na teia discursiva[73]: "Eu mesmo me desconheço. Dentro de mim positivamente vivem dois tipos. Um, de uma sensibilidade enternecedora – o poeta lírico que sou; o outro, um energúmeno, um criminoso, que me apavora". Victor não apenas herdara a configuração anatômica dos poetas *fin de siècle*, mas também a sina de *maudit*, de que tivera a ventura de escapar por duas vezes (nas quais esteve a ponto de cometer um homicídio). A percepção do que poderia executar caso se fizesse novamente vítima da perda de "self-controle" o terrificava. "É um inferno", sentencia.

Victor e Trajano atravessam os corredores de entrada do sanatório e encaminham-se ao jardim no qual as internas recebem seus visitantes. O narrador, ao caracterizar hediondamente as enfermas, capta somente a reação do poeta, cujo olhar dirige o relato do encontro[74]. Beatriz, que perdera a liberdade, a família e a memória, vê-se também destituída do lugar de heroína: sua entrada em cena, outrora tão aguardada, restringir-se-á à sua descrição[75], superficial e previsível,

---

72. "Victor de Sá pareceu aturdido; o coração latejou-lhe no peito; da fronte, manou-lhe um suor frio. Se lhe fosse possível, tornaria atrás, não prosseguiria. Mas, ao mesmo tempo, não queria dar parte de fraco, não tanto a Trajano quanto a si próprio. Fazia empenho em dominar-se. E conseguiu dominar-se" (p. 41).

73. Desconsiderando-se as intervenções anteriores, que têm exclusivamente por função conduzir o discurso de Trajano ("E Beatriz?", "Há quantos anos Beatriz está internada?", "Deve ser um mundo isso aí dentro!" etc.).

74. "Victor de Sá fazia-se pequeno na cadeira, encolhia-se. Nele, agora, só havia de grande os seus olhos, que luziam dilatados, refletindo o trágico espanto de que se sentia possuído" (p. 48).

75. "Nos olhos garços de Beatriz boiava um pasmo mudo, inexpressivo. Ela engordara. Estava com as maçãs do rosto enfartadas, bronzeadas do sol. Faltava-lhe um dente na frente – ela que tinha tanto cuidado com os dentes outrora, tratava-os com tanto esmero! Permanecia de boca entreaberta *como as mulheres lá do terreiro. Dir-se-ia que todas, no hospital, se parecem*" (grifos meus, p. 49).

A Louca do Juqueri: *Um (In)esperado Refluxo*

e à transcrição de sua breve conversa com Trajano. Na contramão da homônima da *Divina Comédia*, a Beatriz do Juqueri converte-se, ao dizer a Victor que seu assento no manicômio está assegurado, no instrumento que dantescamente conduzirá o poeta ao Inferno da Loucura. Finda a visita, Trajano e Victor retornam à cidade. Ressalte-se que é o curador de Beatriz, e não Victor, que faz a única referência a uma obra literária na narrativa: cita, em inglês (seguido de tradução), "Lovers and Madmen", fragmento de *Sonho de Uma Noite de Verão*...[76]

A segunda parte do conto, de dimensões bem inferiores à primeira, mira exclusivamente Victor de Sá. O poeta despede-se de Trajano. Antes de retornar à sua residência (um quarto do Hotel Suíço, no Largo do Paissandu), Victor despacharia uma carta no Correio. Mais tarde, encontrar-se-ia com um amigo, Juraci Pacheco. O frêmito da metrópole[77] e a lembrança do Juqueri avivam-lhe a tão temida "sensação esquisita, misto de angústia e de prazer eufórico", e Victor perde a memória. Não reconhece as francesas que o abordam na rua[78], distingue com dificuldade os edifícios do entorno (Igreja do Rosário, Cinema Avenida, Hotel Victoria) e não identifica Juraci que, tendo-o longamente aguardado no átrio do hotel, o avista e o interpela. Tampouco logra, ao chegar ao Suíço, responder à pergunta do ascensorista, cuja irmã falecera no Juqueri. Extenuado, adormece. Desperta, horas depois, ainda mais acelerado, envolto em febre e delírio.

---

76. Como já apontado, o Bardo será igualmente mencionado em outro conto: "Hamlet na Quarta Parada".

77. "A Avenida São João parecia prolongar-se, sob a claridade dardejante dos seus possantes lampadários; a fachada dos prédios coloria-se de letreiros luminosos. No alto do prédio Martinelli, um deles, em letras escarlates, anunciava um sabonete. E os automóveis entrecruzavam-se, fonfonando; os vendedores de jornais apregoavam os jornais do Rio" (pp. 58-59).

78. Suas falas são transcritas em francês. Relatórios policiais indicavam que o Hotel Suíço era ponto de encontro de prostitutas e clientes (cf. Ana Carla de Castro Alves Monteiro, *Os Hotéis da Metrópole*, p. 35).

Valter Cesar Pinheiro

O narrador modela (e modera) sua onisciência em proveito de uma perspectiva que realce o campo de visão do poeta, cujo estado de consciência é intermitente. Por conseguinte, privilegia – em particular na descrição do surto – as impressões e sensações da personagem.

Nunca lhe fora possível explicar o que fosse aquilo. Vinha-lhe com um repuxamento no baixo ventre e uma contração no estômago, ímpetos de soltar um grito; até então, conseguira sempre recalcar o grito (p. 59);

E fez um grande esforço de memória, a ver se associava as suas ideias. Mas, não lhe foi possível. Tinha a cabeça congestionada, os miolos como que imprensados. Não houve meio de averiguar mentalmente por que motivo estava ali, como fora ter àquele lugar... Achou melhor não insistir (p. 61);

Ele tentou raciocinar; quis encadear o seu pensamento, as suas lembranças, as suas emoções; tudo, porém, ainda permanecia incerto. O quarto estava escuro, e, pela janela entreaberta, o reflexo da luz, que vinha de fora, remoinhava no teto, em danças cambiantes. Ouviam-se os rumores da rua – vozes articuladas, o vibrar da sineta dos trâmueis, o buzinar dos klaxons; o rádio, no Ponto Chique, repetia a toada nostálgica de um tango. E aquela toada lhe foi espertando reminiscências de uma viagem que fizera à Bahia (p. 64).

Além disso, faculta a Victor o direito à palavra. Sua retomada de consciência – do tango do Ponto Chique à pergunta do *chasseur* do hotel – é articulada, dita[79]. Os eventos do dia cinematograficamente "desfilam pela sua retentiva", e a afirmação da Louca do Juqueri – "O seu quarto está pronto! É ali no castelo, ao pé do meu" –, cuja voz ressoa incessantemente em seus ouvidos, é um presságio prestes a se realizar. As internas do sanatório, o chamado de Beatriz e as pancadas na porta do quarto (Juraci viera buscá-lo) amplificam o terror. Victor não reconhece sua imagem, que entrevê no espelho do guarda-roupa,

---

79. À sua transcrição interpolam-se verbos de elocução: "pôs-se a monologar", "falou em surdina", "fez uma nova pausa", "raciocinou", "inferiu", "exclamou", "bradou", "entrou a gritar".

A Louca do Juqueri: *Um (In)esperado Refluxo*

nem sua voz, "medonha, sobrenatural no seu timbre". Alucinado, joga-se contra o espelho e desfalece.

Apesar de suas múltiplas menções à modernidade nas ruas – buzinas, letreiros luminosos, bondes, transeuntes apressados – e a teorias psicanalíticas, "A Louca do Juqueri", pela caracterização das personagens – dentre as quais um poeta cujo desajuste não é resultado de uma *Weltschmerz* causada pelas mazelas do mundo e cujo ímpeto transgressor não se consuma na literatura, à qual, diga-se de passagem, ele jamais se reporta – e, em especial, pela composição de uma tradicionalíssima instância narrativa[80], carrega um "ranço passadista", *vintage*. A reversão de expectativa – o infortúnio da suposta prima--dona (seu aparecimento nos jardins do manicômio delineava-se como ponto alto da trama) é obnubilado pela iminente loucura de Victor – faz com que este vasto conto se assemelhe a um *grand opéra* cujo herói só se define no derradeiro ato. Seu desenlace é frustrante: o poeta esmaece e a voz narrativa esmorece, suspendendo indefinida e indesculpavelmente o final. A opção pela heterodiegese revela-se um equívoco, pois solapa o dúbio e o duplo que constituem o discurso e o *ethos* do protagonista[81].

"A Boneca do Mendes", segundo conto de *A Louca do Juqueri*, apresenta um triângulo amoroso cujo vértice principal é Ana do Carmo, esposa de Mendes Peixoto e amante de Luizito. Bipartida, a narrativa relata, no primeiro bloco, o encontro dos amantes na *garçonnière* de Luizito, "no terceiro andar de um arranha-céu, na rua Quintino

---

80. Assentada na voz heterodiegética, na perspectiva onisciente (focalização zero) e na corriqueira configuração do tempo (tempo da narrativa anterior ao tempo da narração).

81. Como contraponto, leiam-se os maupassanianos *La morte amoureuse* e *Le Horla* (e suas várias reelaborações: a versão definitiva, em forma de diário, é a terceira) e "O Duplo", de Coelho Neto (cujo narrador-personagem, Benito Soares, vê uma réplica de si mesmo sentada no banco da frente do bonde que tomara). Em todos os casos, a voz narrativa é homodiegética.

Bocaiuva", e, no segundo, à mesa de jantar do "suntuoso palacete da Avenida Brasil", a constrangedora discussão entre Ana e seu marido. Mencionada no título por um codinome depreciativo, Ana é, como Beatriz, ofuscada pelas vozes masculinas. Conquanto expresse, no sentido figurado, charme e beleza, o termo com o qual o narrador se refere à personagem – "boneca" – revela o ponto de vista falocrata sobre o qual se estrutura a narrativa. Para aquele que detém o discurso, Ana representa, a despeito (ou em razão) de uma sexualidade insubmissa às regras matrimoniais (que interditavam às mulheres a busca de prazer fora das estreitas paredes conjugais, o que, para os homens, tinha *status* de direito adquirido[82]), o protótipo da mulher-objeto, brinquedo do marido que a sustenta e do amante que a desfruta.

Da janela do apartamento reservado a seus amores ilícitos, Luizito divisa uma São Paulo em transformação:

> [...] à esquerda, ao longe, um trecho da Praça da Sé, torvelinhante de uma multidão confusa, que se apressava por entre o cruzar dos trâmueis e dos autos buzinantes; em frente, ficavam os andaimes da catedral em construção, e, para além da catedral, prédios novos, todos eles muito altos – o Teatro Santa Helena, com cartazes coloridos de uma companhia de variedades; à direita, a torre da Igreja dos Remédios, e, embaixo, traseiras de casas velhas, cujas frentes davam, outrora, para a antiga rua Marechal Deodoro, e, agora, para a praça (pp. 71-72).

Sobressaem, nesta *prise de vue*, as perspectivas da Catedral da Sé, do Teatro Santa Helena e da Igreja dos Remédios[83]. Vistos do alto, povo, automóveis e bondes parecem indistintos, peças que se movem tresloucadamente no coração da capital paulista. Em *zoom*, o narrador

---

82. Como se constata no último conto do livro, "Na Casa de Hermengarda".
83. A Catedral da Sé só foi inaugurada em 1954. O Palacete no qual se instalaram, nos anos que antecederam o lançamento de *A Louca do Juqueri*, os pintores do Grupo Santa Helena, foi derrubado em 1971. A Igreja dos Remédios foi demolida em 1942, como parte de um projeto que visava ao alargamento da Praça da Sé. Uma nova igreja foi construída no bairro do Cambuci.

A Louca do Juqueri: *Um (In)esperado Refluxo*

focaliza o comércio instalado nos andares inferiores do edifício. A descrição física dos trabalhadores[84], sobrecarregada de marcas distintivas de subalternidade (pobreza, feiura, sujeira), logra apreender uma categoria social em seu espaço de trabalho e, simultaneamente, evidenciar, por oposição, a classe e o ambiente pelos quais circulam Luizito e Ana do Carmo: a miséria dos primeiros realça a fortuna e o poderio dos segundos.

"Quando Ana do Carmo chegava, Luizito corria a abrir-lhe a porta, estendia os braços para ela, apertava-a contra si": o imperfeito, recorrente em toda a primeira parte do conto, indica o quão frequentes eram os encontros dos amantes ("à tarde, Luizito costumava esperar Ana do Carmo [...] ali encostado à janela"). Acentua-se, na descrição do furor lúbrico que se apossa do casal, o olhar lascivo que acompanha o desnudar de Ana. O narrador não apenas expõe o modo pelo qual Luizito percebe o corpo de sua *belle du jour*, mas afiança seu juízo, reiterando-o e complementando-o. Não por acaso, não há nenhuma alusão às feições de Luizito (que, muito provavelmente, estaria nu).

O que ele mais apreciava nela – dizia – era a esbelteza andrógina da sua plástica. E Ana do Carmo, *com efeito*, era uma *fausse-maigre* encantadora, morena, de olhos claros, cheia de sutilezas de expressão (grifos meus, pp. 73-74).

Mendes Peixoto, a quem oficialmente a boneca pertence, é avaliado pelo narrador. Apresenta-se à cabeceira da mesa de jantar devidamente alinhado, "muito digno, muito encorpado, os ombros largos, a testa franzida numa concentração de espírito de homem de negócio". "Claro está", diz o narrador, que Mendes ignora as escapadelas de sua

---

84. "[...] um cozinheiro sujo, de tamancas e boné branco, fumando, depenava galinhas"; "[o alfaiate] era um homem já velho, calvo, de orelhas enormes, despegadas do crânio, as faces encovadas. [...] Junto dele, uma mulher magríssima pedalava, dobrada sobre uma máquina de costura; por vezes, interrompia-se para escarrar de lado, tomada de uma tosse cavernosa" (pp. 72-73).

esposa, inclusive aquela que teria tido por propósito agraciá-lo com uma comenda.

"Nessa noite" (supostamente subsequente a um dos encontros de Ana do Carmo com Luizito), o casal discute à mesa. Não escapa ao crivo do narrador a elegância de Mendes Peixoto – "ele estava impecável, de casaca" – e esposa, de quem observa vestimenta e acessórios – "trajava um modelo em *crêpe mat* de Lanvin, com um *sautoir* de brilhantes que valia uma fortuna". É um *connaisseur en mode* (particularmente a feminina), conservador e aristocrata, que não dissimula pertencer àquele círculo (com o qual pactua os símbolos de ostentação).

O desfecho das duas cenas (a primeira, rotineira; a segunda, singular) é semelhante: ambas são marcadas pela mesma pergunta de Ana do Carmo. A Luizito, indaga: "Você em que está pensando? *En la muerte del cangrejo?*" A resposta – "Estou pensando em você! Eu só penso em você!" – é o sinal para um novo enlace sexual. Ao marido, inquiri: "Você o que tem? Que foi que houve? Alguma coisa há que você não me quer dizer". É o pretexto de que precisa Mendes para questionar os gastos excessivos da mulher, que redargui: "Você há de ser um eterno estraga-prazeres!" Delícias gratuitas com um, desgostos gratificados com outro: eis a fortuna da boneca com a qual, conscientes de seus papéis, se deleitam Luizito e Mendes Peixoto, duas faces da mesma moeda.

Clássico tema literário, o medo da morte é o mote de "Hamlet na Quarta Parada". O enredo é simples: a caminho de seu sítio em Sapopemba, Menezes, acompanhado do motorista, depara-se com um cortejo fúnebre. Desencadeada pela passagem do séquito, uma extensa e banal reflexão sobre a vida, a morte e a felicidade o impelirá a alterar seu trajeto e a testemunhar, de corpo presente, a chegada do caixão. A visão do cadáver, epifânica, consubstanciará, para Menezes, a temida e negada percepção de finitude.

Instintiva e inata, a recusa da morte adquire relevo singular no conto: é apresentada por um *outro*, distinto do narrador e das per-

A Louca do Juqueri: *Um (In)esperado Refluxo*

sonagens: Xavier de Maistre. Constituindo, *toute seule*, o *incipit*, a referência ao autor francês é separada da narrativa propriamente dita por um asterisco.

Embora Xavier de Maistre afirmasse que não era supersticioso, às vezes, à noite, sentia-se tomado de pavor. É que se metera na cabeça que havia de morrer à noite. Tinha esse pressentimento. Outras vezes, porém, isso lhe parecia um absurdo. Chegava mesmo a duvidar que, um dia, pudesse morrer. Dizia:

– Não, não é possível eu morrer, eu que vejo o mundo, falo, sinto, toco nas coisas. Não, não é possível! Que outros morram é natural. Vê-se isso todos os dias. Mas, eu morrer não é possível!

E, dirigindo-se ao leitor, observava-lhe:

– Aposto que é esse também o seu modo de pensar. Não há quem não ache natural a morte nos outros; ninguém, porém, pensa em morrer (p. 81).

Não há alusão ao livro do qual a passagem provém, *Expédition nocturne autour de ma chambre*[85]. Supõe o autor que esta obra seja de tal modo conhecida que dispensaria a menção a seu título? Não tendo sido até então traduzida no Brasil[86], presumivelmente transitaria, entre nossos leitores, apenas o texto original. Por conseguinte, qual o sentido de oferecer a este público, no lugar da transcrição em fran-

---

85. Trata-se de um fragmento do capítulo xxxvii: "Je ne suis pas superstitieux, mais cette heure m'inspira toujours une espèce de crainte, et j'ai le pressentiment que, si jamais je venais à mourir, ce serait à minuit. Je mourrai donc un jour? Comment! je mourrai? moi qui parle, moi qui me sens et qui me touche, je pourrais mourir? J'ai quelque peine à le croire: car enfin, que les autres meurent, rien n'est plus naturel; on voit cela tous les jours, on les voit passer, on s'y habitue; mais mourir soi-même! mourir en personne! c'est un peu fort. Et vous, messieurs, qui prenez ces réflexions pour du galimatias, apprenez que telle est la manière de penser de tout le monde, et la vôtre vous-même. Personne ne songe qu'il doit mourir. S'il existait une race d'hommes immortels, l'idée de la mort les effrayerait plus que nous" (Xavier de Maistre, *Oeuvres complètes*, p. 105).

86. *Voyage autour de ma chambre* e *Expédition nocturne autour de ma chambre* seriam traduzidas por Marques Rebelo e publicadas pela Pongetti em 1944. Em Portugal, todavia, os dois títulos foram traduzidos e lançados em 1888.

177

cês, uma livre versão do excerto? A decadência da influência francesa no Brasil, como apontara Mário de Andrade em artigo supracitado, teria constrangido Thiollier a fazê-lo? É quase certo, porém, que, nas viagens à roda de sua torre, lhe teriam caído às mãos não apenas os romances de Xavier, mas igualmente as obras do antimoderno Joseph, seu irmão, e, é claro, as *Memórias Póstumas*, nas quais Machado paga tributo ao escritor francês[87].

"Ninguém pensa em morrer", afirmara Xavier de Maistre. "Menezes ia além, – ele que adorava a vida e tinha horror à morte": nota-se, portanto, que o fragmento da *Expédition nocturne* é o ponto a partir do qual a voz narrativa compõe o protagonista, cuja apreensão, consequentemente, se faz na e pela leitura do mestre francês.

Bloqueado por um cortejo fúnebre de grandes proporções[88], Menezes vê-se forçado a fazer três paradas: à frente de uma vila operária e na passagem de nível da linha férrea (na altura da antiga Hospedaria dos Imigrantes), situadas na rua Visconde de Parnaíba, e para trocar o pneu de seu veículo, no Largo do Belém. Ao acurado retrato do sanatório entabulado pelo narrador do primeiro conto, corresponde a descrição, em "Hamlet na Quarta Parada", da "rua proletária mais extensa da nossa capital". É pela janela do automóvel que Menezes (como Bernardo, de "Coração de Boêmio") esquadrinha moradias, estabelecimentos comerciais e transeuntes, rabelaisianamente enumerados por uma voz narrativa que, tal e qual sua personagem, não se embrenha nos ambientes domésticos da Mooca.

Para Menezes, que considera felicidade e riqueza um binômio indissociável, a morte de um mal-afortunado não deveria ser razão de tristeza ("Que encanto poderia ter a vida para um pobre diabo

---

87. Cf. "Ao Leitor", advertência assinada por Brás Cubas.

88. O grande afluxo de amigos e curiosos justificar-se-ia não somente pela importância social que esse tipo de evento ainda tinha, mas também pela trágica causa da morte do falecido: suicídio.

A Louca do Juqueri: *Um (In)esperado Refluxo*

desses?"). Contestado pelo motorista, lembra-se de seu primo e patrão Anatólio, cuja vida ao lado da esposa histérica lhe parece um calvário, e aparenta reconhecer o desatino que proferira ("E é como diz você: não é porque um homem é pobre, é um operário, que não possa ser feliz"). Nesse momento, a voz narrativa intervém e descortina despudoradamente a hipocrisia do protagonista, revelando, na incomplacente descrição de seus traços, a repulsa que lhe desperta a inveja pela qual este é tomado. É um repúdio, portanto, que não se alicerça no preconceituoso ponto de vista de Menezes em relação aos infortunosos, mas mais especificamente na ganância e no ressentimento da personagem, o que coloca esse narrador, voluntária ou compulsoriamente, do lado de Anatólio:

> Ele falava assim como se estivesse amplamente contente com a sua sorte, como se soubesse recalcar as suas ambições, ele que não passava de um compêndio de sentimentos pequeninos, era um invejoso de marca, tinha uma inveja surda de Anatólio, não obstante o calvário da vida de Anatólio, só porque Anatólio era rico. Falava, arrepanhando os beiços, dilatando as ventas, apertando os seus olhos de míope, através de um *pince-nez* de vidros grossos, olhos globulosos de peixe, com as pupilas fora das órbitas, a clorótica amarelada. Falava, sentindo-se muito ancho, considerando-se, naquele momento, um espírito aperfeiçoado, ou pelo menos com tendências à perfeição (pp. 87-88).

Na parada para a troca do pneu, Menezes, para surpresa do chofer, decide "ver a cara desse defunto". Na entrada do Cemitério da Quarta Parada, principia um diálogo com um coveiro (cujo alvo é o mundanismo dos italianos e turcos, cristalizado na rica ornamentação dos túmulos) que o faz rememorar uma encenação de *Hamlet*[89] e profe-

---

89. "Menezes concentrava-se na lembrança de uma representação de *Hamlet*, por Dias Braga, a que ele assistira, uma vez, em menino, no teatro Recreio Dramático, no Rio." A peça de Shakespeare foi montada pela companhia carioca em 1907 (cf. *Correio da Manhã*, 24.05.1907, p. 8).

Valter Cesar Pinheiro

rir a célebre frase do príncipe dinamarquês (que fora mencionada, como visto anteriormente, na epígrafe). Menezes aguarda a chegada do morto, homônimo de outro herói shakespeariano, Júlio César. Ao avistá-lo, vê-se, "em espírito, dentro de um caixão, hirto como aquele homem, num aniquilamento integral, o cérebro vazio, sem mais um clarão, apagado para sempre". Desfaz-se a ilusão maistreana de imortalidade e Menezes parte imediatamente. O desenlace, similar ao do primeiro conto, igualmente evoca "O Duplo", de Coelho Neto (Thiollier dedicara ao escritor maranhense "A Prisão de São Lázaro", penúltimo episódio de *Senhor Dom Torres*).

A quarta narrativa de *A Louca do Juqueri*, "O Crime da Mulata", não tem por heroína a personagem à qual, por um atributo, o título alude: diferentemente de suas predecessoras (a "louca" e a "boneca"), à mulata sequer é conferido um nome. O protagonista é Teobaldo, que, "hipersensível, uma criatura dotada de uma grande alma de artista, apaixonado e sonhador", em sua imaginação recriara à imagem e semelhança de Constantinopla, que não conhecia, a rua 25 de Março.

Teobaldo tinha por hábito perambular pelo comércio da região central. Em sua última *flânerie*, dias antes de morrer, presencia o crime mencionado no título. A voz narrativa descreve, pela perspectiva da personagem, moradores, comerciantes turcos e vendedores. Revela seu ponto de vista, entretanto, no momento em que circunstancia o período histórico no qual adveio o fato narrado – "Naquele tempo São Paulo não era uma Terra de ocupação, Terra de ninguém, ou melhor, Terra de todo o mundo, menos nossa, como o foi depois" –, acentuando seu já mencionado antigetulismo, e que realça o talento literário congênito de Teobaldo, jamais despertado: "Pena é que se não atrevesse a escrever. Teria sido provavelmente um romancista ilustre à moda de Dickens, ou, então, um poeta à moda de François Coppée". Para o narrador, Teobaldo, um Pickwick do Brás, teria arrolado os diversos tipos humanos que aportaram na capital paulistana nas dé-

A Louca do Juqueri: *Um (In)esperado Refluxo*

cadas precedentes e nos teria legado, na década de *Ulisses* e *Orlando*, um *David Copperfield* piratiningano. A *anabase* iniciada na Ladeira do Porto Geral não engendraria versos persianos ou valéryanos, mas trovas *modernes* e *humbles* de feição parnasiana. Seriam estes os modelos literários de Teobaldo ou unicamente os da voz que invoca e interpreta o sensível literato *raté*?

Nas escadarias da Pensão Libanesa, que visitava a pretexto de ajudar uma família síria que se mudaria para a capital, Teobaldo avistou a mulata do crime, e o castigo que se lhe impuseram a subida e a decrepitude das instalações fê-lo rememorar páginas de Dostoievski. Em absoluta simbiose literária, evidencia-se, na narrativa, o quanto estão ancorados, narrador e personagem, na estética e no repertório do XIX.

No charco da rua 25 de Março, diversamente do que se vira na rua do Curtume de Benedita e Rosinha, não brotam flores: abandonada pelo marido, a mulata entrevista na escada precipitou-se sobre uma das moradoras da pensão, "uma dessas meretrizes de arrabalde", e, com uma punhalada, matou o suposto pivô da traição. Horas depois, esquecido o delito e desligadas as máquinas, "as bandas do Brás" imergiriam em reconfortante, porém passageiro, descanso.

Teobaldo, "esgueirando-se pela parede" da pensão, afastara-se do tumulto e, *malgré lui*, da narrativa. Depois de morto, o quase escritor transfigura-se em uma personagem igualmente ungida pelo fracasso. "O Crime da Mulata", registro de sua travessia pelas ruas da pseudo-Constantinopla paulistana e do crime que, ao fim e ao cabo, sequer testemunhou, condena-o, deliberadamente ou não, ao limbo do qual jamais se atreveram a sair os seus escritos.

No quinto conto do livro, "O Quanza", sobejam temas, imagens e perfis recorrentes nas narrativas thiollierianas: passeios dominicais matinais (de carro ou a pé), navios atracados em Santos (vistos do embarcadouro ou de seus interiores), paulistas que, por origem ou

Valter Cesar Pinheiro

princípio, assumem seu paulistismo perante o Estado Novo[90]. A trama é frágil: Escobar, um abonado bacharel em Direito, desce a serra a caminho de Santos. Do cais do porto, acompanha o movimento que cerca a partida do Quanza, vapor português. A *blitz* no fim da estrada ("Era na época da ocupação militar de São Paulo. O paulista tornara-se um indesejável na sua própria terra. Tinha que se inclinar à vontade de quem podia e mandava. E Escobar inclinou-se.") e as lembranças de uma viagem a Lisboa (e dos elogios à administração brasileira que lhe fizera um português, motivo de orgulho e regozijo), entrecortadas por frações de conversa captadas a esmo, facultam ao protagonista e à voz narrativa a ocasião para destilar a crítica contra o novo regime. Desprovido de trama que o sustente e de reflexões políticas consistentes, "O Quanza", embrião de *conte à thèse*, chafurda no estéril ramerrão antigetulista que caracteriza os discursos do acadêmico paulista, dos narradores e das personagens.

Das dez narrativas de *A Louca do Juqueri*, a sexta, "Pied d'Alouette", é a mais "literária": o registro da visita de Teobaldo (o mesmo de "O Crime da Mulata") às novas instalações do Convento do Carmo é permeado pela alusão, pelo protagonista (que, sublinhe-se, fizera menção a Dostoiévski no conto anterior), a três titãs da literatura europeia: Anatole France, Eça de Queirós e Maurice Maeterlinck.

O conto é dividido em duas seções, separadas por um asterisco: a primeira representa a transcrição da história da qual se teria rememorado Teobaldo ao deixar a Igreja e o Convento do Carmo, ainda em construção, e a segunda, na qual ficam consignadas suas reflexões e reminiscências, a visita às obras. As referências literárias que figuram em "Pied d'Alouette" teriam sido, portanto, articuladas pela "hipersensível" personagem, dotada, como afirmara a voz narrativa de "O Crime da Mulata", "de uma grande alma de artista".

---

90. O golpe de Getúlio foi promulgado no final de 1937. *A Louca do Juqueri* seria lançada poucos meses depois.

A Louca do Juqueri: *Um (In)esperado Refluxo*

Sobressai, dentre as recordações evocadas por Teobaldo, aquela que corresponde à primeira parte do conto: um extenso fragmento de *Le mannequin d'osier*, de Anatole France. Sem menção à obra da qual provém ou do autor que o idealizou, irrompe na narrativa Monsieur Bergeret, professor de literatura latina que protagoniza *Histoire contemporaine*. Os parágrafos iniciais apresentam o cético herói ("M. Bergeret, mestre de conferências na Faculdade de Letras, não era feliz; ganhava pouco. Tinha uma vida medíocre. E Madame Bergeret não o deixava em paz.") e seu gabinete de trabalho (em cuja mesa jaziam os livros dos quais se servia para preparar as aulas sobre o oitavo livro da *Eneida*). Na sequência, narra-se o encontro da personagem, em uma de suas caminhadas campestres, com Pied d'Alouette, mendigo que, inculpado de um roubo que não cometera, acabara de deixar a prisão (após seis meses de detenção). Do infortúnio do indigente – material (seus únicos bens eram uma faca, apreendida pela polícia, e um velho cachimbo) e social (miserável, era vítima fácil da arbitrariedade que traspassa as ações da Justiça) –, Monsieur Bergeret vislumbra a bem--aventurança: sendo livre, Pied d'Alouette era feliz. Para seu desapontamento, a ilusão prontamente se desfaz. O desvalido afiança-lhe que a boa sorte "vive dentro das casas", restando ao professor tão somente retorquir: "Você, então, acredita que a felicidade vive dentro das casas, num quarto bem aquecido, numa cama bem macia?! Como você se engana! [...] Eu, palavra, imaginava que você fosse mais inteligente!"

A lembrança deste longo excerto justificar-se-á no final da narrativa. O que se acentua, a princípio, é sua quase literalidade: não obstante a supressão de boa parte das descrições, de praticamente todas as personagens secundárias (com exceção do juiz Roquincourt, a quem é feita não mais do que uma rápida alusão) e das indicações de espaço (o que pode fazer crer àqueles que desconheçam a saga de Monsieur Bergeret que, a despeito dos sobrenomes das personagens, o episódio se passa em São Paulo), a fidelidade com a qual são recobrados os diálogos do texto de partida (aos quais, substancialmente, a cena relatada se restringe)

Valter Cesar Pinheiro

revela que as reminiscências de Teobaldo (transcritas pela voz hetero-diegética) e a narrativa anatoliana se sobrepõem de forma incontesté[91]. Teobaldo parece conhecer *Le mannequin d'osier* de memória. Caso tivesse se dedicado às letras, o possível "romancista ilustre à moda de Dickens" poderia, com algum esforço, ter-se tornado um Pierre Menard *avant la lettre*[92]. No entanto, o procedimento adotado por Thiollier, tal como se nos apresenta, não corresponde nem à reescrita *ipsis litteris* do fragmento extraído do segundo volume da *Histoire contemporaine* (tanto mais que sequer foi citado na língua de origem) nem ao amálgama deste com um escrito *outro*[93]. Há um asterisco no

91. O *incipit* do conto é extraído das páginas iniciais de *Le mannequin d'osier*. O encontro entre Monsieur Bergeret e Pied d'Alouette, que se pospõe à apresentação do professor de literatura ("Um dia saiu; pôs-se a andar."), só acontece, no romance de Anatole France, no terceiro capítulo. Cito, à guisa de exemplo, algumas das falas de Monsieur Bergeret e Pied d'Alouette e suas respectivas transposições no conto de Thiollier: "Bonjour, mon ami, je vois que vous connaissez les bons endroits. Cette côte est tiède et bien abritée." ("Bom dia, meu velho. Pelo que vejo você tem bom faro. Sabe descobrir os bons lugares, os lugares abrigados. Este aqui é bem agradável."); "Je connais des endroits meilleurs. Mais ils sont éloignés. Il ne faut pas avoir peur de marcher. Le pied est bon. Le soulier n'est pas bon. Mais je ne peux pas mettre des bons souliers, parce que j'y suis pas accoutumé. Quand on m'en donne des bons, je les ouvre." ("É agradável sim... Mas, eu conheço outros. O diabo é que são longe. É preciso andar, não ter preguiça. E ter bons pés e boas botinas. O meu pé não é mau; agora as botinas é que não prestam. Quando me dão um par, eu imediatamente talho-as de lado...", frase na qual a indefectível ênclise thiollieriana, absolutamente inadequada para a personagem, se opõe ao familiar "j'y suis pas" do texto original); "Mon pauvre ami, vous n'avez pas l'air d'un grand criminel. Comment vous faites-vous mettre en prison si souvent?" ("Você francamente não tem uma cara de grande criminoso. Por que seria que o prenderam?"); "Je ne fais pas les choses mauvaises. Alors je suis puni pour d'autres choses." ("É porque não sei praticar más ações; eles então perseguem-me por outras coisas."); e por fim, a réplica com a qual o episódio rememorado se encerra: "Vous pensez, Pied-d'Alouette, que le bonheur est sous un toit, au coin d'une cheminée et dans un lit de plume. Je vous croyais plus de sagesse".
92. "Pierre Menard, autor del Quijote", de Jorge Luis Borges, será publicado em 1939.
93. A colagem espargiu-se nas mais diversas formas de manifestação artística. É plausível supor que Thiollier, em suas andanças pela Europa, vira telas de Max Ernst, Picasso e Braque e escutara as sinfonias de Mahler. Em sua famosa biblioteca, decerto não falta-

A Louca do Juqueri: *Um (In)esperado Refluxo*

meio do caminho, insulando Monsieur Bergeret – e seu laureado criador – da narrativa do acadêmico paulista.

Na segunda parte do conto, desenrola-se a ação propriamente dita: a convite de Vicente Grey, um amigo que trabalha na obra, Teobaldo visita a nova sede do Convento do Carmo, cuja antiga matriz fora demolida em 1928 para a construção da Avenida Rangel Pestana, na Bela Vista. Signo das mudanças pelas quais passava o centro de São Paulo, sua desapropriação é, para a personagem (e para a voz narrativa), um ultraje à memória e à história da capital ("Teobaldo teve uma revolta íntima; considerou aquilo um vilipêndio a mais por tudo quanto é tradição venerável na nossa terra"). O aplicado leitor de Anatole France perambula pelos recantos da edificação e, do alto da torre, ao som do "rodar dos trâmueis, das carroças [e do] buzinar dos automóveis", reflete sobre o desassossego da vida na metrópole em transformação.

"Como o personagem de um conto de Eça de Queirós, desejou ser também frade num convento. Naquele convento ali": desta vez, há menção ao autor e ao gênero da obra à qual se faz alusão. Todavia, novamente a voz narrativa opta por não revelar o título do trabalho – "Singularidades de uma rapariga loura" – ou o nome da personagem – no caso, o narrador – a que se reporta Teobaldo[94]: unanimidade que agregava intelectualmente a elite brasileira do Norte ao Sul do país, Eça prescindiria de apresentações[95]. A inveja que lhe motiva a

---

vam *Poesia Pau-Brasil* e *Macunaíma*, obras nas quais Oswald e Mário, seus conterrâneos e contemporâneos, se valem fartamente daquela técnica.

94. A passagem mencionada encontra-se nas primeiras linhas do conto português: a vista do Mosteiro de Rastelo desperta no narrador o desejo de "ser um monge, estar num convento, tranquilo, entre arvoredos ou na murmurosa concavidade dum vale, e enquanto a água da cerca canta sonoramente nas bacias de pedra, ler a *Imitação*, e ouvindo os rouxinóis nos loureirais ter saudades do céu" (Eça de Queirós, *Obras de Eça de Queirós*, p. 681).

95. Adriana Mello Guimarães transcreve, em "Ecos de Paris: a moderna presença de Eça de Queirós no Brasil", importantes testemunhos de Ribeiro Couto, Gilberto Freyre e Antonio Candido, entre outros. Ressalte-se igualmente que *A Louca do Juqueri* e *Eça*

Valter Cesar Pinheiro

presumida paz de espírito alcançada pelos frades holandeses que se abrigam em tão silencioso nicho é rapidamente diluída pelo amigo que o conduziu àquele claustro, que afirma: "Esses telhados encobrem muitas pequenas misérias, muitos odiozinhos, muitas rivalidades entre eles, que os impedem de ser felizes". Em silêncio, Teobaldo não redargui. Diz consigo:

> Na vida, somos todos uns Pied d'Alouette, sempre a imaginarmos a felicidade onde ela não existe. A felicidade que é o "pássaro azul" de Maeterlinck! Muitas vezes estamos de posse dela, sem saber que a possuímos (pp. 137-138).

A lembrança do fragmento anatoliano, portanto, é posterior à evocação de Eça, sendo-lhe, a bem dizer, devedora. O remanso do convento converte-se, subsequentemente, no "quarto bem aquecido" cobiçado por Pied d'Alouette, personagem com a qual Teobaldo termina por se identificar (não obstante a desmedida clivagem econômica e cultural que os distingue). No entanto, asseguram-lhes Monsieur Bergeret e Vicente Grey, nenhum destes ambientes conduziria ao paraíso.

Sucedendo-se umas às outras, *en abîme*, explicitam-se, na forma de reminiscências, as referências literárias de Teobaldo. Frações do chão cultural compartilhado por narrador e seu público, as alusões desvelam-se apenas parcialmente no tecido discursivo: se o não-dito, legítimo "'pássaro azul' de Maeterlinck"[96], é apreendido pelo leitor em sua integralidade é porque este "muitas vezes est[á] de posse d[aquele], sem saber que [o] possu[i]". Teobaldo, que se equipara a Pied d'Alouette (conquanto ambos ocupem espaços de sociabilidade absolutamente distintos), diverge da voz narrativa, a quem *a priori* se

---

de Queirós e o Século xix, um dos principais estudos brasileiros dedicados à obra do romancista português, de Viana Moog, foram publicados no mesmo ano. Contrário a Getúlio, Moog participara, como Thiollier, da Revolução de 1932.

96. O escritor belga havia sido mencionado em *Senhor Dom Torres*: Damião Urraca, de "O Ladrão", cita a um interlocutor, Afonso, uma passagem de *Le temple enseveli*.

A Louca do Juqueri: *Um (In)esperado Refluxo*

une pelo culto aos cânones, em um aspecto crucial: não-escritor, avesso daquele que lhe dá a palavra, o *flâneur* da rua 25 de Março resguarda o amigo Grey de sua literatice.

As primeiras horas de Simplício Mendes Torres, "jornalista e corretor, ou melhor, corretor e jornalista nas horas vagas", em um paquete que partira de Santos com destino à capital federal constituem o eixo narrativo do sétimo conto de *A Louca do Juqueri*, "Uma Noite a Bordo do Flórida". O intuito de Simplício é gozar uma semana de férias conjugais, e, para obtê-las, alega à esposa uma viagem de trabalho. O conto é dividido em cinco fragmentos. No primeiro, expõe-se o mote supracitado. Nos quatro subsequentes, narram-se as peripécias de Simplício na noite do embarque: a acomodação na cabina, a conversa com o *barman*, o encontro com Pepe e Dolores – casal de argentinos com quem viajara havia alguns anos –, o jantar a três, o serão no tombadilho e o retorno ao camarote.

Simplício é o típico paulista bem-nascido e bem-sucedido: revela-se, na menção às viagens que fizera com os pais, quando criança, "a bordo dos paquetes das *Messageries Maritimes*", sua origem abastada, e evidencia-se, em seu plurilinguismo (Simplício sistematicamente faz uso, em seus diálogos, do idioma de seu interlocutor: francês com o *barman*, espanhol com Pepe e Dolores, italiano com um passageiro que julgava ser De Angelis, tenor conterrâneo de Enrico Caruso), seus conhecimentos gastronômicos e enológicos (oferece aos companheiros de jantar um Sauterne 1930 e lhes cita, enquanto examina o cardápio, os quatro tipos de *gourmands* definidos por Brillat-Savarin[97]), suas

---

97. Os *gourmands* (na narrativa, emprega-se erroneamente o termo *gourmets*) dividem-se em quatro categorias: financistas, médicos, homens de letras e prelados. Simplício cita – em francês, mas com adaptações – passagens extraídas da *Physiologie du Goût ou Méditations de Gastronomie Transcendante*, publicada em 1825 (cf. capítulo intitulado "Méditations xii – Des Gourmands"). O título do livro, no entanto, não é mencionado pela personagem. Ressaltam-se, também, o fato de que a valorizada *expertise* do pro-

Valter Cesar Pinheiro

referências musicais e literárias (reconhece, impresso em uma mala que resvalara no corredor, o nome de um cantor lírico italiano, e lembra-se de que, anos antes, em Paris, avistara Catulle Mendès[98] completamente embriagado em uma mesa do *Café de la Paix*) e seu privilegiado *train de vie* (que, todavia, se depauperara na última década), o grupo social ao qual pertence. Além disso, Simplício jacta-se despudoradamente de seu gênio bandeirante, que o teria levado – como a René Thiollier – a integrar as hostes antigetulistas. É sua atuação na linha de batalha, aliás, o assunto que norteia e anima a conversa com os companheiros de viagem sul-americanos.

O arranjo mobiliário de sua cabina o faz rememorar as viagens marítimas da infância. Para seu júbilo, nada mudara.

A mesma disposição quanto à cama, o lavatório, a garrafa d'água, os copos, as toalhas de linho grossas, duras, dobradas em quatro, o cinto de salvação, com um aviso explicativo ao lado. O povo francês é, sem dúvida, o povo mais conservador do mundo. É um escravo do passado. Razão tinha M. Bergeret quando exclamava: "– Que se pode alterar na França a não ser a cor dos selos?" (p. 144)

O conservadorismo francês, opinião de Simplício Torres à qual a voz narrativa dá livre curso, é, "sem dúvida", visto positivamente. Se na entrevista com o *maître d'hôtel* tal consideração não é verbalizada pelo protagonista, no episódio subsequente, no bar do navio, o pensamento finalmente se materializa: "Bons tempos aqueles!", pondera o corretor-jornalista, nos quais um rapaz de sua estirpe podia deleitar-

tagonista não é superior à da voz narrativa (que, ao nomear a bebida que Simplício pedira ao garçom, um "Berger", comenta: "Ao certo, Simplício não sabia o que fosse aquilo") e o interesse do autor pela *haute cuisine* (especialidade de Marcelino de Carvalho, um dos prefaciadores de *A Louca do Juqueri*).

98. O autor de *Philoména* integrou, ao lado de seu contemporâneo Coppée (citado em "O Crime da Mulata"), o círculo parnasiano.

A Louca do Juqueri: *Um (In)esperado Refluxo*

-se em Paris em espaços frequentados por medalhões do naipe de Catulle Mendès...

Em meio a essas reminiscências, sobressai a menção a Monsieur Bergeret. A tonalidade dual de "A Bordo do Flórida", narrativa na qual coexistem uma discreta sensualidade (das tão sonhadas férias conjugais resultam, na primeira noite de viagem, o atrevido toque na mão de Dolores e a procura por *petites femmes* no bar do navio) e uma ostentosa crítica ao Estado Novo (e ao novo estado de coisas no Brasil e no mundo), superpõe-se à referência ao catedrático da Sorbonne, ou, ao contrário, talvez não seja senão reflexo desta. A qual Anatole France o tripé autor-narrador-personagem alude? Ao libidinoso autor de *Le lys rouge* ou ao anticlerical, racionalista e cético escritor da *Histoire Contemporaine*? A dupla citação de seu *alter ego*, Lucien Bergeret (a personagem havia sido citada no conto precedente, "Pied d'Alouette"), manifesta uma leitura igualmente dúbia: a trinca de vozes antevê, pela inserção de fragmentos extraídos da tetralogia em narrativas nas quais a crítica política é bastante acentuada, a retomada da obra anatoliana que se anuncia no horizonte (*Histoire Contemporaine* será traduzida pela Editora Vecchi, do Rio de Janeiro, e lançada em 1942 e 1943)[99], mas a ressignificação que atribui a estes excertos é, ainda, muito contaminada pela visão primeva, sensual, que se impregnara nas retinas daqueles que, no raiar do século XX, liam *Thaïs* do lado de cá do Atlântico.

A passagem de *Le mannequin d'osier* de que se lembra Simplício ao examinar sua cabina é, todavia, mal transcrita. "Que se pode alterar na França a não ser a cor dos selos?", frase atribuída a Monsieur Bergeret, é, no texto francês, proferida por M. Worms-Clavelin[100], o

---

99. Cf. Regina Maria Salgado Campos, "Anatole France nos Anos 40".
100. "Montre-moi un peu ce qu'on pourrait bien changer. La couleur des timbres-poste, peut-être... Et encore!... [...] Non, mon ami, à moins de changer les Français, il n'y a rien à changer en France" (Anatole France, *Au tournant du siècle. Le mannequin d'osier*, cap. x, p. 188).

189

Valter Cesar Pinheiro

"*vide, incolore et libre*" *préfet de la République*. O discurso passadista, portanto, não é de autoria do professor de literatura latina, mas do incrédulo político israelita e maçom. Quem é o responsável pelo equívoco? Se fosse Simplício, a quem é imputada a inexata recordação, não seria crível imaginar que a voz narrativa, degraus acima do protagonista, o corrigiria? A citação parece resultar de leitura recente, e sua falha talvez seja decorrência da falta de consulta ao original. Tal disparate, longe de enturvar a relevância da alusão, põe em evidência sua significação. De que perspectiva a tríade de leitores anatolianos considera a crítica sobre a qual se assenta a *Histoire contemporaine*? Que propósito move o autor, René Thiollier, a mencionar por duas vezes Monsieur Bergeret[101] nos contos de *A Louca do Juqueri*? Instigado pelas páginas políticas do escritor francês, o acadêmico paulista decide, por meio de narrativas ficcionais, fazer a crítica – cética, irônica ou amarga – da Revolução Paulista de 32 ("Estivera, diversas vezes, a pique de perder a vida numa trincheira, em Vila Queimada, debaixo de fogo. E tudo para quê?", indaga-se Simplício tendo sob os olhos o periódico portenho *La Prensa*), ou sua análise, impregnada de referências autobiográficas, seria tão somente a tentativa de forjar, com cores locais, um texto à moda de Anatole France (no qual o Estado Novo tomaria o lugar da *Troisième République*)? Seu envolvimento com as questões paulistas nos anos trinta e seu progressivo afastamento do grupo modernista (o qual, como já afirmado, jamais chegou realmente a integrar) parecem reconfigurar a leitura da obra do galardoado autor de *Crainquebille*. Da prosa anatoliana, Thiollier absorverá não apenas a coloratura clássica (que ecoa nas epígrafes de *Senhor Dom Torres*), mas também – como evidenciará sua narrativa ulterior, *Folheando a Vida* – a têmpera política (de matiz díspar, divergente).

---

101. O fragmento citado no conto anterior foi igualmente colhido do segundo tomo da *Histoire Contemporaine*.

A Louca do Juqueri: *Um (In)esperado Refluxo*

As circunstâncias minudenciadas por Simplício relativas à sua participação na Revolução Constitucionalista parecem extraídas das páginas de *A República Rio-Grandense e A Guerra Paulista de 1932*. Seu destemor arrebata seus interlocutores hispanófonos, seduzidos pela narrativa bélica, e Pepe o aclama como herói: "Amigo del famoso heroi, que es usted, a quien tiengo el honor de saludar!" Não é sem amargura que Simplício lamenta o império de marajás que poderíamos ter sido: "Se não fosse a Revolução de 30, hoje, possivelmente, seríamos os nababos do mundo!" Para seu desgosto, o "Flórida", *plutôt une pension de famille*, tampouco era *un palace*. E as *filles de joie*, convertidas em *pauvres malheureuses* pelo *barman*, não frequentavam mais navios daquele porte...

O povo, metonimicamente representado por um padeiro tuberculoso e um barbeiro hispano-argelino, ganha o proscênio no oitavo episódio de *A Louca do Juqueri*. Sua presença, todavia, passa (mais uma vez) por uma dupla filtragem: relato de segunda mão, "A Estação de Rabat" é uma junção de histórias passadas adiante por personagens que se interpolam entre a rude plebe e a voz narrativa.

Tavares Alvim – "*causeur* admirável", "homem de grande cultura" e praticante de caridade "à moda evangélica" – é o objeto do *incipit* do conto. Àquele que era "conhecido unicamente pelo seu coração" é consagrado um sintético *portrait psychologique*. Tavares não era apenas pródigo: cético (como Monsieur Bergeret?), acreditava que a falta de companheirismo e amparo entre os menos favorecidos se tornara um importante instrumento de coerção: "O povo", dizia, "embora represente em conjunto uma grande força, nunca se há de libertar da tirania que o oprime, porque o povo desconhece o que seja a solidariedade entre si". Como exemplo, citava os maus tratos que sofria um jovem padeiro tísico cuja moradia em um cortiço ele custeava.

O anônimo padeiro, entretanto, tão somente personifica o abandono ao qual se entregam os desmunidos. Seu protetor não assiste à ascensão de Getúlio, divisor de águas entre as forças políticas e sociais do país. Tavares fora testemunha, evidentemente, das greves colossais que eclodiram na capital paulista nos últimos anos da década de 1910, as quais, por negligência ou omissão intencional, o narrador parece ignorar. Com sua morte (e o fim da República Velha), prefigura-se o surgimento de uma nova consciência de classe.

> Tavares Alvim morreu em 1927. É possível que, se vivesse hoje, o seu modo de pensar fosse outro. As coisas, de então para cá, mudaram. O povo como que vai compreendendo que a sua força reside precisamente na sua solidariedade. E faz empenho em que ela se evidencie em todos os seus gestos, em todos os seus atos. A prova disso teve Xavier Marques logo após a Revolução de 30 (p. 162).

A Tavares Alvim sucede Xavier Marques, e ao padeiro, o barbeiro (seu nome, Antônio, jamais é mencionado pela voz narrativa). Não tendo realizado seu *american dream* em solo brasileiro, o barbeiro começara a montar e a revender aparelhos de rádio – que, de tão bons, sintonizavam até uma estação de Rabat! – com o objetivo de retornar ao Magreb.

"Numa noite de lua, em que o céu fulgurava de estrelas", Xavier decide, depois de inúmeros adiamentos, ver os objetos fabricados por Antônio. Vai ao endereço indicado, mas não encontra o argelino. Peregrina por toda a via, interpela os transeuntes, verifica a numeração das residências. Sem sucesso. Dizem-lhe enfaticamente que não há, nos arredores, nenhum barbeiro que fale francês ou monte aparelhos de rádio. Teria Xavier se enganado de rua? Na manhã seguinte, recebe uma ligação telefônica de Antônio. Em tom de lástima, o barbeiro credita o equívoco da véspera à camaradagem de seus vizinhos, que, temerosos de que fosse a polícia, fingiram desconhecê-lo.

Tavares Alvim e Xavier Marques intercalam-se entre as personagens populares e o narrador, servindo de anteparo entre este e aquelas. O belo gesto de amizade, portanto, é visto à distância. Se mais não fosse, é toldado pela alusão ao período histórico no qual se desenrola o con-

A Louca do Juqueri: *Um (In)esperado Refluxo*

to, pois não há, em *A Louca do Juqueri*, uma única menção à década de trinta que seja auspiciosa. "Foi uma pena" que Xavier não tenha visto seus aparelhos em funcionamento, lamenta-se o barbeiro. Seus solidários vizinhos jamais deveriam ter deixado o *backstage*.

"Semana Santa à Beira-mar" tem forma dialogal[102]. O penúltimo conto da coletânea oferece ao leitor o fragmento de uma conversa em andamento entre duas personagens (evidenciar-se-á que se trata de homens de meia-idade): um dos interlocutores contribui apenas com intervenções episódicas ("Será possível?"; "E muita gente?"), ao passo que o outro, em um diálogo tão assimétrico, fala de sua estada em Santos, de jogos de azar e de um amigo comum. Eloquente, celebra o dinamismo da cidade do litoral paulista, que, no entanto, seria ainda maior caso Washington Luís, tão logo assumira a Presidência da República, não tivesse proibido o funcionamento das casas de jogos[103]. Esta teria sido, ressalta a personagem, a razão pela qual o último presidente da República Velha fora "apeado do governo". A menção à vida mundana e elegante nas cidades nas quais havia cassinos de grande porte o faz lembrar-se de Quincas. O relato do último encontro entre ambos, na capital gaúcha, constitui o núcleo duro da narrativa.

O "muito insinuante, muito maneiroso, inteligente e engraçadíssimo" Quincas – cujo discurso, proporcional a suas dimensões físicas ("enorme, muito barrigudo"), ocupa o restante da narrativa – torna-se o verdadeiro protagonista do conto. As peripécias financeiras de um passado recente, os clientes que se adentram no cassino (dentre os quais Barbiani, o comendador, e Juventina, a poetisa) e a "muito

---

102. Conspurcada por uma desnecessária inserção entre as falas: "E depois de uma pausa, ele contou".
103. Os cassinos, no Brasil, só podiam operar em estâncias hidrominerais. Em 1926, Washington Luís interdita suas atividades em todo o território nacional. Getúlio Vargas, em 1933, liberará sua reabertura. A crítica a Washington Luís não corresponde, *ça va sans dire*, a um elogio a Getúlio, a quem, aliás, não se faz alusão nesta narrativa.

plebeia" cidade de Santos estão entre os assuntos de que se ocupa o falastrão. Sobressaem, em seus comentários, referências à literatura e à história: equipara a reunião com seus credores à Noite de São Bartolomeu[104]; a concubina do comendador, Margarida dos 30, à "Dama das Camélias"; e a si próprio a Ruskin, de quem cita: "que se queimem os museus, mas que a obra da natureza prossiga"[105]. Tal e qual seu interlocutor, deixa-se, em suas idas às praias de Santos, embalar pelo frescor das vagas. "Que me estou tornando de um pieguismo idiota!", encabula-se. Quincas, como seus pares, é um hedonista e erudito *homme du monde* à moda antiga, espécie – como indiciam seus apuros monetários – em via de extinção.

"Na Casa da Hermengarda" é o último e mais longo conto de *A Louca do Juqueri*. Dois amigos, Conrado de Almeida e Afrodísio Benaím, decidem, ao avistarem-se nas dependências do Automóvel Club de São Paulo, passar o restante da noite em um bordel – despoticamente conduzido pela personagem mencionada no título[106] – no Largo do Arouche.

Afrodísio e Conrado, diferentes nas suas semelhanças, são tipos bem característicos da alta burguesia paulista da década de 1930[107]. É pela descrição de ambos – na qual sobressai, entremeado com pormenores de ordem física e psicológica, o impacto da mudança de governo em

---

104. Pano de fundo da trilogia dos Valois elaborada por Alexandre Dumas, pai: *La reine Margot*, *La dame de Monsoreau* e *Les Quarante-Cinq*. *La dame aux camélias* foi escrita por seu filho ilegítimo, Alexandre Dumas, filho.

105. A frase atribuída ao crítico de arte vitoriano afigura-se um equívoco. John Ruskin era fervoroso defensor das "vozes do passado", baluarte, na disputa de tendências relativas à restauração de monumentos históricos, da corrente conservacionista (que defendia a manutenção das características originais do edifício), à qual se opunha a corrente intervencionista de Viollet-le-Duc. A frase citada remete às ideias piromaníacas apresentadas por Marinetti no *Manifeste du Futurisme*.

106. Assinale-se que a cafetina, tal qual a louca Beatriz, não é a protagonista da narrativa.

107. Como o são, reitere-se, Luizito e Mendes Peixoto, de "A Boneca do Mendes", Escobar, de "O Quanza", e Simplício Mendes Torres, de "A Bordo do Flórida", entre outros.

A Louca do Juqueri: *Um (In)esperado Refluxo*

suas trajetórias – que a narrativa se inicia. A corpulência e a face "rubra" e "enfartada" de Afrodísio ("de quem não sabe privar-se de um bom prato, de um bom vinho"), aliadas a uma apuradíssima elegância no vestir, evidenciam o *lifestyle* do quarentão *bon vivant*[108], cuja fortuna a Revolução de 1930 pusera em risco. Seu capital de relações sociais, no entanto, permitiu-lhe que se "reajust[asse] a seu modo": Afrodísio deixou-se cooptar pelo regime político que se consolidava. Conrado, que fez seus estudos secundários na Europa, administra as terras que herdou do pai. O tranquilo e teso fazendeiro, sempre "irrepreensivelmente escanhoado" e com ares de "dândi de outrora", participou, sem que soubesse exatamente o porquê, da Guerra Paulista[109]. Pai de família, raramente vem à capital. Quando o faz, contudo, não se furta a frequentar, como seu amigo Afrodísio, lupanares de alto bordo.

Na sala de leitura do Automóvel Club, Conrado folheia um número da *L'Illustration*. Interessa-se por um artigo – do qual é transcrito um longo fragmento – dedicado a Henri de Régnier, que falecera havia pouco[110]. "E lembrou-se dos seus tempos de rapaz em Paris, quando o simbolismo estava em moda. Fora um admirador de Henri de Régnier: sabia os seus versos de cor". Conrado não fora o único: o lidíssimo

108. "Era expoente máximo de uma casta ora periclitante, mas que jamais se extinguirá – a casta dos vivedores, dos sibaritas por excelência, para quem o supremo bem da vida está no gozo, no jogo, nas mulheres; casta invejada por todos e, por isso mesmo, odiada" (p. 182).
109. "Em 32, não sabe que foi que lhe deu. Perdeu o *self*-controle. Deixou-se empolgar como todo o mundo, alistando-se num batalhão de voluntários e partindo para o *front*. Hoje, isso lhe parecia impossível. Chegava mesmo a duvidar que houvesse praticado semelhante despropósito. Era como considerava o seu ato" (p. 183). Conrado, a respeito de seu engajamento na Revolução Constitucionalista, tem ideias similares às de Simplício Mendes Torres.
110. Henri de Régnier, nascido em dezembro de 1864, morreu em maio de 1936. No excerto reproduzido, lamenta-se a perda do poeta, romancista e crítico literário do *Figaro*, um dos últimos representantes da "aristocracia do pensamento e da forma" em um mundo no qual impera a lei das massas, isto é, no qual a noção de coletivo prima sobre a qualidade individual e a *grâce de l'exception*. O artigo mencionado não foi encontrado.

Valter Cesar Pinheiro

autor de *Poèmes anciens et romanesques* era um dos escritores diletos de Thiollier, sendo mesmo, como atesta o autor no já mencionado "A Semana de Arte Moderna", o mote da discórdia, a razão de seu retraimento em relação ao grupo modernista ainda em gestação.

Uma vez em que, muito naturalmente, pronunciara o nome de Henri de Régnier, a propósito de um soneto, que lhe lera, na *Revue de l'Amérique Latine*, vi-os estorcerem-se, tão demoradamente, em golfões de riso farsola, que, para sempre, se me foi o ânimo de desafogar uma palavra em presença deles[111].

Mário de Andrade insurgir-se-á contra Régnier em artigo de boas-vindas a Blaise Cendrars lançado em março de 1924 na *Revista do Brasil*[112]. Thiollier, em defesa do poeta simbolista (e de si mesmo), lançará mão, na narrativa escrita no final do decênio de trinta, de um argumento alheio, extraído de um ensaio publicado na *L'Illustration* (portando, por conseguinte, a chancela do periódico francês de maior circulação no mundo). Mais do que elogio a um escritor cuja reputação fora mutilada por um dos próceres do movimento modernista, a extensa citação (a maior de *A Louca do Juqueri*, excetuando-se a colagem do fragmento da *Histoire contemporaine* que principia "Pied d'Alouette"), argumento de

---

111. *O Homem da Galeria*, pp. 96-97; *A Semana de Arte Moderna (depoimento inédito)*, pp. 40-41.

112. "Esse [Blaise Cendrars] é o homem que São Paulo hospedará por alguns meses. À sua chegada deu-se um incidente grandioso. As autoridades de Santos quiseram impedir-lhe o desembarque, porque era mutilado. Tudo se arranjou; felizmente para nós que possuiremos o poeta por algum tempo. Mas o ato policial me enche de sincero orgulho. Que vem fazer entre nós os mutilados? O Brasil não precisa de mutilados, precisa de braços. O Brasil não precisa de recordações penosas senão de certezas joviais. Numa descida de vapor a polícia não podia pesar as riquezas espirituais que Cendrars nos trazia. Impediu-lhe a entrada. Fez muito bem. Inteirada depois, permitiu que passasse. Fez todo o bem. Essa tem de ser a nossa forma habitual de proceder. Nada temos de aprender com o Sr. Henri de Régnier, poeta de França. Temos muito que aprender com Cendrars, poeta do mundo. O Sr. de Régnier é mais mutilado que Cendrars para as necessidades do organismo nacional" (Mário de Andrade, "Blaise Cendrars", *apud* Alexandre Eulalio, *op. cit.*, p. 394).

A Louca do Juqueri: *Um (In)esperado Refluxo*

autoridade contra as vozes que, nas décadas precedentes, escarneceram do amigo e crítico de Graça Aranha[113], é o tributo a uma elite intelectual que expirava e a uma forma de fazer literário que não tinha mais lugar.

Conrado, entretanto, não chega a terminar a leitura da revista. Alguns sócios introduzem-se no salão e põem-se a falar de política. Dentre eles, destaca-se Ananias, que, advogando em causa própria (ele combateu em Itararé), toma o leitor de Régnier como exemplo de probidade e decoro ("A epopeia de 32 nós a devemos à gente da estofa de Conrado, à gente limpa de São Paulo, que nunca parasitou à custa dos cofres públicos"). O verdadeiro motivo de sua ira, no entanto, é a exclusão de seu nome da lista de deputados. No fundo, "ele arrog[a]-se toda sorte de direitos e não se p[ode] conformar com a sua situação atual", afirma a voz narrativa, que, se não corrobora, se resigna à máxima de Afrodísio: "Tolo é quem está de cima e não aproveita".

Na portaria do clube, Conrado reencontra Afrodísio. Este, que assistira a todas as estreias cinematográficas da semana e vira frustrada a tentativa de arregimentar amigos para uma partida de bridge, convida aquele a "enterrar a noite numa casa de *rendez-vous*". Em direção do Arouche[114], falam de prostituição. O rigor da imigração[115], que inibia a vinda de meretrizes estrangeiras, estaria na origem da decadência de que seriam vítimas os bordéis paulistanos, lamenta-se Conrado[116],

113. Henri de Régnier, que frequentava o salão do então ministro plenipotenciário do Brasil em Paris, fizera a crítica de *Malazarte* para o *Journal des débats* (cf. Rubens Borba de Moraes, "Graça Aranha e a Crítica Europeia", *Klaxon: Mensário de Arte Moderna de São Paulo*, nº 8 e 9, pp. 7-9).

114. O Automóvel Club situava-se na Praça Antônio Prado, ponto inicial da Avenida São João.

115. O desemprego teve efeitos profundos na política de imigração: o decreto 19.482, de 30 de dezembro de 1930, com o intuito de proibir o afluxo de estrangeiros sem qualificação ou que viessem a disputar postos de trabalho com os brasileiros de origem, vetou a entrada no país àqueles que viajavam em terceira classe.

116. A personagem não alude às políticas sanitárias implantadas em São Paulo ao longo da década de 1920.

Valter Cesar Pinheiro

que, inverossimilmente estimulado pelo relato que faz de sua ida ao sórdido "Wunder Bar" e pela noite que se lhe anuncia, traz à conversa a literatura.

– Estive relendo, ultimamente, na fazenda, *Os Contos de Jacques Tournebroche*. Digam lá o que quiserem os detratores da obra de Anatole France. Que admirável escritor foi ele! Quanto encanto se desprende de tudo quanto ele escreveu! E que formidável cultura clássica tinha ele! Sabia trechos inteiros de Homero e de Sófocles de cor; o mesmo acontecia com o teatro de Racine. Possuo um fac-símile de uma cena de *Andrômaca*, transcrita por ele de memória. Além disso – é como dizia Rodenbach – Anatole France possuía uma erudição de biblioteca e de alcova. Em todas as suas páginas, sente-se, em meio de uma sensualidade ardente, a presença de Vênus. Vênus foi a sua colaboradora inseparável. Sem ela, ele nada teria realizado. Era como o matemático Melanto, que confessava: – "Eu não poderia demonstrar as propriedades de um triângulo sem o auxílio de Vênus" (p. 196).

A caminho do prostíbulo de Hermengarda, Conrado faz alusão a Anatole France, cuja vida e obra, como revela seu discurso de forma inconteste, admira profundamente. O fazendeiro, que acabara de reler (o prefixo que indica a repetição não foi usado inadvertidamente) *Os Contos de Jacques Tournebroche*[117], conhece não apenas a biografia e a obra de ficção (à qual faz entusiásticos elogios) de seu estimado autor[118], como também sua fortuna crítica. Acentua a sólida erudição de Anatole – de que seriam prova as citações de memória de Homero, Sófocles e do neoclássico Racine – e sua "sensualidade ardente", e, àqueles que veem seu legado com reserva – a quem chama de "detratores" (sem, todavia, apontar o nome de nenhum deles) –, contrapõe

---

117. Cujo título remete a um dos livros de maior sucesso do escritor francês: *La rôtisserie de la Reine Pédauque*. É deste romance que provém o suposto autor das narrativas, Jacques Ménétrier, denominado Tournebroche por seu douto preceptor, o libertino abade Coignard. *La rôtisserie de la Reine Pédauque* foi publicado em 1892; *Les contes de Jacques Tournebroche*, em 1908.

118. Do qual orgulhosamente possui um manuscrito, autêntico objeto de colecionador.

A Louca do Juqueri: *Um (In)esperado Refluxo*

o simbolista Rodenbach[119], de quem fidedignamente reproduz, sem mencionar o título do ensaio ou o livro do qual foi transcrito (e tampouco indicar que se trata de uma citação), o trecho correspondente à segunda metade do parágrafo supradito[120]. Na sequência, após uma referência a Camilo Castelo Branco[121] feita por Afrodísio, Conrado demonstra o quanto conhece o livro ao qual se reportara e cita, em latim e em francês, passagens de um dos contos de Tournebroche, "La Picarde, la Poitevine, la Tourangelle, la Lyonnaise et la Parisienne"[122], das quais se serve para perguntar ao amigo como é a cafetina paulista. A alusão a Anatole France não é casual. À imagem sensual e erudita do escritor francês a que Conrado se atém[123] aplicam-se as referências aos

119. Escritor belga (1855-1898), Georges Rodenbach manteve estreita amizade com Remy de Gourmont, Edmond de Goncourt, Catulle Mendès, Mallarmé e Proust, entre outros. Suas obras mais conhecidas são o romance *Bruges-la-Morte* e a coletânea de versos *Le règne du silence*.

120. "Mais la connaissance de toute l'histoire, humaine, littéraire, et même de toutes les anecdotes, y compris et surtout celles de l'Église, ne suffit pas à faire de beaux livres. Le mathématicien Mélanthe l'a dit: 'Je ne pourrais pas sans l'aide de Vénus démontrer les propriétés d'un triangle'. M. France n'a pas négligé l'aide de Vénus qu'on sent partout présente et agissante dans ses œuvres. En celles-ci flotte sans cesse la subtile chaleur de l'amour, une sensualité ardente en même temps qu'ingénieuse. Et ceci constitue la principale originalité de l'écrivain; une science égale des livres et des caresses, une érudition qui cumule la bibliothèque et l'alcôve. Charme imprévu d'un savant qui est voluptueux" (Georges Rodenbach, "M. Anatole France", *L'Élite: écrivains, orateurs sacrés, peintres, sculpteurs*, pp. 170-171).

121. "É por isso que eu adoro a companhia das Vênus vagabundas. Conspurco-me com muito prazer nos latíbulos em que elas se aninham", diz Afrodísio. A frase, "vernáculo do mais puro" ao qual a personagem alude, lida nas páginas da revista *O Malho*, aparece no capítulo xiv de *A Brasileira de Prazins* ("[Feliciano Prazins] nunca se conspurcara nos latíbulos da Vênus vagabunda", p. 259).

122. Da turonense, que se recusa a trair o marido pelo medo de ser surpreendida por ele, diz o abade Coignard: "Cette Tourangelle est fornicatrice dans le fond de son coeur", frase que é ligeiramente alterada por Conrado: "Cette femme était fornicatrice dans le fond de son coeur". "Lena, conciliatrix [e] internuntiata libidinum" são sinônimos latinos para "alcoviteira" ensinados pelo mestre de Tournebroche ao capuchinho Chavaray (*Les contes de Jacques Tournebroche*, pp. 72 e 70).

123. À qual não se justapõe a perspectiva anticlerical e socialista da *Histoire contemporaine*.

199

Valter Cesar Pinheiro

"ainda mais passadistas" Camilo Castelo Branco e Georges Rodenbach. Não há espaço, no repertório de Conrado e Afrodísio, para autores contemporâneos – nacionais ou estrangeiros – que se tenham interessado pelo lúbrico tema da prostituição[124] ou pelo espólio anatoliano. Signos de inércia *e* resistência, essas citações conferem à narrativa, sob a égide de Henri de Régnier, um aroma de *Belle Époque* oitocentista.

A cafetina, mulata interiorana "com ares de Joséphine Baker", recebe os amigos no vestíbulo de seu estabelecimento. Conrado surpreende-se com a sofisticação do ambiente e com a beleza das jovens cortesãs ("A sala de jantar da Hermengarda – dir-se-ia – o salão de apresentação de modelos de um costureiro parisiense") e, por seu turno, é recepcionado como um paxá: a presença de um "fazendeiro como só havia nos tempos da República Velha" deslumbra as meretrizes, que, afiançadas por Hermengarda ("Este não é quebrado. [...] Tem muito de *l'argent!*"), se exibem aos clientes recém-chegados em trajes elegantes (meticulosamente descritos) e meneios lascivos. Conrado silencia a razão de sua vinda a São Paulo (veio à capital renovar uma hipoteca), a qual a voz narrativa, que toma partido, justifica peremptoriamente: "Era uma vítima, como todo o mundo, desse cancro que é o Departamento Nacional do Café"[125]. A graça das *escorts girls* que desfilam diante de seus olhos, provindas de países exóticos e longínquos – Rússia, República Tcheca, Letônia e Indonésia (Java) –, a julgar pelo arrebatamento de que é tomado o narrador (que se iguala às demais vozes masculinas do conto) ao descrevê-las, é extasiante. Conrado encanta-se com a russa e lembra-se, ao contemplar-lhe as mãos, do *best-seller* de Alexis Carrel, *L'homme, cet inconnu*, no qual há um capítulo laudatório àquela parte

---

124. Dentre os quais se destacam Mário de Andrade, que publicara, em 1927, *Amar, Verbo Intransitivo*, e Jorge Amado, com *Suor*, lançado em 1934.

125. O Conselho Nacional do Café, posteriormente denominado Departamento Nacional do Café, foi criado por Getúlio Vargas em 1931. A autarquia era subordinada ao Ministério da Fazenda.

A Louca do Juqueri: *Um (In)esperado Refluxo*

do corpo[126]. Afirma que, se fosse pintor, "só pintaria mãos, seria um pintor no gênero de Ismailovitch", o que, nas entrelinhas, se configura como um elogio à edição de *A Louca do Juqueri* (e, obliquamente, ao acervo do colecionador René Thiollier).

Conrado põe-se, então, a contar a história de São Cipriano e a ler as mãos das prostitutas, que, cativadas pelos mistérios da quiromancia, disputam um lugar ao lado do polivalente e ilustrado fazendeiro. Sucedem-se presságios de sucesso e infortúnio (entrelaçados a histórias pregressas das consulentes) ao fim dos quais os amigos escolhem as moças que lhes farão companhia até o amanhecer: a russa Pulquéria é a favorita de Conrado; as irmãs Kathi, letã e tcheca, são as eleitas pelo voluptuoso Afrodísio.

O *præludia coiti* de Conrado e Pulquéria, que encerra a narrativa, é marcado pelo "arrependimento idiota" do oráculo, que, minutos antes, previra um futuro doloroso para uma das meninas de Hermengarda. A russa circunstancia os reveses sofridos pela jovem e assevera ao fazendeiro que a cafetina é agente de uma poderosa rede ligada ao tráfico internacional de mulheres, cujos tentáculos se estendem (Pulquéria cita Albert Londres) por toda a América do Sul[127]. Não se concretiza sob as pupilas do leitor a promessa de "lascivos amores" e "galanteios profanos"[128], e o conto chega ao fim com sabor de anticlímax.

126. Cirurgião e fisiologista francês (1873-1944), Alexis Carrel desenvolveu técnicas de sutura dos vasos sanguíneos e foi um dos pioneiros na área de transplante de órgãos. As teses eugenistas que defende em sua obra de maior sucesso, *L'homme, cet inconnu*, lançada em 1935 (fenômeno de leitura até meados da década de 1950), dentre as quais se destacam o controle das minorias e a esterilização e eutanásia para os criminosos, condenaram o pesquisador, laureado com o Prêmio Nobel de Medicina em 1912, ao esquecimento. O trecho do qual Conrado se lembra integra a parte x ("Les relations physiques du corps avec le monde extérieur – Système nerveux volontaire – Systèmes squelettique et musculaire") do capítulo iii ("Le corps et les activités physiologiques"), pp. 147-148.

127. Albert Londres (1884-1932), jornalista investigativo francês, lançou, em 1927, *La Traite des Blanches*, reportagem cujo alvo é a sorte das prostitutas francesas enviadas a Buenos Aires (cf. Margareth Rago, "O Caminho de Buenos Aires" e "O Tráfico das 'Escravas Brancas'", *Os Prazeres da Noite*, pp. 261-309).

128. Empresto esses termos de Camilo Castelo Branco (*A Queda dum Anjo*, p. 45).

Tema recorrente em *Senhor Dom Torres*, a morte reaparece (mais contingencialmente, mas com ímpeto inquebrantável) nos contos publicados em 1938. Aos defuntos das ruas 25 de Março e Visconde de Parnaíba, ainda insepultos, juntam-se cadáveres incorpóreos, sonhos de uma noite de verão[129] que não vieram à luz – a paz idealizada do Convento do Carmo, as *filles publiques* no navio com destino ao Rio, a escuta da rádio de Rabat na casa do barbeiro argelino, a cópula do fazendeiro com a prostituta russa (esta última, com sorte, talvez se realize fora dos limites da narrativa) – ou pesadelos de um caminhante solitário – motivados pela visita ao manicômio do Juqueri e pela visão de um cortejo fúnebre no Largo do Belém – que aniquilam física ou moralmente suas vítimas.

Em um livro em que minguam protagonistas que estejam no topo da classe dirigente, o "inimigo dos paulistas", Getúlio Vargas, ganha relevo. O anti-herói, responsabilizado pela miríade de frustrações e fracassos à qual se vê submetido o conjunto de personagens, atravessa a coletânea como um moto-perpétuo. Seu governo, culpado pela perda do emprego público de Trajano e pelos apuros financeiros de Conrado, é repetida e veementemente criticado por uma anticlerical[130] voz narrativa que, saudosa do antigo regime, se expressa – quando trata *en honnête homme* de assuntos diversos (psicanálise, moda, gastronomia, literatura) – segundo as regras de *bienséance* de um salão lisboeta.

Thiollier publica *A Louca do Juqueri* no ano em que Graciliano Ramos e Sartre lançam, respectivamente, *Vidas Secas* e *La Nausée*, e no qual Mário de Andrade, desvinculado do Departamento de Cultura da Cidade de São Paulo, apresenta "O Artista e o Artesão"[131]. O escritor

---

129. A peça de Shakespeare é citada por Trajano, de "A Louca do Juqueri".
130. Faz-se alusão, aqui, à concepção bendaniana de intelectual.
131. Aula inaugural dos cursos de Filosofia e História da Arte do Instituto de Artes da Universidade do Distrito Federal (*O Baile das Quatro Artes*, pp. 9-33). Mário afirma que o engajamento, para o artista, deve realizar-se no plano da obra. Seu "esforço de desalie-

A Louca do Juqueri: *Um (In)esperado Refluxo*

(e também jornalista, advogado, acadêmico, editor e colecionador), que reiteradamente manifesta – nas menções às viagens à Europa, a seu círculo de amizades e à participação em eventos que se revelaram cruciais em nossa história cultural – estar sincronizado com a produção artística e intelectual de seu tempo[132], marca posição, com uma obra cujo caráter conservador – nos âmbitos estético e ideológico – se sobrepõe largamente a eventuais traços inovadores (a psicanálise e a dinâmica da urbe já eram moeda corrente no final dos anos trinta), em defesa de valores – nos campos ideológico e estético – que pareciam superados.

Sincronia, sim; sintonia, não: o que se define como refluxo não se nos afigura como descompromisso, materializado na forma de texto impresso, de um espírito que, na torre de sua residência, se aliena de seu tempo, mas como esforço consciente de reação a uma concepção de fazer literário com a qual não se coadunam sua poética (desvelada pelo apelo ao cânone, pela recusa de experimentações estéticas e pelo registro linguístico desconectado da realidade brasileira) e sua política (movediça seara na qual, de um lado, campeiam os que, cooptados ou não, estiveram a serviço do Estado Novo, e, de outro, os que, por princípio ou por desforra pelo alijamento do poder, se opuseram ao regime getulista), a despeito de ligações, às vezes estreitas, com renomados artistas plásticos modernistas ou com figuras de proa do poder (como o interventor Fernando Costa, a quem Thiollier pedirá, em 1941, o terreno para a construção da sede da Academia Paulista de Letras).

No vértice (e no vórtice) das narrativas do senhor da Villa Fortunata avulta *le maître de la Villa Saïd*. As referências – em número e em importância – a Anatole France na obra de René Thiollier são inversamente proporcionais ao sucesso que alcançara o legado do

---

nação" (Lafetá, *op. cit.*, p. 213) dar-se-ia mediante uma "postura estética" (consciência crítica) em relação à realidade.

132. Cf. nota 29.

escritor francês nos anos subsequentes à sua morte, o que assegura aos volumes de contos um ranço anacrônico[133]. Anatole, como as polainas que o grã-fino acadêmico paulistano não deixara de usar, saíra de moda no final da década anterior (sobretudo nos círculos modernistas, que, todavia, o conheciam a fundo). Sua presença (notadamente no segundo livro, *A Louca do Juqueri*), portanto, marca, com tintas tricolores, um itinerário literário e intelectual que se faz à margem do movimento que se consagraria em nossa historiografia literária.

---

133. *Senhor Dom Torres* foi publicado em 1921, três anos antes, portanto, do falecimento do escritor francês.

Folheando a vida

XV

O DR. X

"Il n'y a de joie que de créer. Il n'y a d'êtres que ceux qui créent. Tous les autres sont des ombres, qui flottent sur la terre, étrangers à la vie".

Romain-Rolland
"Jean-Christophe"

"Plus aucun goût pour la littérature qui rapporte. Rien que regarder la vie, et se contenter de ce qu'elle donne".

Jules Renard

"À moi, la littérature ne m'a jamais rien rapporté. Et je fais de même. Je regarde la vie et me contente de ce qu'elle me donne".

René Thiollier

"Il faut faire de l'art pour soi et non pour le public".

Gustave Flaubert

Drumond, a caminho do Palácio de Justiça, ia rememorando o que lera, certa vez, numa Carta de Francisco Xavier de Oliveira, mais conhecido por Cavaleiro de Oliveira, que foi queimado, em estátua, em 1756, pela Inquisição. Dizia êle: — "Os tribunais de Justiça de tôdas as Côrtes justificam os terríveis efeitos que se têm visto em tôdas elas, pelo engano de uma fisionomia, e pela falsidade de uma escritura que pareceu verdadeira." E era daí que

Página inicial do décimo-quinto capítulo de *Folheando a Vida*, "O Dr. x"
(*Revista da Academia Paulista de Letras*, nº 40, 12.12.1947, p. 72).

Folheando a Vida: Entre a Realidade e a Ficção, o Fazer Literário

Em dezembro de 1942, no vigésimo número da *Revista da Academia Paulista de Letras*, da qual era diretor, René Thiollier lança o primeiro episódio de *Folheando a Vida*. Vinte e um capítulos[1] dão sequência ao folhetim[2], que, sem justificativa aparente, será interrompido oito anos depois. O romance será mencionado na seção "em preparo" nos três livros que o autor publicará posteriormente: em *A República Rio-Grandense* e *A Guerra Paulista de 1932* e *A Semana de Arte Moderna: Depoimento Inédito de 1922* há o acréscimo de um subtítulo remático

1. O capítulo de estreia, "Eduardo Jericó", saiu no número de 12.12.1942. O último, "A Materialização de D. Maria das Dores na Casa da Esquerda", foi publicado em 12.09.1950 (no 51º volume da revista). A lista completa de capítulos do folhetim e suas respectivas datas de edição figuram na "Bibliografia do Autor" apresentada no início deste trabalho.
2. Gênero evocado pelo título, seriação e veículo de difusão. A multiplicidade de histórias, personagens e enredos ancorados no cotidiano (os fatos narrados seriam contemporâneos ao momento da publicação do primeiro episódio) igualmente remete à forma literária que teve em um dos autores citados em *Folheando a Vida*, Xavier de Montépin, um de seus expoentes (cf. nota 90 de "*Senhor Dom Torres*: Um *Début* Literário Crepuscular"). Ressalta-se, na literatura brasileira dos anos quarenta, o lançamento, no formato de folhetim, dos romances de Suzana Flag, pseudônimo de Nelson Rodrigues, pelos *Diários Associados* (cf. Yasmin Jamil Nadaf, "O Romance-folhetim Francês no Brasil: Um Percurso Histórico", e Marlyse Meyer, *Folhetim: Uma História*. Meyer destaca, aliás, o significativo número de "folhetins à moda antiga" – de Montépin a Ponson du Terrail – publicados, nas décadas de trinta e quarenta, em revistas – como a *Fon-Fon* – ou livros).

de indubitável matiz anatoliano (*Capítulos de História Contemporâ-nea*), suprimido, no entanto, do inventário arrolado na falsa folha de rosto da última obra publicada pelo escritor, *Episódios de Minha Vida*[3]. *Folheando a Vida*, entretanto, jamais será editado em livro. Por conseguinte, dele tão somente nos restam os capítulos reproduzidos nas páginas da revista do sodalício bandeirante, dedicados – caso único na produção do acadêmico paulista – a uma mulher: Marta Casares de Bioy, argentina, irmã de Vicente Casares, industrial e primeiro presidente do Banco de la Nación Argentina, e mãe do renomado escritor Adolfo Bioy Casares, cujo livro mais conhecido – o romance *La Invención de Morel* – foi publicado em 1940.

O enredo é simples: o jornalista e literato Manuel Drumond Peça-nha, em um curto giro por Poços de Caldas, depara-se com tipos que conheceu durante a alta estação e rememora encontros, recentes ou longínquos, que teve na cidade mineira. Destacam-se, das excêntricas figuras que evoca ou com as quais esbarra, o professor de filologia que, aos setenta anos de idade, resolve viver *sa jeunesse révolue*, a decrépita senhora que conta, em pormenores, como traiu o marido na viagem de lua de mel, e o rapaz falido – cuja esposa havia sido, após uma rocambolesca história de infidelidade, encontrada morta na banheira de casa – que se suicidou no cassino local. No retorno a São Paulo, Drumond retoma suas atividades sociais – dentre as quais se acentuam a ida ao velório do professor Sévigné-Vieira de La Rochefoucauld, cuja vida fora tão incomum quanto seu nome, a visita a Jean La Trompette, professor da Escola Politécnica, em convalescença no Sanatório Es-perança (atual Hospital Menino Jesus), e uma enfiada de incidentes pitorescos no centro da cidade (na Confeitaria Vienense, na porta de uma barbearia, na Praça da República) – e profissionais (sobre as

---

3. *A República Rio-Grandense e A Guerra Paulista de 1932* foi lançado em 1952; *A Semana de Arte Moderna: Depoimento Inédito de 1922* não tem indicação de data de publicação, tendo saído, conforme explicado na nota 6 de "A Louca do Juqueri: Um (In)esperado Refluxo", entre 1945 e 1955; *Episódios de Minha Vida* foi impresso em 1956.

Folheando a Vida: *Entre a Realidade e a Ficção...*

quais o narrador silencia: no regresso à capital paulista, Drumond ocupa-se principalmente das ações judiciais de sua mãe e de sua tia). Em férias, parte para a casa materna, em Santos. Na rede da varanda, perde-se nas lembranças de amores fracassados e na observação de sua ruidosa vizinhança, farto material para o livro que cogita escrever. Com a interrupção do romance, as "histórias contemporâneas" – em especial o litígio com os inquilinos e as intrigas nas residências contíguas à moradia de sua mãe – permanecem sem solução.

Embora padeça das limitações e imperfeições típicas de um folhetim – neste particular, sobressai a imprecisa composição da voz narrativa (heterodiegética), das personagens (que irrompem na trama ou dela desaparecem sem razão manifesta) e das peripécias (que, por descuido ou esquecimento, permanecem inconclusas) –, justificadas, muito verossimilmente, pela imperiosa obrigação que sentia o autor de fornecer à revista que pilotava textos de sua lavra, *Folheando a Vida* carrega as virtudes do gênero, tão caras à crítica literária e histórica: em seus capítulos, publicados *à chaud*, vicejam referências às artes – de canções americanas (*Too Beautiful to Last*, de Tony Martin, de 1942), marchas de carnaval (*Mamãe Eu Quero*, de Vicente Paiva e Jararaca, de 1937) e comédias musicais francesas (ouve-se, na vitrola, a gravação de "C'est la vie", de *Là-haut*, interpretada por Dranem) a filmes adaptados de romances populares ("Sangue e Areia", de 1941, com Tyrone Power e Rita Hayworth, baseado no romance homônimo de Blasco Ibáñez, lançado em 1908), passando, evidentemente, pela literatura (de épocas, nacionalidades e naturezas diversas: máximas de La Rochefoucauld, epístolas de Eça de Queirós ou poemas de Álvares de Azevedo) –, aos espaços de sociabilidade frequentados pela *gentry* paulista e carioca – alguns dos quais retratados, pela abertura às novas classes emergentes, como decadentes: hotéis em Poços de Caldas, cassinos no Rio ou o Automóvel Club de São Paulo – e, na esteira do que fizeram as vozes narrativas de *A Louca do Juqueri*, ao

Valter Cesar Pinheiro

governo getulista, ao qual não se poupam críticas, em especial aquelas relacionadas às leis do inquilinato[4].

O movimento modernista, cujo epicentro completara vinte anos, não escapa ao crivo do autor: traspassam a narrativa "o sentimento de crise" e de "recessão da atividade crítica"[5] apontados pelos depoentes do *Testamento de uma Geração* e da *Plataforma da Nova Geração* (os inquéritos, respectivamente realizados por Edgard Cavalheiro e Mário Neme para *O Estado de S. Paulo*, foram publicados em livro em 1944 e 1945), aos quais, não obstante, Thiollier se opõe. Mário de Andrade[6], "ponto de referência, uma espécie de consciência-limite"[7] daquela geração, e Oswald de Andrade, "*manitou* do movimento moderno, com o seu ar de *gavroche, diseur de bons mots* que a todos nos divertia, mas, a muita gente, o tornava odioso"[8], são retratados – obliquamente, sem

---

4. O Decreto-lei nº 4. 598, de 20 de agosto de 1942, que promulgava o congelamento de preços de aluguéis, teria sido desvantajoso para os proprietários. Dona Genoveva e Dona Eudóxia, mãe e tia do protagonista, entram com ações de despejo contra seus inquilinos. O resultado da solicitação, ao que tudo indica, lhes será desfavorável.

5. Cf. Carlos Guilherme Mota, "O 'Quinto Ato Conclusivo': Testamento de uma Geração (1944)", *Ideologia da Cultura Brasileira*, pp. 121-122.

6. Em carta a Manuel Bandeira datada de 04.09.1934, Mário de Andrade, respondendo a uma solicitação do poeta pernambucano, declara: "O caso de Portinari [que buscava ajuda financeira para uma exposição individual em São Paulo], não sei francamente como responder. [...] Ora, você me conhece suficientemente pra saber que eu não tenho absolutamente nada de relações sociais, nem influência nesse sentido pra poder impor qualquer coisa. Dona Olívia morreu, essa era minha amiga. Paulo Prado é indivíduo absolutamente liberto de qualquer influência. [...] E esses são os meus amigos de alta sociedade, realmente só, porque os muitos gideões que conheci na casa deles, só cumprimento de passagem. O René Thiollier, que seria outro, me detesta, caso aliás engraçado de que um dia, se tiver tempo vazio entre nós, contarei pra você". Lamentavelmente, Mário não confessou – ao menos por escrito – qual teria sido o pomo da discórdia entre ambos. Deixar a história para "um tempo vazio" é um fato que revela, por si só, a pouca importância atribuída ao autor de *Senhor Dom Torres* (cf. Mário de Andrade & Manuel Bandeira, *op. cit.*, p. 585).

7. Carlos Guilherme Mota, *op. cit.*, p. 124.

8. Em "Oswald de Andrade" (*Episódios de Minha Vida*, pp. 121 e ss.), Thiollier afirma ter inúmeras vezes rompido relações com o autor das *Memórias Sentimentais de João Miramar*.

Folheando a Vida: *Entre a Realidade e a Ficção...*

menção direta a seus nomes – com deboche nas páginas de *Folheando a Vida*[9]. Não por acaso, a passagem na qual são escarnecidos os arautos do grupo responsável pela organização da Semana de Arte Moderna é a única de todo o folhetim a ter alcançado alguma repercussão: um "culto e viajado" engenheiro, Augusto Martins Diniz (Tico), diz ao Dr. Lopo Vieira, renomado médico mineiro, ao avistá-lo na entrada de uma sala de cinema de Poços de Caldas, que lhe trouxe de São Paulo um exemplar do mais recente livro de Janjão Godói, *Ovo Botado de Bruço*, "poema da quarta dimensão em versos brancos"[10], sobre o qual declara:

– É a coisa mais besta, mais idiota, que se tem publicado até hoje. Coisa sem pé nem cabeça, de uma pornografia sórdida, fedorenta, e naquela linguagem "estilo angu", que nos legou a Semana de Arte Moderna, a que essa gente, hoje, tanto se

9. No supracitado artigo dedicado à memória de Oswald de Andrade, Thiollier menciona a crítica positiva que o "popularíssimo" *enfant terrible* fizera, nas páginas do *Jornal do Commercio*, a seu recém-lançado *Senhor Dom Torres*: "O advento de René Thiollier nas letras brasileiras foi para mim uma alegria. Confesso publicamente que tinha um preconceito contra as suas intenções literárias. Não o julgava capaz de um livro sério, de um livro bom. E o desmentido sereno entrou-me pelos olhos, comoveu-me, sensibilizou-me, com as páginas do seu volume *Senhor Dom Torres*" (*op. cit.*, p. 127). Mário, em "Os Jacarés Inofensivos", crônica publicada na *Revista do Brasil*, nº 88 (abril de 1923), afiança: "Eis que na série de artigos contra os futuristas rasga brecha de três metros uma catilinária contra o *Senhor Dom Torres*. Geral espanto. Que vem fazer um livro calmo, escrito nas sãs orientações antigas, em meio à tresloucada messe das obras modernizantes? Espanta-se o leitor e pensa que treslê. Mas como é cioso do seu talento põe a culpa no crítico. – Este é que tresleu! diz o leitor. Dobra o jornal e não o compra mais às terças, quintas e sábados. O autor do *Senhor Dom Torres* (obra já em segunda edição) contraria mesmo em grandíssima parte a nova orientação; e se emprestou seu apoio à deliciosa e mais que interessante Semana de Arte Moderna, por curiosidade amiga e inteligente, não escravizou por isso sua maneira de ser e de pensar" (p. 326). O mesmo trecho será citado por René Thiollier na página final de *A Semana de Arte Moderna: Depoimento Inédito de 1922*.

10. No capítulo intitulado "Cérebro, Coração e Pavio", de *Serafim Ponte Grande*, curiosamente se encontra o "Poema Oval": "Eu gosto de ovos / E de balas de ovos / E de ovos duros / Com linguiça alemã / E boa cerveja / Eu gosto de ovos mexidos / Poached & scrambled / Com bacon & toast / Em Londres / E chá da China / Mas gosto mais / – Lá isso gosto! / De tomar ovos quentes / Co'a Serafina".

Valter Cesar Pinheiro

refere, tanto fala, como tendo sido a coisa mais extraordinária, mais fenomenal, que se realizou no Brasil; até brigam por causa dela... Agora, todo o mundo diz que fez parte da Semana. Cada vez que o elenco dos figurantes é publicado, surge sempre no meio um nome novo. Quem fica fulo com isso é Janjão Godói, que, naquele tempo, já era o meninão velho de hoje, sempre com o cachaço taurino meio vergado, sacudindo a cabeça e os quadris quando caminha... (cap. VI, "O Suicida do Cassino", p. 78)[11]

Na sequência, Tico pergunta a Drumond Peçanha, que acompanha o Dr. Lopo, se ele tomou parte das manifestações da Semana. A resposta é negativa: Drumond estava na Europa, e, como o engenheiro, também assistiu à montagem do *Malazarte*[12] de Graça Aranha nas dependências vazias do antigo teatro Femina de Paris. Tico prossegue:

– Eu costumo comparar a Semana de Arte Moderna à primeira missa que se disse no Brasil, que tanto embasbacou o nosso índio... Porque houve um tempo em que o Brasil, nas suas imitações do que ia lá por fora, andava sempre atrasado. Imagine o sr. ! Futurismo, cubismo, dadaísmo! Tudo isso eram velharias, fora de moda, na Europa. Coisas de *avant-guerre*, refiro-me à guerra passada. Basta dizer que o manifesto futurista de Marinetti data de fevereiro de 1909; que o dadaísmo, que teve como iniciador o judeu alemão Tristão Tzara, é de 1916; o cubismo, então, nem se fala... Pois, não é que tudo isso foi aqui revelado, por Graça Aranha, em 1922, data da realização da célebre Semana?!... A rapaziada, ou, melhor, o grupo já taludo de plumitivos passadistas, a quem ele contou que havia, na Europa, uma arte nova, digna de ser aqui imitada, ficou toda assanhada, de boca aberta, exatamente como o índio ante a celebração da primeira missa... Pediu-lhe explicações e ele explicou-lhe à moda dele, que o Graça tinha muito talento. [...] Marinetti, por certo, não era considerado o primeiro artista livre

---

11. A descrição física de Janjão funde traços de Oswald (o pescoço largo) e Mário (cuja forma de andar, segundo Oswald, o assemelhava – para quem o via de costas – a Oscar Wilde...).

12. Encenada em 1911, não em 1913, como afirma Tico.

Folheando a Vida: *Entre a Realidade e a Ficção...*

da Europa. Antes dele Walt Whitman, Rodin, Rimbaud, Verhaeren e outros já se haviam emancipado do tradicionalismo. Cabia-lhe, entretanto, a glória de ser o organizador da ação libertadora. E Graça Aranha aconselhava-os, a eles, a que fizessem o mesmo, banindo para sempre o culto do passado, como uma criação puramente artificial de gramáticos e historiadores; que o primeiro ato de rebelião fosse abalar a ordem na colocação de pronomes – a coisa mais odiosa da língua portuguesa. O gramático exigia a colocação de um modo, citava exemplos clássicos; eles que, ostensivamente, invertessem a ordem. E teve esta frase histórica: – "O escritor moderno deve escrever sem gramática, deve ignorar a gramática". Ora, a maioria deles era precisamente o que ignorava. Exultou, bateu palmas. Uma pintora, por sua vez, quis saber que inovação deveria introduzir na pintura. Ele respondeu-lhe que aproveitasse da anarquia que se ia estabelecer para pintar as coisas mais estapafúrdias, sem significação, unicamente com o fim de escandalizar o burguês. [...] E, dias depois, o Teatro Municipal de S. Paulo era transformado numa chocadeira de gênios, que são toda essa velharia trôpega, reumática, desdentada, que conhecemos, e que continua a intitular-se "artistas modernos", não variando a bagaceira que produz, e entre a qual figura Janjão Godói como expoente máximo... (cap. vi, "O Suicida do Cassino", pp. 78-79)

Tão logo se veem sozinhos novamente, no escuro da sala de cinema, o médico de Poços de Caldas e o jornalista paulistano comentam o áspero discurso de Tico, que lhes parece impregnado de amargor, ressentimento e despeito.

Um excerto do capítulo no qual se encontram as passagens supracitadas foi reproduzido na revista *Clima* em agosto de 1944[13] ("O Suicida do Cassino" saíra na *Revista da Academia Paulista de Letras* em dezembro do ano anterior). Almeida Fischer, no diário *A Manhã*[14], comedidamente contesta as "achincalhadoras críticas à Semana de Arte Moderna", que René Thiollier, "um [de seus] destacados elementos",

13. "Sobre a Semana de Arte Moderna" (nº 13, pp. 96-97).
14. De 04.09.1944.

Valter Cesar Pinheiro

"[pusera] na boca de alguns [...] personagens, como secretamente suas". O acadêmico paulista teria razão ao denunciar o surgimento de artistas que se diziam "portadores do 'glorioso título'" de participantes do evento. O desacerto, censura Fischer, estaria na negação das influências artísticas do movimento, muitas das quais benéficas à nossa literatura.

Sob o pseudônimo de Alceste, Brito Broca publica, na *Gazeta* de São Paulo, uma virulenta e irônica resposta ao artigo do cronista carioca. Fischer realçara, antes de exaltar a importância da Semana para "a amplificação dos nossos horizontes [e] o alargamento da nossa visão artística", o relevante papel que Thiollier teria tido na organização da Semana. Para Brito Broca, o autor de *Folheando a Vida* poderia dizer o que quisesse a respeito do movimento, visto que dele "não tom[ara] parte absolutamente".

Em reportagem retrospectiva que fiz sobre o acontecimento tive a ocasião de pesquisar demoradamente os jornais da época e lá não encontrei uma só vez qualquer alusão ao prosador do *Senhor Dom Torres*. Ele está, portanto, no pleno direito de dizer mal de um movimento a que absolutamente não pertenceu. O diabo é que não sei se alguém poderá se interessar pelas ideias das personagens do Sr. René Thiollier[15].

Thiollier refuta, no artigo intitulado "*Folheando a Vida* e a Semana de Arte Moderna"[16], as críticas de Almeida Fischer e Brito Broca. No que se refere à nota do colunista do Rio de Janeiro, afirma ter pouco a acrescentar: concorda que o legado deixado pelo evento de 1922 foi positivo e sustenta que os termos com os quais se reporta a seus participantes, nas páginas de *Folheando a Vida*, refletem, ao contrário do que havia pressuposto Fischer, exclusivamente o prisma das personagens do romance:

É possível que o personagem, que aparece num dos capítulos do *Folheando a Vida*, houvesse carregado um pouco na crítica que fez da "Semana", mas isso é lá por

---

15. *A Semana de Arte Moderna: Depoimento Inédito de 1922*, p. 22.
16. *Revista da Academia Paulista de Letras*, nº 28, 12.12.1944, pp. 156-159.

Folheando a Vida: *Entre a Realidade e a Ficção...*

conta dele; eu nada tenho que ver com o modo de ser e de pensar dos personagens do *Folheando a Vida*. Tico é como ele se chama. Trata-se de um homem de letras que, por não haver alcançado o sucesso que esperava com a publicação de um livro de sua autoria, daí por diante se torna azedo e agressivo, de uma ironia sarcástica. Ora, eu nunca fui azedo, nem agressivo, nem tampouco de uma ironia sarcástica[17].

A resposta a Brito Broca é contundente e hostil. Ao "cavalheiro que ignor[a] quem seja", Thiollier anuncia:

> Diz Alceste que eu não tomei parte na famosa assembleia; como figurante no elenco dos artistas é possível. A minha orientação, naquele tempo, era outra. Eu pensava com Voltaire – "qu'il faut être neuf sans être bizarre". Demais a mais, eu havia chegado da Europa, onde estivera largos anos, e o que se ia realizar em São Paulo, em 1922, era uma coisa que lá já havia passado de moda, a ninguém mais interessava. Agora, que fui um destacado elemento da "Semana", posso lhe assegurar que fui e lhe vou provar, embora não me vanglorie disso[18].

Thiollier, incentivado por Paulo Prado e Graça Aranha, teria sido o "empresário" da Semana. Na supradita resposta, explica como conseguiu, graças ao vínculo de amizade que mantinha com Firmiano Pinto, prefeito de São Paulo, a cessão do Teatro Municipal para a realização do evento. Cita notas e cartas – publicadas à época em jornais paulistanos – que atestam a veracidade de seu relato, e transcreve o ensaio intitulado "A Semana de Arte Moderna"[19], publicado no *Jornal do Commercio* e reproduzido, anos depois, em *O Homem da Galeria*.

17. *A Semana de Arte Moderna: Depoimento Inédito de 1922*, pp. 24-25.
18. *Idem*, pp. 25-26.
19. Ao qual se refere, em *A Semana de Arte Moderna: Depoimento Inédito de 1922*, nos seguintes termos: "artigo [...] escrito numa linguagem enfatuada, arrebicada, com pretensões à boa vernaculidade: era a moda da época. Todos nós, passadistas, visto que de modernistas só havia o rótulo, num país em que tudo se improvisa, vivíamos às voltas com Camilo, Castilho, Manuel Bernardes, imitando-lhes a contextura da frase. Haja vista a obra de Coelho Neto, hoje tão pouco lida precisamente por isso" (pp. 38-39).

Valter Cesar Pinheiro

O fragmento de *Folheando a Vida* publicado na revista *Clima*, os artigos de Fischer e Broca e a réplica veiculada nas páginas da *Revista da Academia Paulista de Letras* (na qual reaparece a reportagem escrita para o *Jornal do Commercio*), aos quais se acrescentam trechos de cartas de Paulo Prado, Ronald de Carvalho e Graça Aranha e a cópia do recibo do aluguel do Teatro Municipal, constituem, como já destacado, o volume intitulado *A Semana de Arte Moderna: Depoimento Inédito de 1922*. Por fim, merece destaque a ácida justificativa à boa acolhida de *Ovo Botado de Bruço*. A crítica literária paulistana padeceria, segundo Tico, de dois males: estaria sob o absoluto controle do grupo formado pelos modernistas de primeira hora e sofreria de um maléfico – porque mal assimilado – viés sociologizante:

– A crítica está toda na mão deles, e eles é do que vivem – do elogio mútuo! É natural que considerem uma obra-prima, ainda mais sendo de Janjão Godói... Quando a coisa é ruim demais, eles misturam sociologia com literatura. Fazem um coquetel. São agora todos sociólogos. É a grande moda! Uma sociologia mal digerida... (cap. vi, "O Suicida do Cassino", p. 80)

A publicação deste fragmento nas páginas da revista *Clima*, capitaneada por jovens sociólogos e cientistas políticos (Antonio Candido, Lourival Gomes Machado e Décio de Almeida Prado, entre outros), chega a ser surpreendente[20]. Ao fim e ao cabo, o ponto de vista de Thiollier em relação à famosa Semana de Arte Moderna – dissimulado ou não por suas personagens – aproximar-se-á do de outros "ressentidos", dentre os quais seu anfitrião na Pensão Humaitá, Yan de Almeida Prado[21].

20. A despeito da advertência que consta no preâmbulo à transcrição do excerto: "[O testemunho] não é a sua [de René Thiollier] opinião confessada e direta, mas a de um tipo de sua ficção que, pela segurança de conhecimentos relativos aos fatos desenrolados em 22, e pelo tom de autoridade com que fala, parece ser porta-voz do autor" (p. 96).
21. Yan lançará, em 1976, *A Grande Semana de Arte Moderna: Depoimento e Subsídios para a Cultura Brasileira*.

Folheando a Vida: *Entre a Realidade e a Ficção...*

É por meio de epígrafes, "[les] citation[s] par excellence"[22], no entanto, que o autor descortinará sua concepção de fazer literário. Investigar alguns desses excertos – e parte daqueles que integram o corpo da narrativa – é o objetivo deste capítulo, que não é, reitere-se, senão um texto de apresentação do inacabado folhetim. Antes, uma breve descrição do protagonista, Drumond, *alter ego* de seu criador.

Manuel Drumond Peçanha, o Dr. Drumond (para os íntimos, Manuelito), personagem principal de *Folheando a Vida*, é um estimado homem de letras[23] de São Paulo. Assíduo frequentador da alta-roda bandeirante e carioca, Drumond afirma-se, do mesmo modo que seu elegante artífice e o experto narrador do folhetim[24], como um dândi cinquentão[25] que alia cuidados com o vestir-se a insofismáveis

---

22. Antoine Compagnon, *La seconde main ou le travail de la citation*, p. 30.
23. Epíteto com o qual é apresentado a Dom Alvarez Esguerra Camacho, diplomata da Espanha, em uma noite de gala no Midnight Room do Copacabana Palace.
24. A descrição dos trajes – de uma *"fashion too good to be forgotten"* – da argentino-americana Mary Keneldy, *"sophisticate girl* de um *sex appeal* irresistível", do elegante vestido – que levava a assinatura de Robert Piguet – de Dona Eudóxia, tia de Drumond, e do porte gracioso – "Ninguém, como ela, exibia com mais chique as criações de Christian Dior, as suas saias em linha corneta, enrolando-se-lhe obliquamente ao redor do corpo" (cap. xxi, "Reminiscências – Os Vizinhos da Esquerda e os da Direita", p. 94) – de Durvalina Novais (que, na noite de gala citada na nota precedente, apresentara Clélia, "a obsessão de sua vida", a Drumond) revela o quão versada nos assuntos da alta costura é esta voz narrativa, similar, assinale-se, à de inúmeros contos mencionados nos capítulos anteriores (dentre os quais "A Boneca do Mendes", de *A Louca do Juqueri*).
25. Como afirmado no início deste estudo, os fatos narrados nos capítulos iniciais do romance são contemporâneos ao momento da publicação do primeiro episódio (12.12.1942). Em "Doroti Pacheco", lançado em 11.06.1943, Drumond e sua envelhecida amiga evocam a última noite que passaram juntos em Paris, em 1927. "Já lá se vão quinze anos!", lamenta-se Doroti. Por conseguinte, a estada em Poços de Caldas relatada na abertura da narrativa tem lugar no ano de 1942. Meses depois, ao contar à mãe como havia sido o jantar de comemoração das bodas de ouro de Sinharinha e Gaspar, Drumond reproduz o que lhe dissera a septuagenária nubente: "Você nem queira saber o que foi o meu casamento! Você, naquele tempo, era um fedelho. Que idade tinha você? Dois anos" (cap. xvii, "50 Anos de Hipocrisia", p. 69). O protago-

Valter Cesar Pinheiro

conhecimentos de moda (como o demonstram os comentários acerca dos *mantóns de Manila* de "Sangue e Areia"). O alinho e o esmero com a toalete, traços que se evidenciam em sua composição, afiguram-se, para o protagonista, o narrador e o escritor[26], como atributos de capital importância na constituição de uma personalidade. Estas características não são, todavia, as únicas – e tampouco as principais – a agregar as três vozes.

Como René Thiollier, Drumond não parece exercer diuturnamente a profissão para a qual se formou, Direito. Imiscui-se, na condição de procurador, nos processos que a mãe e a tia movem contra seus respectivos inquilinos. O advogado de ambas, entretanto, é um colega do prestigiado Eduardo Jericó, Pedro Bento de Araújo. A origem de seu patrimônio – que lhe permite viver à larga – não é explicitada: Drumond, que pouco trabalha (haja vista a frequência com a qual se ausenta de São Paulo em viagens de lazer e sua regular presença em eventos promovidos pela *high society*), investe em imóveis[27] e, esporadicamente, escreve para jornais. Não é como polígrafo que ganha seu pão[28]: decerto, é o espólio legado pelo pai que lhe permite marcar presença nos círculos dirigentes.

nista de *Folheando a Vida*, portanto, já ultrapassara, quando do início da história, a casa dos cinquenta anos (e seria, tendo nascido em 1890, seis anos mais novo que o autor do folhetim).

26. De René Thiollier, destaco os parágrafos introdutórios do ensaio "Paulo Prado e o *Retrato do Brasil*": "Paulo Prado, homem bem nascido, primogênito do conselheiro Antônio Prado, foi na sua mocidade um lindo adolescente. Lembrava um Duval de l'Epinoy, imortalizado por Quentin La Tour, e, mais tarde, na idade madura, os gentis-homens da Renascença, imortalizados por Velázquez, por Van Dick. Na sua vida, foi sempre um *grand seigneur*" (*Episódios de Minha Vida*, p. 77).

27. Acompanhado de Turíbio Lima Monteiro, Drumond visita uns terrenos à venda na Vila Ema, bairro situado na zona leste da capital. Não se faz alusão, em *Folheando a Vida*, à riqueza oriunda da produção de café, tão representativa da aristocracia paulista.

28. Drumond, manifestando uma opinião análoga à do autor do folhetim, mantém firme posição contra a profissionalização do escritor (assunto ao qual se retornará adiante). No capítulo VII, "O Drama Íntimo de Indalécio (continuação)", relembra, em conversa

Folheando a Vida: *Entre a Realidade e a Ficção...*

Tal e qual o autor de *Senhor Dom Torres*, Drumond nasceu na travessa da Sé, nos arredores da catedral. Fez sua educação secundária (e sentimental) em Paris, tendo, em um de seus inúmeros retornos à cidade-luz, frequentado os bancos da Sorbonne (nos quais conheceu o Dr. Justino Asuero Zacaria, professor de filosofia na Universidade de La Plata, que o cumprimenta efusivamente nas exéquias de Sévigné--Vieira de La Rochefoucauld). Drumond aperfeiçoou-se, pois, no conhecimento da língua de Molière. Fala-a corretamente, escreve com precisão no idioma e – herança materna[29] – "pens[a] e sent[e] através do espírito francês"[30], cultivado em recorrentes temporadas em estâncias mundanas – como Aix-les-Bains (de que rememora as suntuosas recepções do Dr. Gaston, em cuja lista de convidados avultava o nome do rei da Grécia) e Saint-Moritz (em que praticava, ao lado de um milionário italiano, o *bobsleigh*) – e em hotéis de luxo (dentre os quais o Ritz e seus "chás elegantes")[31]. Seu "caráter gálico", forjado na errância pelo *beau monde*

com Lopo Vieira, o que dissera à senhora que lhe dera um entusiástico beijo em um baile de carnaval no Hotel Términus, em São Paulo: "O Brasil sempre foi a terra da literatice. Entre nós, não há quem não tenha a mania das letras. No nosso firmamento literário, contamos, sem dúvida, com grandes nomes, mas são relativamente poucos, quanto ao que por aí campeia... tudo bagaceira!... pura literatice!... E tende a piorar, agora que o indivíduo se meteu a querer fazer das letras profissão... Em outros tempos, o Brasil imitava a França. Na França, fazia-se arte pela arte, e não pelo dinheiro. Muitos dos seus homens de letras morriam na miséria, mas, em compensação, deixavam obras-primas que os imortalizavam. Hoje, o Brasil imita a América do Norte. O escritor, lá, vale pelo *best seller* que alcança, pelos dólares que ganha. Ora, sendo assim, era preciso que, aqui, também assim fosse" (p. 76). No mais, um tema tão polêmico é, entre foliões lascivos e doses de uísque e de lança-perfume, se não inverossímil, risivelmente insólito.

29. A família de sua mãe era "uma gente fidalga que, nos tempos do Império, frequentava a corte, e, por ocasião da proclamação da República, se exilou na Europa, foi viver em Paris" (cap. ix, "50 Anos de Hipocrisia", p. 56).

30. Cap. iii, "Doroti Pacheco", p. 71.

31. Drumond também frequenta o londrino Savoy, cujo primeiro diretor foi César Ritz, que, posteriormente, fundaria o famoso hotel da Praça Vendôme. Em 03.12.1940, na Sociedade Brasileira de Cultura Inglesa, em São Paulo, Thiollier profere uma conferência

Valter Cesar Pinheiro

parisiense e no deleite das *belles-lettres* (às quais consagrará parte significativa de sua existência), reverbera nos excertos, autores e livros que menciona. Tanto quanto a ótica paulista[32], antigetulista[33] e elitista[34] (fartamente apontada nos capítulos precedentes deste

nomeada "Impressões de uma *season* em Londres". O discurso, dividido em duas partes e com uma leve redução no título ("Londres na 'Season'"), será publicado na *Revista da Academia Paulista de Letras* (nº 12, 12.12.1940, pp. 58-70; nº 13, 12.03.1941, pp. 53-67). É no salão de festas do Savoy – "um dos hotéis mais luxuosos e afamados do mundo", no qual Thiollier se hospedara na temporada de 1930 – que se passam as cenas narradas pelo acadêmico ao seleto público paulistano.

32. "A Drumond, como paulista – (e que paulista que ele era! não de quatrocentos anos, mas de quatro costados!) – o progresso de São Paulo enchia-o de orgulho, de um orgulho enfático, desmedido" (cap. x, "Caleidoscópio São Paulo", pp. 56-57). A ufania da voz narrativa, como revela a observação entre travessões, não é inferior à da personagem. O que as distingue é o olhar desta em relação ao passado – "Saudosos tempos de um São Paulo, que, embora já não fosse mais a cidade das casas de 'rótulas' fechadas, que os portugueses chamam 'adufas', [...] continuava a ser, entretanto, uma cidade de província, excessivamente provinciana, erma, silenciosa." (cap. x, "Caleidoscópio São Paulo", pp. 55-56) –, similar ao do narrador de "Na Minha Travessa" (conto de abertura de *Senhor Dom Torres*).

33. "Quando havia de supor a São Paulo desse tempo que, num futuro não muito remoto, um grande prefeito, grande demolidor, deitando por terra, a golpes de alvião, o seu casario colonial, de fachada lívida, espectral, havia de metamorfoseá-la na cidade moderna que é hoje!" (cap. x, "Caleidoscópio São Paulo", p. 56), deslumbra-se o narrador, que, paradoxalmente, se rende às realizações de um prefeito – Prestes Maia – nomeado pelo interventor federal no Estado de São Paulo (Ademar de Barros). A exaltação do dinamismo da capital é, todavia, maculada, um pouco adiante, pela indigesta referência à *bête noire* da tríplice voz, Getúlio Vargas: "Pelos seus viadutos e amplas avenidas, entrecruzam-se inumeráveis automóveis, e agita-se uma multidão variegada e compacta, que [...], num fluxo e refluxo alegre e ruidoso, se locomove apressada, quase a correr; [...] e [...] precipita-se a tomar de assalto os bondes, ou, então, espera, em fila, os ônibus buzinantes, que, de envolta com a vozearia dos rádios, um, aqui, a perorar, por conta dos cofres públicos, sobre as excelências do Ditador e da ditadura, outro, acolá, a anunciar um produto farmacêutico, ou a gemer um tango, atroam, estridentemente, os ares". Ao antigetulismo, acrescentam-se as críticas – irônicas, a Rosalina e Totó; amargas, ao Dr. x, cuja sentença é desfavorável à mãe de Drumond – ao esquerdismo.

34. Sobressai, neste sentido, a vertiginosa queda de reputação que teriam sofrido, para o protagonista de *Folheando a Vida*, os hotéis de Poços de Caldas ("Que diferença de outros tempos! Quando uma pessoa se hospedava num daqueles hotéis, de antemão sabia com que

220

Folheando a Vida: *Entre a Realidade e a Ficção...*

trabalho), estas referências também são comuns às três instâncias narrativas.

Drumond leva a Caldas, a despeito do módico tempo no qual permanecerá na cidade mineira, vários livros e cadernos. Ao chegar ao hotel, abre aleatoriamente um volume: as *Máximas*, de La Rochefoucauld. É com dois aforismos[35] do refinado e cáustico moralista francês – não com provérbios, acervo coletivo pertencente ao patrimônio cultural de um povo – que o ilustrado Drumond constrói seu autorretrato (devidamente endossado pela voz narrativa, que trans-

espécie de gente ia ali avistar-se. Era só com o 'alto mundo', a 'alta sociedade'. Uma gente irradiante de prestígio, que os franceses chamavam *des gens à la page, gens de loisir,* quintessenciada pela existência cintilante e perdulária que levava. As mulheres eram de uma elegância sem par, modeladas pelos grandes costureiros parisienses, verdadeiros criadores de Beleza; e os homens, impecáveis, trajavam-se à última moda. Gente toda ela íntima entre si, que se avistava, frequentes vezes durante o ano, ora em Caldas, ora no Guarujá, ora em Copacabana, ou, então, pelas enseadas floridas da Côte d'Azur, em San Remo, Rapallo, Cannes, Monte Carlo... Gente de uma frivolidade encantadora, arvorando a ociosidade em inocência, para quem a pequena burguesia arregalava, escandalizada, olhos pasmados; gente que irritava no trato pela sua *morgue* aristocrática, mas diante de quem a criadagem tinha gosto em aprumar-se e muita honra em servir", cap. ii, "Em Caldas", pp. 90-91) e o Automóvel Club de São Paulo ("– É verdade sim", afirma Drumond a Nhô Lau, a respeito do convite que o turco Farah Sayed recebera para tornar-se sócio da associação. "Não estou brincando. E é natural que entre. Farah Sayed é arquimilionário, e, em São Paulo, terra do vale quem tem, hoje só vale quem tem muito dinheiro, mas é preciso que seja muito, porque quem tem um ou dois mil contos não vale mais nada, é tido como um pobretão. A gente boa de São Paulo é composta só de pobretões. Em vez de se prestigiar pelo seu isolamento, orgulha-se de ser satélite de qualquer arrivista que surge aí da noite para o dia, arrotando grandezas e jogando forte... Hoje, no Automóvel Club, já se come quibe; o José incluiu-o no menu, no restaurante... ", cap. xiii, "Na Vienense", p. 120). Sobre a agremiação paulista, Thiollier teria dito a Paulo Setúbal: "Você acredite: é como lhe digo. Não é mais como era. O Automóvel Club deixou de ser aquele *cercle* elegantíssimo de outrora; é hoje um caravançarai cujas festas lembram as do Términus, em dia de carnaval. Há ali gente que ninguém conhece. Foi-se a distinção de outros tempos, dos tempos das recepções em casa de Dona Olívia..." ("Paulo Setúbal", *Episódios de Minha Vida*, p. 116).

35. "Un homme d'esprit serait souvent bien embarrassé sans la compagnie des sots"; "Nous choisissons souvent des louanges empoisonnées qui font voir par contrecoup en ceux que nous louons des défauts que nous n'osons découvrir d'une autre sorte."

Valter Cesar Pinheiro

creve as máximas na língua de origem). O senso comum é para os comuns. Manuelito, que se vê *à part et au-dessus* da escumalha *kitsch* (que inclui tipos como os Perestelo, cuja paixão pelos livros não os torna menos maus leitores), não escamoteia a visão que tem de si: sem acanhamento ou modéstia, figura-se como um raro espécime "de outros tempos", *un homme d'esprit.*

À escrita deste erudito leitor[36], contudo, pouco se alude. Na Praça da Matriz, Drumond saca um bloco do bolso e toma nota. O que teria registrado? Sabe-se que a caderneta será folheada, pois, nos dias subsequentes ao retorno do protagonista a São Paulo, sua tia, Dona Eudóxia, dirá a Simonne Pierat, amante francesa de Gaspar: "Ontem, [meu sobrinho] esteve comigo; foi fazer-me uma visita, e leu-me umas coisas lindas que escreveu ultimamente em Caldas... É um rapaz de muito talento"[37]. Em outra passagem, Drumond, do bonde que tomou na Avenida Angélica, avista uma moça cuja feição lhe desperta um sugestivo mistério. Põe-se, então, a arquitetar uma história, procedimento ao qual, em circunstâncias análogas, igualmente se entregam a voz narrativa ("Quão singulares são os romances que engendramos em torno da vida dessas personagens anônimas, que se nos deparam, agitando-se no tumulto das ruas?!")[38] e o autor (como testemunham, notadamente, as epígrafes que encabeçam os capítulos II e X)[39]. A menção, no penúltimo episódio do folhetim, a

36. Cujo perfil atenderia às premissas estabelecidas por Émile Faguet em sua pedagógica *L'art de lire*, controversamente mencionada pela personagem Nicolau de Campos Murtinho, professor de filologia. A suspeição em relação à efetiva leitura desta obra advém da posição na qual se encontra o fragmento transcrito (retirado do primeiro parágrafo do capítulo inicial do livro, "Lire lentement"), da citação, *ipsis litteris*, do texto em francês, e, sobretudo, da falha (ou seria má-fé?) na referência a Flaubert, pois faz crer ao leitor que as passagens apontadas foram extraídas de textos diferentes.

37. Cap. IX, "50 Anos de Hipocrisia", p. 57.

38. Cap. XII, "Contrastes", p. 50.

39. "[Suivez le] Conseil de La Tour: copiez la nature telle qu'elle est, telle que vous la voyez, d'aussi près que vous le pourrez...", afirma Antoine Albalat em *Comment on de-*

Folheando a Vida: *Entre a Realidade e a Ficção*...

um concluído volume autobiográfico[40] indica o caráter memorialístico destes escritos, que poderiam, por que não dizê-lo?, ter-se
proustianamente convertido no romance que se nos é oferecido a ler.
Atinge-se, neste ponto, o calcanhar aquilino de *Folheando a Vida*.
A opção pela focalização heterodiegética – que mantém apartada,
no desvão do discurso, a expressão literária do protagonista – não
esconde o esforço, vão, de se descolar (e se deslocar) a voz autoral da
das demais instâncias narrativas (como atesta a reação de Thiollier às
críticas de Fischer e Broca). No entanto, o DNA do acadêmico paulista
(cuja estrutura foi decomposta nas análises de *Senhor Dom Torres* e *A
Louca do Juqueri*) permanece, casual ou propositadamente, intacto, a
despeito das experimentações de que o escritor lança mão na composição do romance – dentre as quais se destacam esquetes teatrais com
marcações didascálicas e um inopinado conjunto de epígrafes, cujo
objeto, afinal, é a própria literatura – e da cifra balzaquiana de tipos
(por vezes alheios ao circuito aristocrático retratado) que orbitam
ao redor de Drumond. Ávido, talvez, de imitar o modelo anatoliano
(como sugere o subtítulo, *Capítulos de História Contemporânea*, que
a versão do folhetim ganharia se tivesse sido efetivamente editada em
livro), Thiollier, com seus francesismos, sua desusada sintaxe (que

> *vient écrivain* (o escritor francês, assinale-se, publicara, antes que Faguet lançasse sua
> *L'art de lire, L'art d'écrire: enseigné en vingt leçons*), e "Il y a deux choses principales
> dans le roman, l'observation de la vie et le style", de Remy de Gourmont (*Promenades
> littéraires*).
>
> 40. "Fatigado da vigília, que ia crescendo com a noite, ele estirou-se com um grande abri-
> mento de boca, passando, por fim, paulatinamente, pelo sono. Pensou, ainda uma
> vez, na dor de corno da Durvalina. Quando havia ele de imaginar, naquela noite de
> gala, no Midnight Room do Copacabana, que, um dia, havia de sofrer dor idêntica
> por causa de Clélia?! Era uma página de suas 'Memórias', que conservava inédita, mas
> que havia de publicar com todos os detalhes e intimidade, (oh! se havia!) só para
> a aborrecer, prometeu ele a si próprio, num momento de revolta, antes de dormir,
> estirando-se, novamente, com outro escancarado abrimento de boca, que lhe fez la-
> crimejarem os olhos" (cap. XXI, "Reminiscências – Os Vizinhos da Esquerda e os da
> Direita", pp. 97-98).

Valter Cesar Pinheiro

ecoa em falas inverossímeis[41]) e seu arsenal neoclássico, rejeita a voz autodiegética e, consequentemente, submete o herói do romance ao filtro que a narração em terceira pessoa, manifestamente, representa. Não por acaso, da pletora de autores citados em *Folheando a Vida*, Anatole France é o único a ser mencionado pelo tripé autor-narrador--personagem.

Drumond, motivado pela leitura de uma nota publicada em um jornal paulistano, rememora, assim que se instala em seu quarto de hotel em Poços de Caldas, a última conferência de Eduardo Jericó, à qual assistiu, nos dias precedentes, na Faculdade de Direito do Largo de São Francisco. A atuação, na barra e nos estrados, do ilustre advogado, atrai, não obstante sua duvidosa retórica ("miúda e prolixa", símbolo do "flagelo que assola a nossa terra, e que é a pseudoeloquência nacional"[42]), uma multidão aos tribunais e às salas de conferências. No fim das contas, tudo se resume, para Drumond, a uma questão de gosto: o protagonista, que vilipendia a oratória "artificiosa, toda feita de funambulismos, prestidigitações, saltos mortais [e] fogos de vista" de Jericó, proclama: "É incrível a que ponto chega, em certas coisas, a falta de gosto entre nós!... *Le manque de goût qui est le plus grand des péchés, le seul qui ne sera pas*

---

41. "O homem não me deixou ver o defunto. Você viu-o?", pergunta um carregador de caixão a seu colega de profissão (cap. xxii, "A Materialização de D. Maria das Dores na Casa da Esquerda", p. 78).

42. Efeito colateral de outro mal que igualmente grassava, segundo Eça de Queirós (citado no capítulo vii, "O Drama Íntimo de Indalécio"), no Brasil: o excesso de doutores (infortúnio assinalado por Lima Barreto em seus *Bruzundangas*). Sobressai, neste capítulo inicial, a epígrafe (transcrita dos *Caractères* de La Bruyère: "Quel supplice que celui d'entendre déclamer pompeusement un froid discours, ou prononcer de médiocres vers avec toute l'emphase d'un mauvais poète!"), cuja função, para retomar os termos propostos por Genette em *Seuils*, é "canônica": "elle consiste en un commentaire du *texte*, dont elle précise ou souligne indirectement la signification" (*op. cit.*, p. 160). O tema não é inédito na obra de René Thiollier: a personagem principal do conto "A Fama de Baltazar", de *Senhor Dom Torres*, também é, malgrado sua péssima oratória, aclamada pela assistência.

Folheando a Vida: *Entre a Realidade e a Ficção...*

pardonné!"[43] A sentença em itálico é da lavra de Anatole France[44]. A ausência de indicação autoral revela, por um lado, o quão notável era o prestígio do romancista francês em nosso país, e, por outro, o pernosticismo de quem se arroga competência para julgar – e censurar – a eloquente verborragia[45] de nossos bacharéis. É mediante a reprodução de uma voz estrangeira – cujo objeto de análise, no nascedouro, é a escrita de Émile Zola – que se materializa, como se vê, a crítica de Drumond a um problema brasileiro.

O narrador também recorre, com o intuito de caracterizar mais adequadamente a personagem principal do folhetim, ao autor de *Thaïs*. Idêntica e erroneamente perpassa pelas duas citações extraídas de textos anatolianos a noção de pecado, produto de um inusitado erro de tradução.

E era daí que lhe vinha aquela sua insuperável repugnância pela Justiça falível dos homens, assim como lhe repugnava só a ideia de meter-se num confessionário e confessar os seus pecados a outro homem, tão pecador, ou mais do que ele, – ele que, em relação aos seus pecados, era como "le bon Rollin" de Anatole France, "que ses péchés ravissaient" (cap. xv, "O Dr. x", pp. 72-73).

À falta de apuro estético, somam-se, no rol daqueles que seriam, para Drumond, delitos irremissíveis, dois outros "pecados": a falibilidade da justiça[46] e a tirania de um dogma que atribui exclusivamente

---

43. Cap. i, "Eduardo Jericó", p. 105.
44. Extraída do ensaio "La Terre", dedicado à obra de Émile Zola: "Mais M. Zola ignore la beauté des mots comme il ignore la beauté des choses. Il n'a pas de goût, et je finis par croire que le manque de goût est ce péché mystérieux dont parle l'Écriture, le plus grand des péchés, le seul qui ne sera pas pardonné" (*La vie littéraire*, tomo I, p. 191).
45. Drumond condena, no discurso de Jericó, a abundância de citações latinas e os torneios exageradamente ciceronianos. Por seu turno, Thiollier remove, das páginas de rosto dos livros publicados após *A Louca do Juqueri*, seu *ex-libris*, cuja divisa é uma frase de Sêneca (cf. nota 16 de "*Senhor Dom Torres*: Um *Début* Literário Crepuscular").
46. O cético Anatole France foi o segundo signatário da "petição dos intelectuais" no dia seguinte à publicação do *J'Accuse*, carta aberta escrita por Zola ao presidente da França,

Valter Cesar Pinheiro

aos padres o direito de absolver, em nome de Deus (e mediante a autoacusação do penitente), os vícios humanos[47]. Impelido pelo anticlericalismo anatoliano, Thiollier equivoca-se e troca bucólicos pessegueiros por pecados perniciosos[48], imputando ao narrador um delicioso lapso linguístico.

O autor[49], ao incorporar citações do literato francês à seleção de epígrafes (que constitui, *de per si*, um discurso autônomo), também alude a Anatole France: na cadeia de comentários constituída de sentenças alheias (às quais ocasionalmente se interpolam, como se verá adiante, réplicas de René Thiollier), são inseridas duas passagens extraídas de produções pertencentes à fase crepuscular do galardoado bibliotecário do Senado, *Les dieux ont soif* e *La vie en fleur*[50]. Ao longo de suas três obras examinadas neste estudo, o anfitrião da Villa Fortunata terá mencionado livros de Anatole France de gêneros e

Félix Faure, em defesa de Dreyfus, sendo ambas publicadas no jornal *L'Aurore* em 13 e 14 de janeiro de 1898 respectivamente. É posterior, portanto, ao supracitado ensaio no qual Anatole France critica a escrita do autor dos *Rougon-Macquart* (o primeiro tomo de *Vie littéraire* é datado de 1888).

47. Em "Confissão de um Pecador", último artigo de *Episódios de Minha Vida*, René Thiollier declara assistir, sem saber exatamente o porquê, à missa das seis e meia da manhã realizada na Paróquia São Luís (situada na Avenida Paulista). O pecado anunciado no título é a descrença na imortalidade da alma.

48. "Les insectes et les fleurs m'émerveillent davantage à mesure que je les observe mieux. Je suis comme le bon Rollin que les fleurs de ses pêchers ravissaient. Je voudrais bien avoir un beau jardin, et vivre à l'orée d'un bois" (*Le crime de Sylvestre Bonnard*, p. 271).

49. Genette, em *Seuils*, adverte: "N'en concluons pas pour autant que l'épigrapheur (de droit) est toujours l'auteur, car ici comme pour la dédicace il convient de réserver au moins, dans un récit homodiégétique, la possibilité d'une épigraphe proposée par le héros-narrateur" (*op. cit.*, p. 157). A presença de epígrafes assinadas por René Thiollier aponta de forma inconteste o responsável pela compilação dos excertos que introduzem os capítulos do romance: o autor de *Folheando a Vida*.

50. "La simplicité seule est belle" (cap. x, "Caleidoscópio São Paulo", p. 52), tomada do penúltimo romance de Anatole France, *Les dieux ont soif*, publicado em 1912, e "Cette chienne de vie a quelquefois du bon" (cap. xxi, "Reminiscências – Os Vizinhos da Esquerda e os da Direita", p. 91), do livro de memórias *La vie en fleur*, última obra lançada em vida por Anatole France, em 1922.

Folheando a Vida: *Entre a Realidade e a Ficção...*

períodos os mais diversos (as ficções *Le crime de Sylvestre Bonnard, Histoire contemporaine, Les contes de Jacques Tournebroche* e *Les dieux ont soif*, o confessional *La vie en fleur* e o volume crítico *La vie littéraire*). A seu folhetim, contudo, faltarão a qualidade narrativa[51], a ironia e a elegância da prosa anatoliana, e a seu *alter ego*, a profundidade e a lucidez de Monsieur Bergeret. Drumond, aliás, é modesto[52] como seu congênere francês, porém mais cético: ao fim e ao cabo, sua inação (o que e para quem escreve, afinal?) revela o quanto descrê – diferentemente do professor de literatura latina – do poder da palavra[53].

Folheando a Vida pouco se distingue das experiências literárias anteriores de René Thiollier. Nesta composição incompleta, irregular e de indeléveis matizes passadistas, sobressai, entretanto, um excepcional complexo de epígrafes que põem em evidência duas personas complementares do acadêmico paulista: o *escritor* e o *leitor*.

51. Como atestam a futilidade e a "ignorância do mundo" de Drumond ("Não se podia conformar com a imensa desgraça que, ora, pesa sobre a Europa. Os povos mais cultos, mais requintados da terra, a destruírem-se mutuamente pela forma a mais abjeta!", cap. VII, "O Drama Íntimo de Indalécio", p. 104), corporificadas por um modo de representação anacrônico e conservantista.

52. "Escrevo nada; rabisco umas coisas como todo o mundo rabisca no Brasil", afirma Drumond (cap. VII, "O Drama Íntimo de Indalécio", p. 76), "Monsieur Bergeret, vous êtes un professeur de quelque distinction, un provincial intelligent, un universitaire fleuri, un médiocre humaniste, attardé aux curiosités infécondes de la philologie, étranger à la vraie science du langage, qui n'est pénétrée que par des esprits larges, droits et puissants. Monsieur Bergeret, vous n'êtes pas un savant, vous n'êtes capable ni de reconnaître ni de classer les faits du langage", diz o *maître de conférences* M. Bergeret a si mesmo (Anatole France, *Au tournant du siècle. Le mannequin d'osier*, cap. XVI, pp. 226-227).

53. Instigado por sua filha ("Comment changer le monde?"), Monsieur Bergeret declara: "Par la parole, mon enfant. Rien n'est plus puissant que la parole. L'enchaînement des fortes raisons et des hautes pensées est un lien qu'on ne peut rompre. La parole, comme la fronde de David, abat les violents et fait tomber les forts. C'est l'arme invincible" (*Idem, M. Bergeret à Paris*, cap. XVII, p. 481).

Valter Cesar Pinheiro

Trinta e cinco autores[54], provenientes de sete países[55], rubricam sessenta e três excertos[56]. Para arregimentá-los, Thiollier singra o Atlântico (das Américas à Europa) e cinco séculos de literatura (de Shakespeare a Paul Géraldy). O conjunto, de irrefutável magnitude, parece ter sido engendrado, à primeira vista d'olhos, sob o signo da diversidade.

Autores	Origem	Número de citações em epígrafe
Jules RENARD	França	11
Remy de GOURMONT	França	06
LA BRUYÈRE	França	05
René THIOLLIER	Brasil	04
Antoine ALBALAT	França	02
Jean-François MARMONTEL	França	02
Romain ROLLAND	França	02
Anatole FRANCE	França	02
Frédéric PAULHAN	França	02
Gustave FLAUBERT	França	02
BOILEAU	França	01
Gaston SEVRETTE	França	01

54. Trinta e oito nomes são mencionados no total. Na tabulação efetuada para este trabalho, realizaram-se alguns ajustes: a frase atribuída a Beethoven foi extraída da biografia do compositor redigida por Romain Rolland, e as outorgadas a Zola e a Buffon, de obras de Remy de Gourmont (*La culture des idées* e *Le problème du style*). Rolland e Gourmont são, portanto, os autores dos fragmentos transcritos por Thiollier. A referência copiada de *Les disciples à Saïs* et *Les fragments de Novalis: traduits de l'allemand et précédés d'une introduction par Maurice Maeterlinck*, creditada ao escritor belga, é, aqui, conferida ao poeta romântico. Em tempo: do mesmo livro, saiu a epígrafe, igualmente atribuída a Maeterlinck, de um curtíssimo texto publicado em outubro de 1917 no 41º número da *Revista Feminina*: "Pressentimento".
55. França (26), Alemanha (3), Brasil (2), Irlanda (1), Rússia (1), Estados Unidos (1) e Inglaterra (1).
56. Distribuídos ao longo de vinte capítulos. Apenas os episódios v e xvii não têm epígrafes.

Folheando a Vida: *Entre a Realidade e a Ficção...*

Oscar WILDE	Irlanda	01
ANDRADE LIMA	Brasil	01
Marius ROUSTAN	França	01
Paul MORAND	França	01
Alphonse DAUDET	França	01
Émile FAGUET	França	01
Liev TOLSTÓI	Rússia	01
Eugène VÉRON	França	01
NOVALIS	Alemanha	01
Henri BERGSON	França	01
GOETHE	Alemanha	01
Guy de MAUPASSANT	França	01
Henry BATAILLE	França	01
Delmore SCHWARTZ	EUA	01
SHAKESPEARE	Inglaterra	01
Jean-Paul SARTRE	França	01
André GIDE	França	01
Abel HERMANT	França	01
André SUARÈS	França	01
Paul GÉRALDY	França	01
René CANAT	França	01
Heinrich HEINE	Alemanha	01
Gustave LANSON	França	01

Meia verdade.

Da extensa lista de epigrafados, vinte e seis são franceses. A supremacia gálica torna-se ainda mais açaçapante se se constata que, excetuando-se os escritores de língua inglesa e o pernambucano Andrade Lima, os demais – o que inclui não apenas os alemães e o russo, mas o próprio autor do folhetim! – são citados em francês. O ponto de confluência das naus literárias thiollierianas em seu longo périplo é Paris. O ilustrado escritor bandeirante segue, por conseguinte, o

Valter Cesar Pinheiro

itinerário consagrado pela tradição: *Oropa*-França-Pauliceia (com um breve *pit stop* em Manhattan...).

Do mosaico de fragmentos confeccionado por René Thiollier destacam-se algumas peculiaridades:

1. A conformação das epígrafes não é uniforme: há excertos que, seguindo a prática vigente, são escoltados apenas pelo nome do autor (é o caso de todas as frases extraídas do *Journal* do "campeão" Jules Renard), mas a maior parte é acompanhada igualmente do título da obra (Marmontel e os *Éléments de littérature*, Daudet e as *Notes sur la vie*, Faguet e seus *Propos littéraires*, entre outros). Evidenciam-se, também, arranjos mais heterodoxos, seja pela restrição ou excesso de referências (nomes de capítulo, preço pago pelo exemplar adquirido, indicação da página na qual se encontra a passagem transcrita[57]), seja pelo registro autêntico, mas impreciso, da autoria das citações[58];

2. O número de epigrafados vivos – ou que tinham falecido havia pouco – é bastante expressivo (ressaltam-se, notadamente, Rolland, Gide, Géraldy, Morand e Sartre). Sua presença no folhetim é um modo indireto de render homenagem àqueles que o autor identifica como pares[59] (função que, todavia, não obrigatoriamente suprime o papel classicamente atribuído a este tipo de citação: comentar o título do capítulo ou o texto que se lhe segue);

3. A singular apresentação de epígrafes autógrafas ("autoepígrafes")[60]: em quatro ocasiões, um dos excertos que encabeçam a narrativa leva a

---

57. Cf. epígrafes de Albalat, La Bruyère, Andrade Lima e Gide.

58. Como as supraditas alusões a Beethoven, Maeterlinck, Zola e Buffon.

59. Propósito batizado por Genette de "efeito epígrafe" (cf. nota 75 de "*Senhor Dom Torres*: Um *Début* Literário Crepuscular").

60. "L'alternative théorique à l'épigraphe allographe, c'est évidemment l'épigraphe autographe, explicitement attribuée à l'épigrapheur lui-même, c'est-à-dire, *grosso modo*, à l'auteur du livre. Je ne connais aucune illustration parfaite de ce type d'auto-attribution, qui manquerait lourdement à toute modestie", afirma Genette (*op. cit.*, p. 155), que, obviamente, jamais compulsou as páginas da *Revista da Academia Paulista de Letras*...

Folheando a Vida: *Entre a Realidade e a Ficção...*

assinatura do autor do romance. Estas epígrafes não são citações *stricto sensu*, pois não reproduzem – *ipsis litteris* ou com adaptações – textos que já tenham sido publicados[61]. Excetuando-se a primeira asserção, as demais são réplicas que reagem à citação que as precede, ratificando-a ou contrapondo-se a ela;

4. A preponderância de extratos recolhidos em escritos autodiegéticos de têmpera biográfica – diários, correspondências, memórias e notas – ou ensaística – reflexões, *portraits* e *promenades* – sobre a ficção e a lírica. O fazer literário constitui a essência desses fragmentos, que abordam o "artefazer"[62], do prelúdio (escrever o quê? por quê? como? para quem?) ao epílogo (o epitexto).

René Thiollier traça, mediante uma rede de citações justapostas, o inventário de suas leituras, e, ao realizá-lo, faz literatura. À guisa de exemplo, vejam-se as epígrafes do capítulo xi, "Jean La Trompette":

A primeira, "Amas d'épithètes, mauvaises louanges: ce sont les faits qui louent, et la manière de les raconter", é da lavra de um dos autores diletos de Thiollier, La Bruyère[63], cujos perfis – de pessoas, círculos e costumes – ecoam nos retratos apresentados em *Folheando a Vida*. Para

---

61. Uma citação configura-se, define Compagnon, a partir de "un énoncé répété et une énonciation répétante" (*op. cit.*, p. 56).

62. Termo forjado por Mário de Andrade no já mencionado "O Artista e o Artesão".

63. Em entrevista a Raimundo de Menezes, "Como vivem e trabalham os nossos escritores" (*Folha da Manhã*, 4.12.1955), Thiollier aponta seus autores favoritos: La Bruyère e Montaigne. "Não sei quantas vezes li, reli e anotei *Les Caractères* e *Les Essais*. E é precisamente por tê-los anotado, e a uma infinidade de outros livros, que estou procedendo a um auto da fé na minha biblioteca. Confesso: é com profundo pesar que vejo esses livros-meus-amigos consumirem-se, envolvidos pelas chamas da fogueira, que crepita no quintal, como uma noite de São João. Sigo nisso o exemplo de Anatole France, que fez o mesmo com um caderno de lembranças". Além da previsível alusão a três assíduos frequentadores de sua mesa de cabeceira (inclui-se na lista o autor de *Histoire contemporaine*, citado na resposta), a passagem vale pela preciosa – e lamentável – informação final: a biblioteca do castelão da Villa Fortunata teria sido lançada ao fogo. Com ela, perderam-se as *marginalia* thiollierianas.

Valter Cesar Pinheiro

o moralista francês, o perpetuamento de um belo ato é subordinado à forma pela qual será narrado: é a perfeição desta que assegurará a perenidade daquele[64].

A segunda epígrafe, "On ne se moque parfaitement bien que des ridicules qu'on a un peu", que La Bruyère, pela forma e pela substância, chancelaria, é reproduzida das *Notes sur la vie* de Alphonse Daudet. Nesta citação, na qual é patente, assinale-se, a inflexão montaigniana do socrático "Conhece-te a ti mesmo", o autor das *Lettres de mon moulin* indica, com uma pitada de humor, o modo pelo qual cria e concebe suas personagens, cuja complexidade seria resultado de seu esforço em apreender, compreender e transcrever, em forma literária, a realidade da gente simples do *Midi* (da qual, na condição de observador, não se aparta).

A terceira, "L'observateur prend partout son bien même malgré lui; il ne peut s'empêcher de voir et ne peut s'empêcher de consigner ce qu'il a vu", é – não por acaso – extraída de um ensaio sobre as *Notes* do romancista nîmois, "Les carnets d'Alphonse Daudet", de Émile Faguet[65]. Um bom romancista é, segundo o crítico realista[66],

---

64. A máxima que precede àquela que foi escolhida por Thiollier é ainda mais elucidativa: "La vie des héros a enrichi l'histoire, et l'histoire a embelli les actions des héros: ainsi je ne sais qui sont plus redevables, ou ceux qui ont écrit l'histoire à ceux qui leur en ont fourni une si noble matière, ou ces grands hommes à leurs historiens" ("Des ouvrages de l'esprit", item 12). A subsequente à selecionada, "Tout l'esprit d'un auteur consiste à bien définir et à bien peindre", abre a série de epígrafes do capítulo ix, "50 Anos de Hipocrisia".

65. O crítico também comenta a máxima que Thiollier escolhera como epígrafe do capítulo xi: "Je crois bien que ce n'est pas absolument vrai; j'inclinerais à penser qu'on se moque bien et des ridicules qu'on a un peu, oui, et, à l'autre extrémité, des ridicules que l'on n'a point du tout, qui sont, comme on disait autrefois, l'antipathie même de votre nature; mais il reste qu'on se moque plus intimement en quelque sorte, avec une sûreté plus minutieuse, des ridicules dont on est un peu touché soi-même. Le mot a une singulière portée. Je le laisse à vos réflexions" (Émile Faguet, *Propos littéraires, 4ᵉ série*, p. 251).

66. Autor do *portrait* de Joseph de Maistre (publicado na *Revue des deux mondes* e no volume intitulado *Politiques et moralistes du xixᵉ siècle*) resgatado por Antoine Compagnon em *Les antimodernes: de Joseph de Maistre à Roland Barthes*.

Folheando a Vida: *Entre a Realidade e a Ficção*...

um bom observador, e um bom observador é aquele que observa e se observa: Daudet é visto assim[67]; Thiollier se vê e *quer ser* visto como tal[68]. Lembre-se, por fim, que o autor de *L'Art de lire* foi igualmente mencionado pelo filólogo Nhô Lau. A ciranda está armada: Faguet leu Daudet, Daudet leu La Bruyère, La Bruyère leu Montaigne, Montaigne leu Aulo Gélio e Cícero, que, por seu turno, são citados por Nhô Lau, que lera Faguet. Acima deles, paira o leitor[69] e escritor René Thiollier: na multifacetada e interconexa cadeia de citações[70] urdida pelo autor de *Senhor Dom Torres*, leitura e escrita tornam-se una.

Como escreve o acadêmico paulista? A partir de quê? Para quem? Por quê? Segundo as epígrafes supracitadas, seu móbil – transplantado, no folhetim, para o escritor-*espectador* Drumond – é a observação da realidade. O autor e o protagonista folheiam o passado e perscrutam o presente, mantendo, com um e outro momento da vida (na torre da

---

67. É também de um estudo consagrado ao autor de *Tartarin de Tarascon* que provém a citação do purista (e colaboracionista) Abel Hermant (*Essais de critique*): "On n'exprime que ce qu'on sent, non point ce qui est, et qui forcément nous échappe" (cap. xviii, "Reminiscências – Os Vizinhos da Esquerda e os da Direita: Uma Noite de Amor", p. 51).

68. "René Thiollier é um artista que sabe observar", testemunha Medeiros e Albuquerque em nota prefacial de *A Louca do Juqueri*.

69. "O que todo mundo quer", brada Nhô Lau, "é poder dizer que leu, ostentar uma cultura que não possui" (cap. ii, "Em Caldas", p. 97). Sobre o desafeto Oswald de Andrade, René Thiollier, no supracitado ensaio dedicado ao autor de *O Rei da Vela*, denuncia: "Não sei se entre as inumeráveis obras que Oswald folheou sem as ler, pois, segundo me revelou uma senhora, muito de sua intimidade, ele nunca teve a paciência de ler um livro da primeira à última página, não obstante a cultura que, com tanta habilidade, aparenta-va, não sei se acaso lhe aconteceu correr superficialmente os olhos pelos diálogos de Fénelon, principalmente aquele entabulado entre Demócrito e Heráclito" (*Episódios de Minha Vida*, p. 122). Os mordazes juízos de Tico – em relação à recepção crítica da obra de Janjão Godói ("Quando a coisa é ruim demais, eles misturam sociologia com literatura. [...] Uma sociologia mal digerida.") – e os de Thiollier – sobre os colegas modernistas – não são, como pretende o autor, nada díspares.

70. Antoine Compagnon, "Lire ou écrire, c'est faire acte de citation", *La seconde main ou le travail de la citation*, p. 34.

Valter Cesar Pinheiro

Villa Fortunata ou na rede da casa de Santos), um mesmo distanciamento interessado, investigativo. Para ambas as operações, concorrem duas competências primordiais, a memória e a visão, sintetizadas no axioma gourmontiano "La faculté maîtresse du style, c'est la mémoire visuelle"[71] (extraído de *Le problème du style*[72]), que não se reduz, *ça va de soi*, a uma imagem topográfica.

O primado da visão sobre os demais sentidos consubstancia-se no significativo número de epígrafes que fazem alusão a outra forma de manifestação artística (igualmente cara, como se viu nos capítulos precedentes deste estudo, ao autor do romance): a pintura. É no limiar do texto literário, entre o dentro e o fora, que Thiollier se apresenta ao leitor de *Folheando a Vida* como um "turista aquarelista"[73]: além da sobredita máxima de La Bruyère ("Tout l'esprit d'un auteur consiste à bien définir et à bien peindre"), a analogia com a "arte do olho" é articulada por Véron, "Il n'y a pas d'oeuvre bien sentie qui ne soit naturellement bien peinte" (*L'Esthétique*[74]), Canat, cuja exposição sobre uma "teoria de Flaubert" é reduzida por Thiollier a um "postulado": "on peint d'autant mieux qu'on sent moins vivement"[75] (*La Littérature*

---

71. Epígrafe do cap. vii, "O Drama Íntimo de Indalécio" (p. 103). Do livro de Gourmont, foi retirado outro excerto (que servirá de epígrafe ao cap. xxii, "A Materialização de D. Maria das Dores na Casa da Esquerda", p. 76), cujo tema se relaciona com o precedente: "On n'acquiert aucune connaissance transmissible qu'en voyant par soi-même".

72. Obra que tem por objeto o fazer literário em seus diversos aspectos: ideias, imagens, prosódia, questões de plágio e influência, gramática, etc. Dela foram extraídas quatro das seis citações de Remy de Gourmont no folhetim (as restantes foram transcritas de *Promenades littéraires* e *La culture des idées*).

73. Termo com o qual se define em "No Mundo da Imortalidade" (*Episódios de Minha Vida*, p. 154). Cf. nota 55 de "*A Louca do Juqueri*: Um (In)esperado Refluxo".

74. O livro, traduzido por Aristides Ávila e impresso pelas Edições Cultura em 1944 (o original foi lançado em 1878), é objeto de uma crônica de Tarsila do Amaral, "Eugène Véron", publicada em 01.02.1945 no *Diário de S. Paulo*. O capítulo xii, "Contrastes", no qual aparece a epígrafe mencionada (p. 49), saiu na edição nº 34 da *Revista da Academia Paulista de Letras* (12.06.1946).

75. Cap. xxi, "Reminiscências – Os Vizinhos da Esquerda e os da Direita", p. 91.

Folheando a Vida: *Entre a Realidade e a Ficção...*

Française), e Gourmont, "On apprend à dessiner, on n'apprend pas à peindre: le sens de la couleur est inné et le sens de l'équilibre est une acquisition"[76] (*Le problème du style*). Este último, aliás, responde, na referida passagem, a outro escritor citado – porém, não nomeado – nas páginas de *Folheando a Vida*: Antoine Albalat, autor das epígrafes "apócrifas" do capítulo II, "Em Caldas"[77]. A omissão do nome do crítico[78] (e, por conseguinte, da obra) na configuração da epígrafe revela, senão displicência, o propósito deliberado de ocultar do leitor o apelo a títulos de caráter marcadamente didático, como o é *Comment on devient écrivain*[79], fonte da qual provêm os excertos selecionados. É na percepção do cotidiano, afirma Albalat, que o escritor deve buscar o material com o qual forjará sua criação[80], cujo fim, não obstante, não é copiar o observado, mas interpretá-lo, tarefa que requer, além de sensibilidade e memória, o domínio do instrumento com o qual se traceja (e cromatiza) uma obra literária: a língua.

Para o clássico-realista Thiollier, literatura é mimese. Sua substância, extraída da observação da realidade[81], deve, todavia, ser transfigu-

---

76. Cap. XIX, "Reminiscências – Os Vizinhos da Esquerda e os da Direita", p. 88.
77. "En art, le difficile c'est de voir", "Conseil de La Tour: 'Copiez la nature telle qu'elle est, telle que vous la voyez, d'aussi près que vous le pourrez. On n'invente ni un personnage, ni un caractère. Des personnages inventés ne sont jamais que des fantoche'" (p. 89).
78. Que teria sido um dos precursores da crítica genética (cf. Jean-Louis Lebrave, "Crítica Genética: Uma Nova Disciplina ou um Avatar Moderno da Filologia?", pp. 124 e ss.).
79. Cujo sumário é, por si só, elucidativo a este respeito: "Comment faire un roman", "Quels romans faut-il lire?" e "Le guide et les conseils" são as denominações de alguns dos capítulos deste volume. Da bibliografia do autor, destacam-se ainda *L'art d'écrire enseigné en vingt leçons, Les ennemis de l'art d'écrire, La formation du style par l'assimilation des auteurs* e *Comment il faut lire les auteurs classiques français*.
80. Ideia que Paul Morand teria abraçado, conforme indica a epígrafe que lhe é atribuída: "Un romancier appartient au milieu dans lequel il vit" (cap. IX, "50 Anos de Hipocrisia", p. 51).
81. A obra de arte não teria outra finalidade, sustenta Bergson, citado em epígrafe no cap. XIII ("Na Vienense", p. 112), senão colocar o espectador diante da realidade: "L'art n'est sûrement qu'une vision plus directe de la réalité". A querela realismo *versus* idealismo é, para o filósofo francês, um mal-entendido: "le réalisme est dans l'oeuvre quand

rada pelo escritor. Para o acadêmico, é de fundamental importância o conhecimento de sua ferramenta de trabalho, que compreende não apenas a gramática, capital (ao contrário do que teria dito Graça Aranha: "O escritor moderno deve escrever sem gramática, deve ignorar a gramática") para quem faz da escrita um ofício, mas também a estilística, como sinaliza o expressivo número de manuais de estilo mencionados no folhetim. Às habilidades com o vernáculo, acrescenta-se o *repertório*[82] – do *leitor implícito* e do escritor[83] (que, no fim das contas, é também leitor[84]) –, adquirido em experiências pessoais e sociais e pelo acesso direto a uma alta cultura, cuja língua veicular ainda era, no final dos anos quarenta, o francês.

l'idéalisme est dans l'âme, et [...] c'est à force d'idéalité seulement qu'on reprend contact avec la réalité" (Henri Bergson, *Le rire: essai sur la signification du comique*, p. 160).

82. No sentido iseriano do termo: "Iser insiste sur ce qu'il appelle le *répertoire*, à savoir l'ensemble des normes sociales, historiques, culturelles apportées par le lecteur comme bagage nécessaire à sa lecture. Mais le texte lui aussi fait appel à un répertoire, il met lui-même en jeu un ensemble de normes. Pour que la lecture ait lieu, un minimum d'intersection est indispensable entre le répertoire du lecteur réel et le répertoire du texte, c'est-à-dire le lecteur implicite" (Antoine Compagnon, *Le démon de la théorie: littérature et sens commun*, pp. 179-180).

83. Em "A Literatura no Brasil e o pão nosso de cada dia", Thiollier declara: "E de que modo se faz um escritor? Pela contribuição de um trabalho insano e obscuro. Desde o dia em que se lhe patenteia, ardente e sincera, a vocação, até ao derradeiro da sua vida, impõe-se-lhe, sem desalentos, em meio da jornada, o cultivo aturado e constante das três faculdades capitais que constituem a inteligência: a memória, o juízo, a imaginação. É a memória quem descobre as ideias, as adquire, e as conserva; o juízo quem as compara, escolhe e coordena; a imaginação, em seguida, quem se encarrega de as vivificar, manifestando-as, lustradas, no apuro dos seus adornos. Para as fortalecer e desenvolver simultaneamente, o escritor não pode prescindir do estudo das humanidades, a começar pelo estudo da língua materna. É a língua materna o instrumento principal de que ele se serve para se comunicar com os seus leitores. Só se pode tornar, pois, escritor asseado, terso, elegante, se a pratica, com eficácia, e a fundo pelo trato assíduo dos bons autores" (*O Homem da Galeria*, pp. 88-89). Thiollier não faz menção, no texto de 1927, ao real.

84. "La matière première mieux vaut la chercher dans la vie; dans les livres, c'est le métier qui m'intéresse", declara Gide, citado em epígrafe no cap. xviii, "Reminiscências – Os Vizinhos da Esquerda e os da Direita: Uma Noite de Amor" (p. 51).

Folheando a Vida: *Entre a Realidade e a Ficção...*

O conservantismo ideológico, estético e linguístico de René Thiollier estende-se também para o plano profissional. Escrever é um ofício (e, como tal, requer talento e abnegação), mas aquele que se dedica à literatura não deve, sob o risco de rebaixamento de sua obra ou de seu sacerdócio, obedecer aos caprichos do vil metal. Na conferência intitulada "Batista Cepelos – A Sua Vida e a Sua Obra", apresentada no Teatro Municipal de São Paulo em 1923, Thiollier já se posicionara contra o que denominou "mercantilização da literatura". As letras teriam se tornado profissão, e os escritores, desde então, tais quais escreventes, mal receberiam por seus versos o suficiente para viver. No mencionado "A Literatura no Brasil e o Pão Nosso de Cada Dia", a questão reaparece: "Ninguém granjeia sustento para a família à custa de literatura", sentencia, no *incipit*, o autor de *A Louca do Juqueri*. Thiollier alude a Remy de Gourmont e Anatole France (bibliotecários, respectivamente, da Biblioteca Nacional e do Senado franceses), que, para subsistir, abraçaram uma profissão alheia à escrita (não à leitura, poder-se-ia retrucar...). Se na França, "país eminentemente intelectual", os escritores não tinham meios de sobreviver de suas penas, não seria no Brasil, nação cujo número de leitores é exíguo, que condições propícias para a profissionalização do escritor grassariam. Em defesa de sua tese, cita Maurice Rostand – "É mil vezes preferível o homem de letras exercer uma profissão, por mais modesta que seja, a transformar sua arte em profissão" – e Paul Géraldy: "O escrever não é uma profissão. Não deveria jamais ser considerado como tal"[85]. Este posicionamento, como revela, 22 anos depois, a retomada da frase de Géraldy como epígrafe em *Folheando a Vida*[86], não parece, por conseguinte, ter sofrido alteração. Thiollier teria passado ao largo de uma discussão cujo ápice foi o Primeiro Congresso de Escritores (cujo tema central, não por acaso, era a problemática questão dos direitos autorais), realizado em São Paulo em 1945?[87] A permanência,

85. *O Homem da Galeria*, p. 87.
86. Reproduzida em francês: "Écrire n'est pas un métier, ne devrait en être un" (cap. xix, "Reminiscências – Os Vizinhos da Esquerda e os da Direita", p. 88).
87. Encontro do qual, como testemunha Antonio Candido, René Thiollier participou. O

por décadas, do mesmo ponto de vista – apesar do desencanto com os rumos políticos do país (com a ditadura getulista) e do mundo (com os horrores da Segunda Guerra, que assolara, segundo Drumond, "os povos mais cultos [e] mais requintados da terra") –, é, contraditoriamente, uma forma de reação – e oposição – ao perfil da (não tão) nova classe de escritores brasileiros, que vira no trabalho intelectual, outrora fator de distinção, uma importante "estratégia de reconversão"[88]. O autor de *Folheando a Vida*, neste cenário, ocupa um lugar excepcional: conquanto fosse dândi, cronista social, acadêmico, frequentador de salões mundanos nas capitais paulista e carioca e, sobretudo, admirador inconteste, como destacado neste estudo, de Anatole France, não se alista – por sua posição contra a profissionalização do escritor (justificada, talvez, pelo fato de não ter precisado fazer de sua produção jornalística seu modo de subsistência) – no grupo de "polígrafos anatolianos" e tampouco, como igualmente sublinhado, nas filas modernistas[89].

depoimento do crítico merece, pela eloquência e pelo que revela do autor de *Folheando a Vida*, ser transcrito: "A sessão de encerramento, onde foi divulgado o nosso manifesto pedindo a volta das liberdades, teve lugar no Teatro Municipal, que estava atulhado. Oswald fez um discurso fogoso, lançando por conta própria, para grande contrariedade tanto dos liberais quanto dos esquerdistas, o nome do Brigadeiro Eduardo Gomes, que por algum tempo deu a impressão de ser o candidato de quase todas as oposições, da direita à esquerda. Mas no momento ainda não era para falar nele e muitos se irritaram com a *gaffe*. O público, todavia, reagiu entusiasmado e assim Oswald desencadeou a grande ovação da tarde. Desencadeou também um pequeno tumulto, ao meter o pau na *sociedade* paulistana, glosando um cronista social. René Thiollier, que ele havia convidado e pouco antes eu vira cordialmente junto dele, no saguão, levantou-se indignado e protestou, defendendo a sua classe e o seu meio com muita hombridade. Mas teve de sair debaixo de uma furiosa vaia, nós berrando como possessos. Oswald canalizou bem a bagunça e focalizou a sátira no escritor indignado, verdadeiro exemplo caído do céu para a sua diatribe" (Antonio Candido, "Digressão Sentimental sobre Oswald de Andrade", *Vários Escritos*, p. 69).

88. Cf. Sergio Miceli, *Intelectuais à Brasileira*, pp. 81 e ss.

89. Embora não faça, não obstante o momento histórico conturbado no qual é publicado o folhetim, menção ao papel do artista e do intelectual, Thiollier alude a Sartre, um dos arautos do engajamento, citando em epígrafe no cap. xvi, "A Sentença do Dr. x"

Folheando a Vida: *Entre a Realidade e a Ficção...*

Para quem escreve René Thiollier? No festival de excertos com os quais se constrói, nas franjas da narrativa, uma teoria da literatura, há referências ao público ledor? É na série de quatro autoepígrafes que o autor do romance, de forma dialógica, alternando sua voz à de seus ilustres epigrafados, se aproxima do leitor, cuja competência – pela crítica escarnecedora e contundente a maus devoradores de livros (preocupados mais com a quantidade do que com a qualidade de suas leituras) e pelas inúmeras referências a escritores que falam de literatura (alguns canônicos; outros, não) – é amiúde posta à prova: os "leitores primordiais" de *Folheando a Vida*, reitere-se, não eram outros senão os pares de Thiollier na Academia Paulista de Letras, em cuja revista, dirigida pelo grão-senhor da Villa Fortunata, saíram os capítulos do folhetim.

"J'ai beau dire que je n'écrirai plus, c'est plus fort que moi: j'écris toujours, car le spectacle de la vie m'amuse. C'est lui qui me fait écrire. Je suis comme Voltaire: – 'Je ris de tout et je m'en trouve bien'"[90] é a primeira das epígrafes de *Folheando a Vida* assinadas por René Thiollier. A escrita configura-se, para o autor, como uma exigência vital, determinada pela perspectiva, *joyeuse*, segundo a qual concebe sua existência. Ousado ("Eu sou como Voltaire"), o acadêmico cita, no enunciado alocado em um espaço tradicionalmente reservado a frases alheias, uma passagem extraída de uma carta do filósofo iluminista ao Conde d'Argental. Posteriormente, o procedimento será diverso: a sentença de partida terá seu *status* de epígrafe preservado, e o autor, menos atrevidamente, redarguirá com um rotundo "J'agis de même"...

(transcrito na edição nº 43 da *Revista da Academia Paulista de Letras*, de 12/09/1948), um fragmento extraído de *Baudelaire*, editado em 1947: "Baudelaire, c'est l'homme qui a choisi de se voir comme s'il était un autre". É importante ressaltar que o filósofo francês lançaria, no ano seguinte, *Qu'est-ce que la littérature?*, livro no qual preconiza o engajamento do artista e do intelectual modernos.

90. Cap. x, "Caleidoscópio São Paulo", p. 52.

Valter Cesar Pinheiro

"À moi, la littérature ne m'a jamais rien rapporté. Et je fais de même. Je regarde la vie et me contente de ce qu'elle me donne"[91], segunda autoepígrafe do folhetim, é uma réplica à confissão de Jules Renard: "Plus aucun goût pour la littérature qui rapporte. Rien que regarder la vie, et se contenter de ce qu'elle donne". Parecem transluzir no aparte do altivo escritor paulista atributos com os quais o autor do memorialístico *Poil de carotte* é identificado: renúncia e resignação. As fórmulas e reflexões despretensiosas de que é feito o *Journal* de Renard, verdadeira ode à modéstia e à desilusão, testemunham sobejamente o sofrimento do escritor francês e seu desencanto com a literatura. Não se pode afirmar peremptoriamente que a declaração de Thiollier seja a manifestação, direta ou dissimulada, de uma perspectiva conformista (ou, ao contrário, o reconhecimento à vida materialmente privilegiada que levava), visto que, como já mencionado, o autor de *Folheando a Vida* destruiu seu *récit* autobiográfico (suas *marginalia*), que se fez – tal qual sua teoria da literatura, construída com fragmentos alheios – à margem das narrativas (a primeira, dos livros lidos; a segunda, da obra escrita)[92]. A epígrafe seguinte, todavia, parece indicar o lado para o qual pende o fiel da balança thiollieriana.

"J'agis de même, dès que je me lève. Je me vois comme si j'étais un autre, car la vie est une comédie, et chacun de nous joue un rôle dans cette comédie"[93], *dixit* o autor de *Senhor Dom Torres*, em sua terceira máxima a figurar entre as epígrafes que ilustram o romance. Ao legitimar, a partir de suas próprias experiências, o perfil de Baudelaire

---

91. Cap. xv, "O Dr. x", p. 72.

92. *Episódios de Minha Vida* é, contrariamente ao que faz pressupor o título, um livro que trata da vida de outros escritores (Batista Cepelos, Paulo Prado, Oswald de Andrade etc.), excetuando-se, basicamente, os capítulos que têm por objeto a participação do autor nas montagens de *O Contratador dos Diamantes* e *A Ceia dos Cardeais* e sua nomeação à Academia Paulista de Letras. É uma obra que, portanto, não se constitui como uma autobiografia.

93. Cap. xvi, "A Sentença do Dr. x", p. 61.

Folheando a Vida: *Entre a Realidade e a Ficção...*

formulado por Sartre ("Baudelaire, c'est l'homme qui a choisi de se voir comme s'il était un autre"), Thiollier obliqua e presunçosamente se compara ao criador de *Les Fleurs du Mal*. Ademais, apesar do boicote de que *son pays natal* é, como tanto afirma, vítima, para o cronista social e autor do folhetim, São Paulo é, resolutamente, uma festa, e a vida, "a mais deliciosa das comédias"[94].

"Et moi, je n'écris que strictement pour moi-même"[95], última intervenção da voz autoral na sequência de epígrafes, é, novamente, uma reação a seu principal interlocutor, Jules Renard, que, após ter admitido, nas páginas de seu diário, o quão importantes lhe são seus leitores ("Je veux faire les choses bien, et je désire que quelqu'un, n'importe qui, s'en aperçoive"), arremata: "Je ne tiens pas plus à la qualité qu'à la quantité des lecteurs". Um trabalho bem realizado permitiria ao escritor atingir um público menos seleto, não forçosamente afeito ao hermetismo em voga na virada literária dos 1900, e cuja opinião, todavia, não é menos relevante. O acadêmico paulista, que se diverte com o espetáculo da vida (comparada, na autoepígrafe precedente, a uma comédia) e para quem a literatura nunca trouxe nada de tangível (o que justifica, por outro lado, sua posição desfavorável em relação à profissionalização do escritor), deprecia a influência do leitor e secunda a máxima de Flaubert, citada capítulos antes: "Il faut faire de l'art pour soi et non pour le public"[96]. No entanto, o autor de *Madame Bovary*, cuja reputação de leitor contumaz é tão propalada quanto à de escritor acurado e meticuloso, queixava-se apenas dos editores[97]. No

---

94. "Pena é que o homem, por mera vaidade, transforme a vida em tragédia, ela que é a mais deliciosa das comédias!" (cap. II, "Em Caldas", p. 98), assegura o protagonista de *Folheando a Vida*, ecoando, muito verossimilmente, as palavras de seu criador.

95. Cap. XX, "Reminiscências – Os Vizinhos da Esquerda e os da Direita", p. 86.

96. Cap. XV, "O Dr. X", p. 72.

97. "Mais je suis tellement dégoûté des éditeurs et des journaux que je ne publierai pas maintenant. J'attendrai des jours meilleurs; s'ils n'arrivent jamais, j'en suis consolé d'avance. Il faut faire de l'Art pour soi et non pour le public. Sans ma mère et sans mon pauvre Bouilhet, je n'aurais pas fait imprimer *Madame Bovary*. Je suis, en cela,

Valter Cesar Pinheiro

mais, Thiollier, que publica suas obras às próprias expensas, guarda, no tocante às dificuldades relativas à transformação de um manuscrito em obra impressa, o mais profundo silêncio...[98]

O enérgico secretário-geral da Academia Paulista de Letras, que cobrava com rigidez espartana a colaboração de todos os membros do sodalício para a revista que fundara e dirigia, apresenta-se, mediante reflexões alheias (reais ou fictícias, no caso daquelas atribuídas às suas vozes narrativas e personagens), como um "plástico", um "contemplativo"[99]. Em outras palavras, Thiollier, que não aspira senão a "pintar com a palavra escrita"[100] (e que declara escrever *strictement* para si mesmo), reza segundo a cartilha real-naturalista oitocentista (edulcorada com uma visada crítica das representações sociais ultra-conservadora). Sobre o escritor realista, afirma Sartre:

> Or, le propre du réaliste, c'est qu'il n'agit pas. Il contemple, puisqu'il veut peindre le réel tel qu'il est, c'est-à-dire tel qu'il apparaît à un témoin impartial. Il faut qu'il se *neutralise*, c'est son devoir de clerc. Il n'est pas, il ne doit jamais être "dans le coup". Il plane au-dessus des partis, au-dessus des classes, et, par cela même, il s'affirme comme bourgeois, car le caractère spécifique du bourgeois est de nier l'existence de la classe bourgeoise.
>
> Sa contemplation est d'un type particulier: c'est une jouissance intuitive accompagnée d'émotion esthétique. Seulement, comme le réaliste est pessimiste, il

---

aussi peu homme de lettres que possible", lastima-se Flaubert a Mademoiselle Leroyer de Chantepie em 05.06.1872 (*Correspondance*, tomo IV, pp. 530-531).

98. Thiollier foi, na década de 1920, associado de Monteiro Lobato na Companhia Gráfico-Editora (cf. nota 8 de "*Senhor Dom Torres*: Um *Début* Literário Crepuscular").

99. É recorrente, como assinalado nos capítulos precedentes deste estudo, a imagem do narrador homodiegético estirado em sua *chaise-longue*...

100. Entre aspas, figuram expressões com as quais Lima Barreto se refere a Coelho Neto, acusado pelo autor de *Triste Fim de Policarpo Quaresma* de "não [ter feito] de seu instrumento artístico um veículo de difusão das ideias de seu tempo" (Lima Barreto, *op. cit.*, pp. 75-76).

Folheando a Vida: *Entre a Realidade e a Ficção...*

ne voit, dans l'univers, que désordre et laideur. Sa mission est donc de transporter tels quels les objets réels dans des phrases dont la forme soit susceptible de lui donner une jouissance esthétique. C'est *en écrivant*, non en regardant, que le réaliste trouve son plaisir, et la marque qui lui permet d'apprécier la valeur de la phrase qu'il écrit, c'est la volupté que la phrase lui procure[101].

A crítica de Sartre, endereçada ao *moribond* Jules Renard, assemelha-se, não por acaso, àquela que Lima Barreto fizera a Coelho Neto. Ao maranhense, Thiollier dedicara "A Prisão de São Lázaro" (*Senhor Dom Torres*). Ao autor de *Poil de Carotte*, o tributo vem sob a forma de epígrafes: onze delas (quase um quinto do total), extraídas exclusivamente do *Journal*, fulguram nas páginas de *Folheando a Vida*. O significativo relevo que ambos ocupam na obra de René Thiollier, se confrontado com o encarceramento no limbo[102] literário que lhes reservam Sartre e Lima Barreto, parece pressagiar o ocaso[103] que se anuncia no horizonte do reacionário – e, em um aparente paradoxo, atualizado – acadêmico paulista.

A lista dos escritores arrolados no "discurso epigrafal" evidencia o quão atento estava o autor do folhetim à literatura produzida no Brasil e no exterior[104]. Em seu panteão, entretanto, quem resplandece, ao lado de clássicos irremovíveis (como La Bruyère, Boileau e Shakespeare, aos quais se juntam Flaubert, Tolstói e Goethe), são autores cujo prestígio

---

101. Jean-Paul Sartre, "L'homme ligoté. Notes sur le *Journal* de Jules Renard", *Situations I*, p. 379.
102. Valho-me, aqui, do múltiplo sentido do vocábulo: "lugar para onde se atiram as coisas inúteis, esquecidas" e "orla", "bordo" (correspondente, na forma impressa, ao espaço reservado às dedicatórias e às epígrafes).
103. Com o imbróglio relativo à perda do posto de secretário-perpétuo, em 1952, Thiollier renuncia ao cargo de secretário-geral (para o qual havia sido eleito), desliga-se da Academia e abandona o romance, ao qual não obstante estava, como se constata pelo contínuo lançamento de capítulos na *Revista* ao longo da década de 1940, *ligoté*.
104. *Folheando a Vida* é, provavelmente, uma das primeiras obras de ficção brasileiras a fazer alusão direta a Jean-Paul Sartre.

Valter Cesar Pinheiro

se eclipsava (France, Gide, Renard, Rolland). Destaca-se, igualmente, o *staff* de críticos – do fim do século xix ao início do xx (Gourmont, Faguet, Lanson, Bergson e outros) – ao qual Thiollier se reporta, grupo de que não faz parte, surpreendentemente, Sainte-Beuve (talvez porque a perspectiva beuviana, afinal, tenha sido retomada por Sartre em sua crítica literária). Ao fim e ao cabo, a grande estrela da constelação de epigrafados é o citadíssimo Jules Renard, cuja máxima mais célebre condensa o sentimento daqueles – entre os quais se incluem o autor e o protagonista – para os quais a tomada, pela escória endinheirada (que já havia, em parte, se apoderado do governo), dos espaços de sociabilidade até então reservados ao *beautiful people* (como o Automóvel Club, a confeitaria Vienense e o Trianon) foi uma pequena bastilha, ou o sequestro de sua felicidade[105]: "Il ne suffit pas d'être heureux: il faut que les autres ne le soient pas"[106].

105. Os pontos de vista do autor e da personagem principal do folhetim, como apontado na nota 34 deste capítulo, sobrepõem-se. O arregalar de olhos que essa "gente irradiante de prestígio" provoca na "pequena burguesia" é, assinale-se, notabilizado por dois autores que Thiollier indubitavelmente conhecia, Baudelaire e Proust: "Ces trois visages étaient extraordinairement sérieux, et ces six yeux contemplaient fixement le café nouveau avec une admiration égale, mais nuancée diversement par l'âge" ("Les yeux des pauvres", *Le spleen de Paris*, p. 74), "Et le soir ils ne dînaient pas à l'hôtel où, les sources électriques faisant sourdre à flots la lumière dans la grande salle à manger, celle-ci devenait comme un immense et merveilleux aquarium devant la paroi de verre duquel la population ouvrière de Balbec, les pêcheurs et aussi les familles de petits bourgeois, invisibles dans l'ombre, s'écrasaient au vitrage pour apercevoir, lentement balancée dans des remous d'or, la vie luxueuse de ces gens, aussi extraordinaire pour les pauvres que celle de poissons et de mollusques étranges" ("Noms de pays: le pays", *À l'ombre des jeunes filles en fleurs*, pp. 249-250). A embaraçosa desigualdade social, cujas principais vítimas são, evidentemente, os mais pobres, é uma questão à qual o autor paulista permaneceria insensível (diferentemente dos franceses em seus supracitados textos: "Non seulement j'étais attendri par cette famille d'yeux, mais je me sentais un peu honteux de nos verres et de nos carafes, plus grands que notre soif", admite o eu-lírico do poema em prosa baudelairiano; "une grande question sociale, de savoir si la paroi de verre protégera toujours le festin des bêtes merveilleuses et si les gens obscurs qui regardent avidement dans la nuit ne viendront pas les cueillir dans leur aquarium et les manger", interroga-se o narrador de *À la recherche du temps perdu*).

106. Jules Renard, *Journal*, p. 223.

Folheando a Vida: *Entre a Realidade e a Ficção...*

A tensão sobre a qual se assenta o vínculo de Drumond com o mundo – marcada pela insegurança da personagem em relação aos rumos tomados pelo país desde o fim da República Velha, pelo rancor que lhe causa o desprestígio político de São Paulo[107] e por sua conflituosa ligação com a nova classe dirigente (tão corrupta, segundo ele, quanto a precedente, mas menos afeita ao pedantismo cultural dos quatrocentões) – não se intensifica nem se dissipa. Ao optar por uma voz narrativa heterodiegética, René Thiollier não fez senão extirpar de seu protagonista e *alter ego* o poder da palavra. O apelo à memória é artificial (nenhuma das reminiscências evocadas por Drumond é desencadeada involuntariamente); a reapropriação da experiência passada, frouxa; e sua materialização, na escrita, inconclusa, pois o (o)cioso "homem de letras", como seu criador, não publica seu diário.

Mais de meio século separa-nos da primeira – e única – incursão do acadêmico paulista no gênero romanesco. Thiollier não adere expressamente ao regionalismo (hesita entre o paulistismo mais bronco e um afetado cosmopolitismo) e tampouco se lança impetuosamente em uma prosa psicológica e introspectiva. O resultado é uma narrativa desfibrada, atrofiada, que, escrita em um momento histórico que tinha por palavra de ordem o *engajamento*, se firma – ou melhor, se anula – pela *letargia*, pela *omissão*. Após o rompimento com a Academia Paulista de Letras, o escritor dedicar-se-á a obras de natureza histórica (*A República Rio-Grandense* e *A Guerra Paulista de 1932*) e ensaio-memorialística (*A Semana de Arte Moderna: Depoimento Inédito de 1922* e *Episódios de Minha Vida*), abandonando definitivamente o romance. Na decisão, tomada ao longo da década de 1950, de suspender definitivamente a conclusão – e publicação – de *Folheando*

---

107. Tal e qual fizeram outros integrantes do Instituto Histórico e Geográfico de São Paulo, como Paulo Prado (com *Retrato do Brasil* e *Paulística* etc.), René Thiollier parece pretender representar, com *Folheando a Vida*, a história do Brasil (na década de 1940) segundo a perspectiva de seu estado.

a Vida deve igualmente ter pesado a polêmica com Brito Broca ("O diabo é que não sei se alguém poderá se interessar pelas ideias das personagens do Sr. René Thiollier"). O ciclo de ouro da Academia e da *Revista* ficara para trás, e o autor de *Senhor Dom Torres* e *A Louca do Juqueri* viu aflorarem, em um firmamento no qual já brilhavam Jorge Amado e Graciliano Ramos (dos quais se distanciava estética e ideologicamente), Lúcio Cardoso, Clarice Lispector e Guimarães Rosa. Rechaçado do sodalício bandeirante, o castelão da Avenida Paulista, ourives de discutível talento, recolhe-se à torre de sua *villa* e descarta as páginas de seu folhetim.

René Thiollier, 1916.

Considerações Finais

Trinta e cinco anos separam o *incipit* de *Senhor Dom Torres* do *excipit* de *Episódios de Minha Vida*. No livro de estreia de René Thiollier não se vislumbram o experimentalismo e a fúria (ou seria euforia?) iconoclasta que marcariam, a partir da Semana de Arte Moderna, realizada três meses após o lançamento da seleta de contos impressa em novembro de 1921, os anos ulteriores ao acontecimento cultural mais significativo de nosso Modernismo. O autor, que vivera boa parte das duas primeiras décadas do século xx na França, não se deixara cativar – como legitimam sua obra ficcional e as reiteradas declarações, subscritas por ele ou por suas personagens – pelas doutrinas, tendências e correntes estéticas que irromperam em solo europeu. O que reluziu em nossos círculos literários, nos anos iniciais do decênio de 1920, era, afirmaria em 1942 (nas efemérides da Semana, portanto) o ressentido Tico, de *Folheando a Vida*, tão somente "velharia fora de moda na Europa". Em *Senhor Dom Torres*, o embate entre o "espaço de experiências" e o "horizonte de expectativas"[1] não se resolve, pois não há tensão que se contrabalance quando o intervalo entre o passado e o futuro, a pedra angular que interliga o ontem e o amanhã,

---

1. Cf. Reinhart Koselleck, *Futuro Passado: Contribuição à Semântica dos Tempos Históricos*, pp. 311 e ss.

Valter Cesar Pinheiro

é anulado. A negação do presente histórico (de seu cosmopolitismo, de sua modernidade), travestida sob a forma de morte, constitui, como se viu, o *tópos* deste volume. A sintaxe e o léxico lusitanos, por conseguinte, não representam senão o espelho – a face visível – de um conservadorismo que se consolida, às vésperas do tempestuoso evento modernista, com as abundantes menções a La Bruyère e a Montesquieu. *Episódios de Minha Vida*, última publicação do escritor, são suas memórias intelectuais: ao lado de perfis que homenageiam amigos literários mortos (dentre eles, Oswald de Andrade, com quem Thiollier mantivera uma relação de amizade entrecortada), figura o registro da passagem do castelão da Villa Fortunata pela Academia Paulista de Letras, instituição da qual se desligara em 1952 e para a qual deixara, muito verossimilmente, seu maior legado: a *Revista da Academia Paulista de Letras*.

Neste interregno, Thiollier lançou, em 1938, *A Louca do Juqueri*, e imprimiu vinte e dois capítulos de *Folheando a Vida*, de 1942 a 1950, nas páginas da revista acadêmica. Sob o impacto do recém-instaurado Estado Novo, o autor, diferentemente do que se vira em sua obra de estreia, ancora suas narrativas em seu presente histórico (contra o qual, não obstante, continua a opor-se). No universo androcêntrico da *Louca*, protagonizado por quarentões alijados das esferas dirigentes (e no qual as mulheres são dementes, bonecas ou prostitutas de luxo), impera o princípio masculino como medida de todas as coisas[2]. A despeito das incontáveis marcas de modernidade incorporadas – com décadas de atraso – às narrativas (dentre as quais se distinguem os faróis e as buzinas dos automóveis, os néons luminosos dos letreiros comerciais, o futebol, o cinema e a psicanálise), o ranço passadista do autor, que, em *Senhor Dom Torres*, se materializara nas referências à literatura clássica e no apego à norma culta escrita, amplifica-se e ganha um novo elemento: a crítica a Getúlio. Dos autores franceses

2. Cf. Pierre Bourdieu, *A Dominação Masculina*, p. 23.

Considerações Finais

citados em *A Louca do Juqueri*, avulta aquele que a geração modernista, que se deleitara na adolescência com a libidinosa Thaïs, rejeitara: Anatole France.

Folheando a Vida, ainda que inacabada, é a obra de ficção de René Thiollier de maior fôlego. De espírito folhetinesco – a cujo gênero, aliás, o próprio nome do romance faz referência –, a narrativa torna-se campo para os mais diversos tipos de experimentos literários: nela, há lugar para pequenos esquetes (nos quais se incluem marcações didascálicas), para crônica social, para crítica política, para ensaio memorialista. Contudo, a má composição de sua instância narrativa condena, ao calar o protagonista-escritor (ato falho que, malgrado o autor, mimetizaria a ditadura getulista?), o romance ao fracasso. Recrudesce a oposição ao Estado Novo e às conquistas modernistas e, no limiar de cada capítulo, sobressai uma rede de citações – em que se incluem frases entretecidas pelo próprio literato – com a qual Thiollier constrói, baseada em preceitos real-naturalistas, sua *ars poetica*.

Excetuando-se as linhas que lhe foram tributadas nas páginas da *Revista da Academia Paulista de Letras* (e cujo objetivo era invariavelmente enaltecê-lo pelo trabalho realizado à frente do periódico), pouco se disse sobre sua obra ficcional, que permaneceu em circulação, com a publicação dos capítulos de *Folheando a Vida* e a reimpressão de alguns dos contos de *Senhor Dom Torres* e *A Louca do Juqueri*, enquanto a revista esteve em suas mãos. Não por acaso, após sua saída da Academia, seus textos desapareceram daquele periódico. Sobre o autor, apenas duas menções, inevitáveis, viriam à luz: uma nota de falecimento, em 1968, e o discurso de posse (no qual tradicionalmente se faz o elogio do imortal a cuja cadeira se sucede) de Maria de Lourdes Teixeira, em 1969. O que justificaria esse completo esquecimento?

Os cânones que nortearam a carreira literária de René Thiollier entram em declínio (tais quais, não coincidentemente, os espaços de sociabilidade que ele frequentava, como o Trianon, o Automóvel Club e a confeitaria Vienense). Thiollier – com sua porcelana de Limoges, seus cristais Baccarat e sua sintaxe oitocentista – teria sido pura e simplesmente tragado pelas águas desenvolvimentistas getulistas e pela corrente estética que, se não hegemônica, ditaria os rumos da literatura brasileira nas décadas subsequentes?

Tentei, em minhas análises, não ser conduzido pela cartilha modernista. Apontei, nas narrativas, falhas de construção cuja justificativa não encontra guarida exclusivamente entre os modernos (como contraponto à "Louca", por exemplo, são mencionados "O Duplo" e "La Morte Amoureuse", dos "envelhecidos" Coelho Neto e Maupassant). Como citado anteriormente, Oswald de Andrade, que se situa, nos âmbitos estético e ideológico, nos antípodas do secretário-geral da Academia, aplaude, quando de seu lançamento, *Senhor Dom Torres*[3]. Por outro lado, o coirmão de Thiollier no *salon* de Yan de Almeida Prado e no silogeu paulista, o ultraconservador João de Scantimburgo – que poderia, *a priori*, ser mais suscetível às afinidades eletivas – assim se refere a Thiollier e à sua obra: "Escritor modesto, não tinha, mesmo, vocação para as letras, mas publicou várias obras, que se leem, não obstante não as marque o talento"[4]. Setenta anos distanciam as

---

3. Cf. nota 9 de *"Folheando a Vida: Entre a Realidade e a Ficção, o Fazer Literário".*
4. Pelo humor (e por ter tomado emprestado do autor o epíteto que aparece no título deste trabalho), transcrevo a passagem na íntegra: "Presença muito estimada na Pensão era a de René Thiollier. Elegante, *grand seigneur*, habitando no melhor estilo da Côte d'Azur, a Villa Fortunata, em meio a um parque na Avenida Paulista, René tinha muito do *vieux Paris*. Filho de pai francês e mãe brasileira, era um exemplar completo da França desgarrado no trópico. Membro da Academia Paulista de Letras, editou-lhe a revista com regularidade durante anos. Escritor modesto, não tinha, mesmo, vocação para as letras, mas publicou várias obras, que se leem, não obstante não as marque o talento. Cordialíssimo no trato, muito bem-educado, sabia ter *humour*. Frequentemente convidava para almoço em sua Villa, quando recebia como um castelão francês. Deixou muitas saudades, ao morrer, já em idade avançada. René estava sempre muito bem-vestido. Foi o último a usar polainas cinzentas, à moda da *Belle Époque*, nos sapatos e a bengala dos anos 20. Abandonou-as, aquelas e esta, porque – contou-nos – ao descer, certa vez, à rua XV de Novembro, vinham atrás dele dois indivíduos, dizendo e repetindo em refrão: 'Veado (homossexual), veado, veado'. Entrou numa loja, localizada num prédio que pertencia a ele, e ali mesmo se desfez das polainas e da bengala. Pediu

Considerações Finais

leituras de Oswald e Scantimburgo, e o tempo resolve este aparente contrassenso. Ao fim e ao cabo, o que teria varrido das estantes (e da memória) paulistanas aquele que, em plenos anos sessenta, permanecia "pré-modernista", não seria tão somente a fragilidade de sua obra? Ciente de que a batalha estava perdida, Thiollier desistiria de lançar o romance ao qual se dedicara durante quase dez anos (após anunciar, no verso da falsa folha de rosto dos livros que publicaria nas décadas de 1940 e 1950, que o folhetim estava "em preparo") e concentraria suas forças em resgatar sua participação, no papel de mecenas principal, no evento que, não obstante e paradoxalmente, aviltara em *Folheando a Vida*: A Semana de Arte Moderna. As contradições que cercam sua presença no evento não lhe são, a bem da verdade, exclusivas: nos primeiros anos do decênio de 1920, o maior representante da elite paulista, alheia, de modo geral, às experimentações estéticas que se desenrolavam no Velho Mundo, era Paulo Prado, cujo nome, no entanto, será eternizado nas páginas iniciais das principais obras dos dois grandes chefes do movimento: Mário lhe dedica *Macunaíma*, Oswald lhe confia o prefácio de *Pau-Brasil*.

Literatura, para o acadêmico adepto das regras real-naturalistas, é mimese, e a realidade que se lhe impunha diante dos olhos não era aquela que ele ambicionava descrever. Na revolucionária década dos Beatles, da MPB, da Nouvelle Vague e do Estruturalismo, e na qual Guimarães Rosa e Clarice Lispector reinavam absolutos em nosso meio intelectual, não havia espaço para seu fazer literário (e não haveria nos anos posteriores, caso tivesse alcançado estender ainda mais sua tão longeva existência). O homem de letras, então, cala-se. Para o ardoroso leitor de Anatole France, só restava resguardar sua história na memória cultural e artística de sua cidade natal. Decorridos quase cinquenta anos de sua morte, o intento tampouco logrou êxito, como revelam as infrutíferas tentativas de transformar a antiga Villa

---

que mandassem um mensageiro levá-las à sua casa. Esse era René Thiollier, o senhor da Villa Fortunata" (João de Scantimburgo, *op. cit.*, pp. 71-72).

Valter Cesar Pinheiro

Fortunata, atual Praça Mário Covas, em Praça René Thiollier. Como o fizera em relação à Semana, o vaidoso colecionador de epígrafes talvez atribuísse à homenagem negada pouca importância: provavelmente, sacaria do bolso de seu impecável paletó uma edição de sua obra de maior repercussão, *Senhor Dom Torres*, e leria a epígrafe do conto que dá nome ao livro: *Vanitas vanitatum, et omnia vanitas*, do Livro de Eclesiastes. "Vaidade das vaidades, tudo é vaidade"...

Encerra-se aqui este trabalho, cujo objetivo, reitere-se, foi recolocar em cena "o homem da galeria", figura presente – e atuante – nos principais círculos culturais da capital paulista na primeira metade do século xx, mas sobre o qual não havia nenhum estudo crítico. Muito ficou "à beira do caminho": suas publicações em jornais (notadamente em colunas sociais), não inventariadas, constituem riquíssimo material de pesquisa para aqueles que têm por objeto de investigação a sociedade paulistana do período. Tampouco mereceram destaque as modestas críticas que receberam *Senhor Dom Torres* e *A Louca do Juqueri* na *Revista da Academia Paulista de Letras*. Estas notas (cuja finalidade, como afirmado, era exaltar o competente trabalho de René Thiollier na direção do periódico), a despeito de seu baixo valor analítico, podem servir de ponto de partida para um interessante estudo sobre a revista do sodalício bandeirante. Com isso, o propósito inicial desta empreitada foi mantido: permitir às "páginas agrodoces", provas incontestes da longa sobrevida da estética realista-naturalista em nossas paragens, que falassem por si mesmas e por seu criador (dotado ou não de gênio literário), o grão-senhor da Villa Fortunata.

"O festejado autor do *Senhor Dom Torres*, por Belmonte". *A Cigarra*, nº 184, ano IX, São Paulo, 15 de maio de 1922.

Referências Bibliográficas

Catalogar a produção bibliográfica de René Thiollier – publicada em livros, na *Revista da Academia Paulista de Letras* e em periódicos paulistanos editados nas décadas de 1910 e 1920 – constituiu um dos principais objetivos deste trabalho. O inventário, pela sua importância, foi apresentado à parte, no capítulo "Bibliografia do Autor". Por conseguinte, não há, na listagem abaixo, registro das obras do autor estudado.

ALBALAT, Antoine. *Comment on devient écrivain*. Paris, Armand Colin Éditeur, 1992.

ALMEIDA, Milene Suzano de. "Lima Barreto Lê Anatole France". *In: Anais do XII Congresso Internacional da ABRALIC: "Centro, Centros – Ética, Estética"*. Curitiba, Universidade Federal do Paraná, 2011. Disponível em: <http://www.abralic.org. br/anais/cong2011/AnaisOnline/resumos/TC0554-1. pdf>. Acesso em 11 de dezembro de 2015.

AMARAL, Aracy A. *Artes Plásticas na Semana de 22*. 5. ed. revista e ampliada. São Paulo, Editora 34, 1998.

_____. *Blaise Cendrars no Brasil e os Modernistas*. 2. ed. revista e ampliada. São Paulo, Editora 34/Fapesp, 1997.

AMARAL, Tarsila do. *Crônicas e Outros Escritos de Tarsila do Amaral*. Pesquisa e organização: Laura Taddei Brandini. Campinas, Editora da Unicamp, 2008.

AMIN, Raquel & REILY, Lucia. "Estudo Documental do Mês das Crianças e dos Loucos em São Paulo – 1933". *In: Anais do* ANPUH – XXV *Simpósio Nacional de História: História e Ética.* Fortaleza, Universidade Federal do Ceará, vol. 1, 2009, pp. 1-10.

_____. "O Clube dos Artistas Modernos: Um Celeiro de Encontros Insólitos". *In: Anais do* XX *Encontro Nacional da* ANPAP. Rio de Janeiro, Editora da UERJ, vol. 1, 2011, pp. 1-18.

ANDRADE, Mário de. *Aspectos da Literatura Brasileira.* 6. ed., São Paulo, Martins, 1978.

_____. "Crônica de Arte: Os Jacarés Inofensivos". *Revista do Brasil.* Nº 88, São Paulo, abr. 1923, pp. 324-327.

_____. "O Artista e o Artesão". *O Baile das Quatro Artes.* São Paulo, Martins, 1943, pp. 9-33.

_____. *O Empalhador de Passarinho.* 3. ed., São Paulo/Brasília, Martins/ INL/MEC, 1972.

_____. *Táxi e Crônicas no Diário Nacional.* Ed. prep. por Telê Porto Ancona Lopez. São Paulo, Duas Cidades / SCCT, 1976.

_____. *Vida Literária.* Ed. prep. por Sonia Sachs. São Paulo, Edusp/Hucitec, 1993.

ANDRADE, Oswald de. *Memórias Sentimentais de João Miramar.* Rio de Janeiro, Civilização Brasileira, 1973.

_____. *Pau-Brasil.* Paris, Sans Pareil, 1925.

_____. *Primeiro Caderno do Aluno de Poesia, Oswald de Andrade.* 4. ed. São Paulo, Globo, 2009.

ARINOS, Afonso. *O Contratador dos Diamantes.* Rio de Janeiro, Serviço Nacional de Teatro, 1973 (Coleção Dramaturgia Brasileira).

ATIK, Maria Luiza Guarnieri. *A Presença da Cultura Francesa na Revista Brasileira (1879-1881).* Dissertação de Mestrado. Departamento de Letras Modernas da Faculdade de Filosofia, Letras e Ciências Humanas da Universidade de São Paulo, 1989.

AUERBACH, Erich. *Mimesis. A Representação da Realidade na Literatura Ocidental.* São Paulo, Perspectiva, 1971.

AZEVEDO, Álvares de. *Obra Completa.* Rio de Janeiro, Nova Aguilar, 2000.

Referências Bibliográficas

AZEVEDO, Carmen Lucia de. *Jeca Tatu, Macunaíma, a Preguiça e a Brasilidade*. Dissertação de Mestrado. Departamento de História da Faculdade de Filosofia, Letras e Ciências Humanas da Universidade de São Paulo, 2012.

BARRETO, Lima. *Impressões de Leitura*. São Paulo, Brasiliense, 1956.

BARTHES, Roland. *Leçon*. Paris, Seuil, 1978.

_____. *S/Z*. Paris, Seuil, 1970.

BATAILLE, Henry. *Écrits sur le théâtre*. Paris, Georges Crès, 1917.

BAUDELAIRE, Charles. *Le spleen de Paris, Les paradis artificiels*. Paris, Bookking International, 1995.

BELLUZO, Ana Maria de Moraes. *Voltolino e as Raízes do Modernismo*. São Paulo, Marco Zero, 1992.

BEMVENUTI, Alice. *Museus e Educação em Museus – História, Metodologia e Projetos, com Análises de Caso: Museus de Arte Contemporânea de São Paulo, Niterói e Rio Grande do Sul*. Dissertação de Mestrado. Instituto de Artes da Universidade Federal do Rio Grande do Sul, 2004.

BENDA, Julien. *La trahison des clercs*. Paris, Bernard Grasset, 1990.

BERGSON, Henri. *Le rire: essai sur la signification du comique*. 45. edição. Paris, Librairie Félix Alcan, 1938.

BERMAN, Marshall. *Tudo que É Sólido Desmancha no Ar: A Aventura da Modernidade*. São Paulo, Cia. das Letras, 1986.

BERRIEL, Carlos Eduardo Ornelas. *Tietê, Tejo, Sena: A Obra de Paulo Prado*. Campinas, Papirus, 2000.

BILAC, Olavo. *Ironia e Piedade*. Rio de Janeiro, Francisco Alves, 1916.

BOAVENTURA, Maria Eugenia (org.). *22 por 22: A Semana de Arte Moderna Vista Pelos Seus Contemporâneos*. São Paulo, Edusp, 2000.

BOILEAU. *Art poétique: épîtres, odes, poésies diverses et épigrammes*. Paris, Flammarion,1998.

BOSI, Alfredo. *História Concisa da Literatura Brasileira*. 3. ed., São Paulo, Cultrix, 1985.

BOURDIEU, Pierre. *A Dominação Masculina*. Rio de Janeiro, Bertrand Brasil, 1999.

BRADBURY, Malcolm & McFARLANE, James (orgs.). *Modernismo: Guia Geral (1890-1930)*. São Paulo, Cia. das Letras, 1999.

Brillat-Savarin, Jean Anthelme. *Physiologie du Goût*. Paris, Flammarion, 1988.

Brito, Mário da Silva. *História do Modernismo Brasileiro: Antecedentes da Semana de Arte Moderna*. 6. ed., vol. 1, Rio de Janeiro, Civilização Brasileira, 1997.

Broca, Brito. *A Vida Literária no Brasil: 1900*. 5. ed. Rio de Janeiro, José Olympio, 2005.

Brunel, P.; Pichois, C. & Rousseau, A. M. *Que É Literatura Comparada?*, São Paulo/Curitiba, Perspectiva/Edusp/Editora da ufpr, 1990.

Camargos, Marcia. *Semana de 22: Entre Vaias e Aplausos*. São Paulo, Boitempo Editorial, 2003 (Coleção Pauliceia).

_____. *Villa Kyrial: Crônicas da Belle Époque Paulistana*. 2. ed., São Paulo, Senac, 2001.

Campos, Regina Maria Salgado. "Anatole France nos Anos 40". In: Nitrini, Sandra (org.). *Aquém e Além Mar – Relações Culturais: Brasil e França*. São Paulo, Hucitec, 2000, pp. 95-114.

Canat, René. *La littérature française au xixᵉ siècle*. Paris, Payot, 1925.

Candido, Antonio & Castello, José Aderaldo. *Presença da Literatura Brasileira – Modernismo*. 10. ed., Rio de Janeiro, Bertrand Brasil, 1997.

Cantinho Filho, Raphael. *Bacharéis de 1904: Reminiscências*. São Paulo, Faculdade de Direito de São Paulo, 1934.

_____. *Vários Escritos*. 2. ed., São Paulo, Duas Cidades, 1977.

Carrel, Alexis. *L'homme, cet inconnu*. Paris, Plon, 1959.

Carvalho, Vânia Carneiro de. *Gênero e Artefato: O Sistema Doméstico na Perspectiva da Cultura Material – São Paulo, 1870-1920*. São Paulo, Edusp/ Fapesp, 2008.

Castelo Branco, Camilo. *A Brasileira de Prazins*. Porto, Ernesto Chardron Editor, 1882.

_____. *A Queda Dum Anjo*. Lisboa, Livraria de Campos Junior, 1866.

Chevalier, Jean & Gheerbrant, Alain. *Dicionário de Símbolos*. 8. ed., Rio de Janeiro, José Olympio Editora, 1994.

Clastres, Pierre. "O Poder da Palavra". *A Sociedade Contra o Estado: Pesquisas de Antropologia Política*. Rio de Janeiro, Francisco Alves, 1978, pp. 106-109.

Referências Bibliográficas

COMPAGNON, Antoine. *La littérature, pour quoi faire?* Paris, Collège de France/ Fayard, 2007.

_____. *La seconde main ou le travail de la citation.* Paris, Seuil, 1979.

_____. *Le démon de la théorie: littérature et sens commun.* Paris, Seuil, 1998.

_____. *Les antimodernes: de Joseph de Maistre à Roland Barthes.* Paris, Gallimard, 2005.

Correio da Manhã, 24.05.1907, p. 8.

Correio Paulistano, 15.01.1891, p. 4.

_____. 28.05.1910, p. 4.

_____. 27.07.1910, p. 1.

_____. 01.02.1911, p. 1.

_____. 09.11.1919, p. 1.

DAUDET, Alphonse. *Notes sur la vie.* Paris, Charpentier et Fasquelle Éditeurs, 1899.

DEAECTO, Marisa Midori. *O Império dos Livros: Instituições e Práticas de Leitura na São Paulo Oitocentista.* São Paulo, Edusp/Fapesp, 2011.

DEMOUGIN, Jacques (dir.). *Dictionnaire des littératures française et étrangères.* Paris, Larousse, 1992.

DI CAVALCANTI, Emiliano. *Viagem da Minha Vida: O Testamento da Alvorada.* Rio de Janeiro, Civilização Brasileira, 1955.

_____. *Do Modernismo à Bienal.* São Paulo, Museu de Arte Moderna, 1982.

D'ORMESSON, Jean. *Une autre histoire de la littérature française.* Paris, Nil Editions, 1997.

_____. *Une autre histoire de la littérature française II.* Paris, Nil Editions, 1998.

DOYLE, Plínio. *História de Revistas e Jornais Literários.* Vol. 1, Rio de Janeiro, Fundação Casa de Rui Barbosa, 1976.

ERMAKOFF, George. *Dicionário Biográfico Ilustrado de Personalidades da História do Brasil.* Rio de Janeiro, G. Ermakoff Casa Editorial, 2012.

EULALIO, Alexandre. *A Aventura Brasileira de Blaise Cendrars: Ensaio, Cronologia, Filme, Depoimentos, Antologia, Desenhos, Conferências, Correspondência, Traduções.* 2. ed. revista e ampliada por Carlos Augusto Calil. São Paulo, Edusp/Fapesp, 2001.

FAGUET, Émile. *L'art de lire.* Paris, Hachette, 1912.

_____. *Propos littéraires (quatrième série)*. Paris, Société Française d'Imprimerie et de Librairie, 1907.

FEBVRE, Lucien & MARTIN, Henri-Jean. *L'apparition du livre*. Paris, Albin Michel, 2009.

FLAUBERT, Gustave. *Correspondance*. Paris, Gallimard, 1991.

_____. *Correspondance*. Paris, Louis Conard, 1926.

_____. *Oeuvres*. Paris, Gallimard, 1991.

FONSECA, Maria Augusta. *Oswald de Andrade: Biografia*. 2. ed., São Paulo, Globo, 2007.

FORTE, Graziela Naclério. CAM e SPAM: *Arte, Política e Sociabilidade na São Paulo Moderna do Início dos Anos 1930*. Dissertação de Mestrado. Departamento de História da Faculdade de Filosofia, Letras e Ciências Humanas da Universidade de São Paulo, 2008.

FRANCE, Anatole. *Au tournant du siècle* (*Histoire contemporaine: L'Orme du Mail, Le Mannequin d'osier, L'Anneau d'améthyste, Monsieur Bergeret à Paris*). Paris, Omnibus, 2000.

_____. *Crainquebille (Putois, Riquet et plusieurs autres récits profitables)*. Paris, Flammarion, 1989.

_____. *La rôtisserie de la Reine Pédauque*. Paris, Calmann-Lévy, 1921.

_____. "La Terre". *La vie littéraire: première série*. Paris, Calmann-Lévy, 1932-1949.

_____. *La vie en fleur*. Paris, Calmann-Lévy, 1948.

_____. *La vie littéraire: troisième série*. Paris, Calmann-Lévy, s/d.

_____. *Le crime de Sylvestre Bonnard*. Paris, Calmann-Lévy, s/d.

_____. *Le Jardin d'Epicure*. Paris, Calmann-Lévy, 1895.

_____. *Le lys rouge*. Paris, Calmann-Lévy, 1906.

_____. *Les contes de Jacques Tournebroche*. Paris, Calmann-Lévy, 1925.

_____. *Les dieux ont soif*. Paris, Calmann-Lévy, 1912.

GARDES-TAMINE, Joëlle & HUBERT, Marie-Claude. *Dictionnaire de critique littéraire*. 2. ed., Paris, Armand Colin, 1996.

GENETTE, Gérard. *Figures III*. Paris, Seuil, 1972.

_____. *Palimpsestes: La littérature au second degré*. Paris, Seuil, 1982.

_____. *Paratextos Editoriais*. Cotia, Ateliê Editorial, 2009.

Referências Bibliográficas

_____. *Seuils*. Paris, Seuil, 1987.

GIDE, André. *Journal: 1913-1922*. Rio de Janeiro, Americ = Edit, 1943.

GOETHE, Johann Wolfgang von. *Conversations de Goethe pendant les dernières années de sa vie (recueillies par Eckermann), 1822-1832* (tomo II). Paris, Charpentier et Fasquelle Éditeurs, 1863.

GOLÇALVES, Marcos Augusto. *1922: A Semana que Não Terminou*. São Paulo, Cia. das Letras, 2012.

GOURMONT, Remy de. *Le problème du style*. Paris, Mercure de France, 1918.

_____. *La culture des idées*. Paris, Mercure de France, 1916.

_____. *Promenades littéraires*. Paris, Mercure de France, 1929.

GRACIOTTI, Mário. *Os Deuses Governam o Mundo: A Magia e a Ciência de Paracelso*. São Paulo, Nova Época Editorial, 1980.

GUIMARÃES, Adriana Mello. "Ecos de Paris: A Moderna Presença de Eça de Queirós no Brasil". *In*: PINHEIRO, Luís da Cunha & RODRIGUES, Maria Manuel Marques (orgs.). *A Belle Époque Brasileira*. Lisboa, CLEPUL, 2012, pp. 11-20.

HEINE, Heinrich. *De l'Allemagne* (tomo I). Paris, Michel Lévy Frères Éditeurs, 1866.

HERMANT, Abel. *Essais de critique*. Paris, Bernard Grasset, 1912.

_____. "Homem de Letras". *Revista Feminina*. Nº 79, ano VII, São Paulo, dez. 1920.

HUGO, Victor. *Préface de Cromwell*. Paris, Larousse, 2009.

JAUSS, H. R. "A Estética da Recepção: Colocações Gerais". *In*: COSTA LIMA, L. (org.). *A Leitura e o Leitor, Textos de Estética da Recepção*. Rio de Janeiro, Paz e Terra, 1979, pp. 43-61.

JENNY, Laurent. "A Estratégia da Forma". *Intertextualidades ("Poétique" – nº 27)*. Coimbra, Livraria Almedina, 1979, pp. 5-49.

JORGE, Fernando. *Vida, Obra e Época de Paulo Setúbal: Um Homem de Alma Ardente*. São Paulo, Geração Editorial, 2003.

KLAXON – Mensário de Arte Moderna de São Paulo. Ed. fac-similar, com introdução de Mário da Silva Brito. São Paulo, Martins/SCET, 1972.

KOSELLECK, Reinhart. *Futuro Passado: Contribuição à Semântica dos Tempos Históricos*. Rio de Janeiro, Contraponto/Ed. PUC, 2006.

LA BRUYÈRE, Jean de. *Les Caractères de Théophraste traduits du grec avec Les Caractères ou les Moeurs de ce siècle*. Paris, Éditions Garnier, 1962.

LA FONTAINE, Jean de. *Fables*. Paris, Ed. Robert Laffont, 1958 (Collection des Cent Chefs d'Oeuvre).

LA ROCHEFOUCAULD, François. *Maximes*. Paris, PML, 1995.

LACERDA, Lilian de. *Álbum de Leitura: Memória de Vida, Histórias de Leitores*. São Paulo, Editora da Unesp, 2003.

LAFETÁ, João Luiz. *1930: A Crítica e o Modernismo*. 2. ed., São Paulo, Duas Cidades / Editora 34, 2000.

LANSON, Gustave. *L'Art de la Prose*. Paris, Librairie des Annales, 1908.

LEBRAVE, Jean-Louis. "Crítica Genética: Uma Nova Disciplina ou um Avatar Moderno da Filologia?". *In*: ZULAR, Roberto (org.). *Criação em Processo: Ensaios de Crítica Genética*. São Paulo, Iluminuras, 2002, pp. 97-146.

LEJEUNE, Philippe. *Le pacte autobiographique*. Paris, Seuil, 1996.

"LIVROS Novos: *Senhor Dom Torres*". *Revista Feminina*. Nº 93, ano IX, São Paulo, fev. 1922.

LOPEZ, Telê Porto Ancona. "A Biblioteca de Mário de Andrade: Seara e Celeiro da Criação". *In*: ZULAR, Roberto (org.). *Criação em Processo: Ensaios de Crítica Genética*. São Paulo, Iluminuras, 2002, pp. 45-72.

LORENZO, Helena Carvalho de & COSTA, Wilma Peres da (orgs.). *A Década de 20 e as Origens do Brasil Moderno*. São Paulo, Editora da Unesp, 1997 (Coleção Prismas).

MAETERLINCK, Maurice. *Le temple enseveli*. Paris, Bibliothèque Charpentier – Eugène Fasquelle Editeur, 1903.

MAGALDI, Sábato & VARGAS, Maria Thereza. *Cem Anos de Teatro em São Paulo (1875-1974)*. São Paulo, Senac, 2001.

MAGRI, Dirceu. *Aspectos da Presença de Voltaire nas Crônicas Machadianas*. Dissertação de Mestrado. Departamento de Letras Modernas da Faculdade de Filosofia, Letras e Ciências Humanas da Universidade de São Paulo, 2009.

MAISTRE, Xavier de. *Oeuvres complètes*. Paris, Jean Gillequin & Cie, 1900.

Referências Bibliográficas

MARIANO, Maira. *Um Resgate do Teatro Nacional: O Teatro Brasileiro nas Revistas de São Paulo (1901-1922)*. Dissertação de Mestrado. Departamento de Letras Clássicas e Vernáculas da Faculdade de Filosofia, Letras e Ciências Humanas da Universidade de São Paulo, 2008.

MARMONTEL, Jean-François. *Éléments de littérature* (tomo I). Paris, Librairie et Typographie de Firmin Didot Frères, 1846.

MARTINS, Marcelo Thadeu Quintanilha. *A Civilização do Delegado: Modernidade, Polícia e Sociedade em São Paulo nas Primeiras Décadas da República, 1889-1930*. Tese de doutorado. Departamento de História da Faculdade de Filosofia, Letras e Ciências Humanas da Universidade de São Paulo, 2012.

MARTINS, Wilson. *A Literatura Brasileira: O Modernismo (1916-1945)*. Vol. 6, São Paulo, Cultrix, 1965.

MAUPASSANT, Guy de. *Notre coeur*. Quebec, BeQ: La Bibliothèque électronique du Québec, s/d (Collection À tous les vents, volume 449, versão 1. 01). Disponível em: <http://beq.ebooksgratuits.com/vents/Maupassant_Notre_coeur.pdf>. Acesso em 11 de dezembro de 2015.

_____. *Romans*. Paris, Éditions Gallimard, 1987 (Bibliothèque de la Pléiade).

MENEZES, Raimundo de. "Como Vivem e Trabalham os Nossos Escritores". *Folha da Manhã*. São Paulo, 04.12.1955.

_____. *Dicionário Literário Brasileiro*. 2. ed., Rio de Janeiro, LTC, 1978.

MESCHONNIC, Henri. *Modernité Modernité*. Paris, Gallimard, 2005 (Collection Folio Essais).

MEYER, Marlyse. *Folhetim: Uma História*. São Paulo, Cia. das Letras, 1996.

MICELI, Sergio. *Intelectuais à Brasileira*. São Paulo, Cia. das Letras, 2008.

_____. *Poder, Sexo e Letras na República Velha (Estudo Clínico dos Anatolianos)*. São Paulo, Perspectiva, 1977.

MILTON, John. *O Clube do Livro e a Tradução*. Bauru, Edusc, 2002.

MOLER, Laura Biasoli. *Da Palavra ao Silêncio: O Teatro Simbolista de Maurice Maeterlinck*. Tese de doutorado. Departamento de Letras Modernas da Faculdade de Filosofia, Letras e Ciências Humanas da Universidade de São Paulo, 2006.

MOLIÈRE. "Les femmes savantes". *Oeuvres complètes* (tomo II). Paris, Gallimard, 1971 (Bibliothèque de la Pléiade).

Montaigne. *Les Essais*. Paris, Gallimard, 2009.

Monteiro, Ana Carla de Castro Alves. *Os Hotéis da Metrópole: O Contexto Histórico e Urbano da Cidade de São Paulo Através da Produção Arquitetônica Hoteleira (1940-1960)*. Dissertação de Mestrado. Faculdade de Arquitetura e Urbanismo da Universidade de São Paulo, 2006.

Monteiro, Paulo. "Salões de Maio". *Revista ARS*. Nº 12, vol. 6, São Paulo, jul-dez 2008, pp. 92-103.

Montesquieu. *Lettres persanes*. Texte établi avec une introduction, des notes et des variantes par Gonzague Truc. Paris, Editions Garnier Frères, s/d.

Moog, Viana. *Eça de Queirós e o Século XIX*. Porto Alegre, Globo, 1938.

Moraes, Marcos Antonio de (org). *Correspondência Mário de Andrade & Manuel Bandeira*. São Paulo, Edusp/IEB, 2000.

Moraes, Rubens Borba de. *Domingo dos Séculos*. Edição fac-similar, com introdução de José Mindlin. São Paulo, Imprensa Oficial do Estado, 2001 (Coleção Memória).

_____. "Graça Aranha e a Crítica Europeia". *Klaxon: Mensário de Arte Moderna de São Paulo*. Nº 8 e 9, 1923, pp. 7-9.

Moretto, Fulvia M. L. *Caminhos do Decadentismo Francês*. São Paulo, Perspectiva/Edusp, 1989.

Mota, Carlos Guilherme. *Ideologia da Cultura Brasileira*. São Paulo, Ática, 1978.

Müller, Fernanda Suely. *(Re)vendo as Páginas, (Re)visando os Laços e (Des)atando os Nós: As Relações Literárias e Culturais Luso-brasileiras Através dos Periódicos Portugueses (1899-1922)*. Tese de Doutorado. Departamento de Letras Clássicas e Vernáculas da Faculdade de Filosofia, Letras e Ciências Humanas da Universidade de São Paulo, 2011.

Nadaf, Yasmin Jamil. "O Romance-folhetim Francês no Brasil: Um Percurso Histórico". *Revista Letras* (UFSM). n. 2, vol. 39, 2009, pp. 119-138.

Needell, Jeffrey D. *Belle Époque Tropical: Sociedade e Cultura de Elite no Rio de Janeiro na Virada do Século*. São Paulo, Cia. das Letras, 1993.

Nitrini, Sandra (org.). *Aquém e Além Mar – Relações Culturais: Brasil e França*. São Paulo, Hucitec, 2000.

_____. *Literatura Comparada: História, Teoria e Crítica*. São Paulo, Edusp, 1997.

Referências Bibliográficas

NOVALIS. *Les disciples à Saïs* et *Les fragments de Novalis: traduits de l'allemand et précédés d'une introduction par Maurice Maeterlinck.* Bruxelles, Paul Lacomblez, 1914.

NUNES, Carlos Alberto. "Pequena História da Academia Paulista de Letras: 1909 a 1955". *70 Anos da Academia Paulista de Letras.* São Paulo, Academia Paulista de Letras, 1979, pp. 151-231.

PASSOS, Gilberto Pinheiro. *A Miragem Gálica: Presença Literária Francesa na Revista da Sociedade Filomática.* São Paulo, Inter/Capes, 1991.

PAULHAN, Frédéric. "La contradiction de l'homme". *La morale de l'ironie.* Paris, Félix Alcan, 1914.

PERRONE-MOISÉS, Leyla. *Flores da Escrivaninha: Ensaios.* São Paulo, Cia. das Letras, 2006.

PICCHIA, Menotti del. *A Longa Viagem: Primeira Etapa (1892-1918).* São Paulo, Martins Fontes, 1970.

_____. "Nacionalismo e Semana de Arte Moderna". Discurso proferido na sessão de 22 de fevereiro de 1962 na Câmara dos Deputados. Brasília, Imprensa Nacional, 1962.

PINHEIRO, Valter Cesar. *A França em Contos de Mário de Andrade.* São Cristóvão, Editora UFS, 2014.

PRADO, Antonio Arnoni. *Itinerário de uma Falsa Vanguarda: Os Dissidentes, a Semana de 22 e o Integralismo.* São Paulo, 34, 2010.

PRADO, João Fernandes de Almeida (Yan). *A Semana de Arte Moderna: Depoimento e Subsídios para a Cultura Brasileira.* São Paulo, Edart, 1976.

PRADO, Paulo. *Retrato do Brasil.* 9. ed., São Paulo, Cia. das Letras, 1997.

PRETTI, Dino (org.). *Análise de Textos Orais.* São Paulo, FFLCH/USP, 1993 (Projetos Paralelos, v. 1).

PROUST, Marcel. *À l'ombre des jeunes filles en fleur.* Paris, Gallimard, 2008 (Coll. Folio Classique).

QUEIRÓS, Eça de. *Eça de Queirós, Júlio Pomar.* São Paulo/Cotia, Giordano/ Ateliê Editorial, 1996.

_____. *Obras de Eça de Queirós.* Porto, Lello & Irmão, 1958.

QUINET, Edgar. *Oeuvres complètes: Les Révolutions d'Italie.* Paris, Pagnerre, 1857.

RACINE. *Phèdre*. Paris, Larousse, 1990.

RAGO, Margareth. *Os Prazeres da Noite: Prostituição e Códigos da Sexualidade Feminina em São Paulo (1890-1930)*. Rio de Janeiro, Paz e Terra, 2008.

RASM – *Revista Anual do Salão de Maio*. São Paulo, 1939.

RENARD, Jules. *Journal: 1887-1910*. Paris, Gallimard, 2008.

_____. *Poil de Carotte*. Paris, Librio, 2009.

REVISTA MUSICAL *e de Belas Artes*. Nº 3, ano II, Rio de Janeiro, jan. 1880.

RIVAS, Pierre. *Encontro entre literaturas*. São Paulo, Hucitec, 1995.

RODENBACH, Georges. "M. Anatole France". *L'Élite: Écrivains, orateurs sacrés, peintres, sculpteurs*. Paris, Bibliothèque Charpentier – Eugène Fasquelle Editeur, 1899, p. 167-178.

RODIN, Auguste. *L'Art: entretiens réunis par Paul Gsell*. 2. édition. Paris, Grasset, 1911.

ROLLAND, Romain. *Jean-Christophe*. Vol. I, Paris, Albin Michel, 1971.

_____. *Vie de Beethoven*. Paris, Librairie Hachette, 1914 (Coll. Vie des hommes illustres).

ROSSI, Miriam Silva. "Circulação e Mediação da Obra de Arte na Belle Époque Paulistana". *Anais do Museu Paulista: História e Cultura Material*. Vols. 6-7, São Paulo, 1998-1999, pp. 83-119.

ROSTAND, Edmond. *Cyrano de Bergerac*. Paris, Hachette, 1958.

ROUSSEAU, Jean-Jacques. *Oeuvres complètes* (Tomo I – *Les Confessions; Autres textes autobiographiques*). Paris, Gallimard, 1959.

_____. *Oeuvres complètes* (Tomo III – *Émile ou de l'Éducation*). Paris, Seuil, 1971.

ROUSSET, Jean. *Narcisse romancier – essai sur la première personne dans le roman*. 3. ed., Paris, José Corti, 1993.

SAND et MUSSET. *Le roman de Venise*. Composition, préface et notes de José--Luis Diaz. Arles, Babel-Actes Sud, 2008.

SARTRE, Jean-Paul. *Baudelaire*. Paris, Gallimard, 1972.

_____. "L'homme ligoté. Notes sur le *Journal* de Jules Renard". *Situations I: Critiques littéraires*. *Paris,* Gallimard, 1947, pp. 358-381.

_____. *Qu'est-ce que la littérature?* Paris, Gallimard, 1981 (Coll. Idées).

Referências Bibliográficas

SCANTIMBURGO, João de. *Memórias da Pensão Humaitá: Crônica Nostálgica da Legendária Casa de Yan de Almeida Prado*. São Paulo, Companhia Editora Nacional, 1992.

SCHWARTZ, Delmore. *Selected Poems (1938-1958): Summer Knowledge*. New York, New Directions Books, 1967.

SEIGEL, Jerrold. *Paris Boêmia – Cultura, Política e os Limites da Vida Burguesa: 1830-1930*. Porto Alegre, L&PM, 1992.

SÊNECA. *Cartas a Lucílio*. Tradução, prefácio e notas de J. A. Segurado e Campos. Lisboa, Fundação Calouste Gulbenkian, 1991.

SEVCENKO, Nicolau. *Literatura como Missão: Tensões Sociais e Criação Cultural na Primeira República*. São Paulo, Cia. das Letras, 2003.

_____. *Orfeu Extático na Metrópole: São Paulo, Sociedade e Cultura nos Frementes Anos 20*. São Paulo, Cia. das Letras, 2009.

SHAKESPEARE, William. *Hamlet*. Londres, The Arden Shakespeare, 2007.

SILVA, Edson Santos. *A Dramaturgia Portuguesa nos Palcos Paulistanos: 1864 a 1898*. Tese de Doutorado. Departamento de Letras Clássicas e Vernáculas da Faculdade de Filosofia, Letras e Ciências Humanas da Universidade de São Paulo, 2008.

SILVEIRA, Joel. *A Milésima Segunda Noite da Avenida Paulista*. São Paulo, Cia. das Letras, 2003.

SOUILLER, Didier & TROUBETZKOY, Wladimir. *Littérature comparée*. Paris, PUF, 1997 (Collection Premier Cycle).

SUFFEL, Jacques. *Anatole France par lui-même*. Paris, Seuil, 1957 (Collection "Écrivains de toujours").

TERRA Roxa e Outras Terras. Ed. fac-similar, com introdução de Cecília de Lara, São Paulo, Martins/SCCT, 1977.

THIOLLIER, Alexandre. "René Thiollier, Meu Pai (Reminiscências)". *Revista da Academia Paulista de Letras*. Nº 114, ano L, São Paulo, Academia Paulista de Letras, jul. 2001, pp. 187-206.

TIEGHEM, Philippe Van (org.). *Dictionnaire des littératures*. Paris, PUF, 1968.

TIGRE, Bastos. *Reminiscências: A Alegre Roda da Colombo e Algumas Figuras do Tempo de Antigamente*. Brasília, Thesaurus, 1992.

TOLEDO, Benedito Lima de. *Álbum Iconográfico da Avenida Paulista*. São Paulo, Ex Libris, 1987.

TOLSTOÏ, Léon. *Qu'est-ce que l'art?* Paris, Perrin, 1898.

VÉRON, Eugène. *L'Esthétique: origine des arts, le goût et le génie, définition de l'art et de l'esthétique, le style, l'architecture, la sculpture, la peinture, la danse, la musique, la poésie*. Paris, Reinwald, 1904 (Bibliothèque des Sciences Contemporaines).

VOLTAIRE. *Correspondance: janvier 1758 – septembre 1760* (tomo v). Paris, Gallimard, 1980 (Bibliothèque de la Pléiade).

_____. *Romans et contes*. Paris, Gallimard, 1958 (Bibliothèque de la Pléiade).

WALDMAN, Thaís Chang. *Moderno Bandeirante: Paulo Prado entre Espaços e Tradições*. Dissertação de Mestrado. Departamento de Antropologia da Faculdade de Filosofia, Letras e Ciências Humanas da Universidade de São Paulo, 2009.

WHITE, Edmund. *O Flâneur: Um Passeio Pelos Paradoxos de Paris*. São Paulo, Cia. das Letras, 2001.

WILDE, Oscar. *Plays, prose writings and poems*. Londres, Dent; Vermont, Charles E. Tuttle, 1996.

WYZEWA, Teodor de. "La jeunesse de Beethoven". *Revue des deux mondes*. Paris, tomo xcv, 15.09.1889, pp. 418-448.

Título	René Thiollier: Obra e Vida do
	Grão-Senhor da Villa Fortunata
	e da Academia Paulista de Letras
Autor	Valter Cesar Pinheiro
Editor	Plinio Martins Filho
Produção editorial	Aline Sato
Revisão de provas	Felipe Lacerda
Projeto da capa	Camyle Cosentino
Imagem da capa	Lília Malheiros, *Sem Título*, da Série 1, 2, 3. 2012.
Editoração eletrônica	Camyle Cosentino
Formato	14 x 21 cm
Tipologia	Minion
Papel	Chambril Avena 80 g/m² (miolo)
	Cartão Supremo 250 g/m² (capa)
Número de páginas	272
Impressão e acabamento	Bartira